Principle of Guidelines
for
Nursery Care And Education

2003

DOBUNSHOIN

Printed in Japan

保育・教育ネオシリーズ ②

保育原理

新しい保育の基礎

第三版

【監修】
岸井勇雄
無藤 隆
柴崎正行

【編著】
柴崎正行

同文書院

執筆者紹介 *authors*

【編著者】

柴崎正行（しばざき・まさゆき）／第3章
大妻女子大学教授

【著者】 ＊執筆順

塩野谷　斉（しおのや・ひとし）／第1章
日本福祉大学准教授

小櫃智子（おびつ・ともこ）／第2章
目白大学専任講師

金澤妙子（かなざわ・たえこ）／第4章
大東文化大学准教授

横山洋子（よこやま・ようこ）／第5章
千葉経済大学短期大学部准教授

伊藤美佳（いとう・みか）／第6章—1
東洋大学専任講師

田口鉄久（たぐち・てつひさ）／第6章—2，3
皇學館大学准教授

神田伸生（かんだ・のぶお）／第7章
鶴見大学短期大学部教授

石井章仁（いしい・あきひと）／第8章
千葉明徳短期大学専任講師

金谷京子（かなや・きょうこ）／第9章
聖学院大学教授

北川公美子（きたがわ・くみこ）／第10章
東海大学短期大学部准教授

吉葉研司（よしば・けんじ）／第11章
琉球大学准教授

金子恵美（かねこ・めぐみ）／第12章
日本社会事業大学准教授

倉掛秀人（くらかけ・ひでと）／第13章
社会福祉法人省我会せいがの森保育園施設長

Introduction
はじめに

　グローバル化に象徴されるように，現在の社会は従来の枠のなかでの安定にとどまることが許されず，市場原理にさらされる自由競争の時代を迎えている。このことは基本的には必要なことではあるが，厳しい現実を伴う。優勝劣敗という弱者に冷たい社会。短期的な結果や数字にあらわれる成果の偏重。基礎的な理念よりも人目を引くパフォーマンスの重視など――。

　これらは人間形成としての教育，とくに乳幼児を対象とする保育にとって，決して望ましい環境ではない。教育者・保育者は，すべての価値の根源である1人ひとりの人生を見通し，その時期にふさわしい援助をあたえる見識と実行力をもたなければならない。

　こうした観点から，本シリーズは，幼稚園教諭ならびに保育所保育士（一括して保育者と呼ぶことにする）の養成機関で学生の教育にあたっている第一線の研究者が，研究の成果と教育の経験にもとづいて書き下ろしたもので，養成校のテキストや資格試験の参考書として配慮したものである。

　各章の著者はそれぞれ研究と教育の自由を活用し，個性豊かに叙述したので，その記述に多少の軽重や重複が見られるかもしれない。無理な統一を敢えて避けたのは，テキストを絶対のものとは考えないからである。教科書を教えるのではなく，教科書で教える――といわれるように，あくまでもテキストは参考書である。担当教員は自ら大切と思う点を詳細に重点的に講義し，それだけでは偏る恐れがあるので，他のところもよく読んでおくようにと指示することができる。学生諸君も，読んでわからないところを教員に質問するなど，幅広く活用していただきたい。

　「幼稚園教育要領」と「保育所保育指針」は，近年いちじるしい深まりを見せている保育学および周辺諸科学とともに多くの実践の成果を結集したものである。その趣旨が十分に理解されてよりよい現実をもたらすにはさらに少なからぬ努力と時間を要すると思われるが，本シリーズが，この重大な時期を迎えているわが国の保育・幼児教育の世界と保育者養成のために，ささやかな貢献ができれば，これに過ぎる喜びはない。

監修者・編著者代表　岸井勇雄
無藤　隆
柴崎正行

改訂にあたって

　2008（平成20）年3月28日に幼稚園教育要領と保育所保育指針が同時に改訂・改定されました。今回の幼稚園教育要領の改訂は，2006（平成18）年12月に改正された教育基本法の第11条，幼児期の教育は生涯にわたる人格形成の基礎を培う重要なものであるということ，さらにはそれを受けて2007（平成19）年6月に改正された学校教育法の第22条に記された，幼稚園は義務教育及びその後の教育の基礎を培うものであるということを受けて，教育内容がかなり修正されています。また今回から幼稚園教育要領と同時に改定された保育所保育指針は大臣の告示文となったことで，保育内容の示し方が変わり新たに自己評価や研修に関する内容が取り入れられました。

　こうした大幅な改訂や改定が行われ，2009（平成21）年4月から実施に移されるわけですから，それに合わせて保育士養成のテキストも，その内容を大幅に改訂することが求められています。

　保育原理のテキストである本書においては，当初から今回の改定で入った「保育の評価」に関する内容を入れておくなど先を見通した編集になっています。そのために今回の改定にあたっては大きな改訂をすることをせず，こうした保育指針の改定に沿って内容を見直し，若干の修正を行いました。

　改訂された本書が保育士養成機関の皆様に活用され，より良い保育士の育成に役立つことを期待しています。

2009年春

編　者

Contents 目次

執筆者紹介　iv
はじめに　v
改訂にあたって　vi

第1章　子ども観と子どもの権利　1
1. 子ども観の歴史　1
2. 子どもの権利の歴史　6
3. 子どもの権利と法律　9

第2章　保育施設の設立と変遷　15
1. 欧米における保育施設の歴史　15
2. 日本における保育施設の歴史　21
3. 日本における保育施設の現状　25

第3章　保育所保育の原理　29
1. 保育の目的　29
2. 保育の特性　34
3. 保育の基本　38

第4章　乳幼児の遊びと総合的な指導　43
1. 幼児の遊びと発達の多様性　43
2. 遊びの充実と保育士の援助　49
3. 保育における指導の総合性　62

第5章　乳幼児期の発達と保育内容　65
1. 乳幼児期の発達の特性　65
2. 子どもの発達過程　68
3. 保育のねらい及び内容　72
4. 保育において配慮すること　77

第6章　乳幼児理解と保育の計画　81
1. 保育課程の意義　81
2. 指導計画の意義と種類　86
3. 指導計画の作成と修正　94

第7章　保育の方法と形態　101
1. 保育の過程　101
2. 保育の環境　104
3. 保育の形態　109
4. 保育者の役割　114

第8章　保育の実際と評価　119
1. 保育評価の意義　119
2. 保育評価の方法　123
3. 保育評価の内容　125
4. 評価と研修　134

第9章　園生活における健康や安全への配慮　139
1. 日常の保育のなかでの保健活動　139
2. 健康診断　142
3. 伝染病と予防接種　143
4. アレルギーへの配慮　145
5. SIDSへの配慮　146
6. 児童虐待の予防　149
7. 事故の予防と安全指導　152
8. 環境の改善と保護者との協力　153

第10章　特別保育の理念と実際　157
1. 特別保育の背景　157
2. 特別保育とは　167
3. 障害児保育の理念と実際　167
4. 延長保育の理念と実際　172
5. 病後児保育の理念と実際　175
6. 駅型保育の理念と実際　179
7. おわりに　180

第11章　親支援の理念と実際　183
1. はじめに　183
2. 「親支援」の背景を探る　184
3. 親支援の方法　親の声なき声に耳を傾ける　191
4. 保育現場での親支援の実際　198

第12章　地域に対する子育て支援の理念と実際　203
1. 地域活動事業の理念　203
2. 地域の人々との交流の理念と実際　205
3. 幼稚園との連携　211
4. 関係機関・施設との交流・連携　212
5. 連携の課題・今後の展望　215

第13章　職員の資質向上　217
1. 職員の資質向上が求められる背景　217
2. 組織の中の専門性　227
3. 職員の資質や組織の専門性を高め合う仕組み　232

索　引　238

第1章 子ども観と子どもの権利

〈学習のポイント〉　①おとなが子どもを扱う扱い方が歴史とともに変化してきた様子を理解しよう。
②近代以後，おとなとは違った存在としての子どもが発見され，子ども固有の権利への理解が進んだことを理解しよう。
③さらに近年，子ども観が，慈恵・保護の対象としての子どもから，権利の主体としての子どもへ移り変わりつつあることを理解しよう。

1．子ども観の歴史

　人の人に対する見方，すなわち人間観が人の人に対する対し方を規定するように，「おとなの子どもに対する見方・まなざし」[1]すなわち子ども観（児童観）は，保育や教育，子育てに大きな影響を与えるものである。

　子ども観は，人によって異なるし，1人の人の中にもいくつかの質的に異なるものが同居することもある。しかし，「一般に，各時代における「おとな社会」が子どもを受け入れていく際の子どもの見方，捉え方といった意味合いで使われてきた言葉」[2]といわれる通り，時代や文化によって一定の傾向をとらえることも可能である。

❶子育て様態の進化

　精神分析学的視点から古代から現代までの親子関係史を描いたL.ドゥモースは，西欧社会の子育ての様態（モード）を6段階に整理している＊（図1-1参照）。それによれば，古代から現代へと時代が進むにつれ，親子関係も順に，子

＊L.ドゥモース，宮澤康人他訳『親子関係の進化』海鳴社，1990

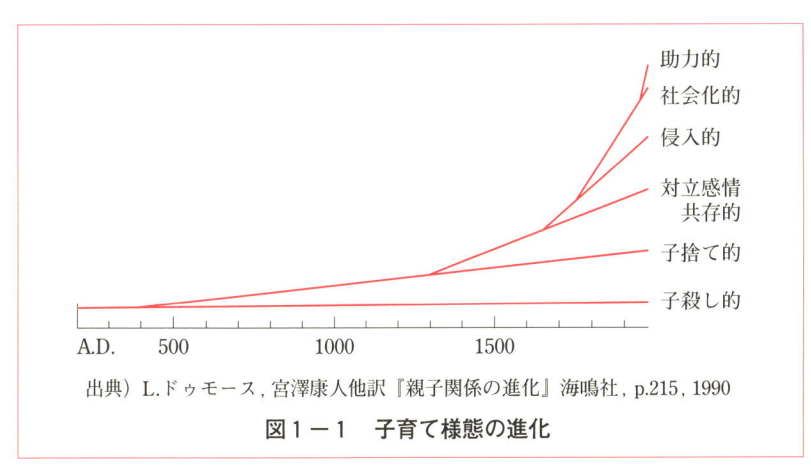

出典）L.ドゥモース，宮澤康人他訳『親子関係の進化』海鳴社，p.215，1990
図1-1　子育て様態の進化

殺し的様態，子捨て的様態，対立感情共存的様態，侵入的様態，社会化的様態，助力的様態へと進化したとされる。

このような整理の仕方は，家族が集団として扱われていない点，慣習や制度，特に法制的側面がほとんど無視されている点，家族が生産体あるいは経営体であった面が視野に入らない点など，批判は多い。しかし，学校システムがほぼ未成立の時代からの，おとなが子どもに向けるまなざしの変遷をたどる上で示唆に富むので，まずは紹介したい。

ドゥモースによれば，古代から4世紀にかけては，子殺し的様態の時代とされる。子どもを不具にしたり，焼き殺したり，凍えさせたり，溺死させたり，振り回したり，乱暴に放り投げたりすることが絶えず行われ，しかも，子殺しを罪悪とする法や世論は，ギリシャにもローマにもまったくみられないという。

もちろん，古代の親でも子どもをむやみに殺したわけではないが，この時代は父権が強大で，子どもの生死は家父長の権限内，すなわち家父長には生殺与奪の権があって，その威圧感が親子関係としつけを貫いていたと考えられる＊。軍事国家の構成員にふさわしい身体の強健さを求め，子どもの出生時に生死の選別を行ったスパルタの例など想起すると，子ども受難の時代であったといえる。

4世紀から13世紀にかけては子捨て的様態であり，実際に子どもを捨てるということだけでなく，子どもを公然と売りに出したり，政治上の人質にしたり，負債の担保にしたりすることや，里子に出す慣習にも子捨ての動機が潜むものと整理されている。

その後も18世紀に至るまで，裕福な家庭はほとんど，そうでない家庭でもかなりの子どもが，出生後すぐに乳母に預けられた。しかもそこでは，不十分な栄養しか与えられず，アヘンやアルコールを服用させられるなど，子どもたちは，死亡率の高い，危険な状況におかれていたという。

この時代は，キリスト教の影響により，神に授けられた生命を人が勝手に奪うよりは，捨て子にすることが教会によって奨励されていた。教会には捨て子収容所や孤児院が設けられ，捨て子の制度化によって子どもの生存の可能性が増したという点で，評価することも可能である。

14世紀から17世紀にかけては，対立感情共存的様態の時代とされる。それまでの子どもに対する関心の薄さ，執着の弱さから，親子が心理的に接近し，子どもに向けられた関心の高さは，一見対照的な溺愛と厳格さの両方によって表現された。

ところで，ここで想起されるのはP.アリエスの業績である。彼によると，絵画に描かれた子どもの様子や子ども服の成立等，民衆の生活史からみて，子どもが子どもらしく扱われるようになったのは，すなわち，子ども期が発見されたの

＊宮澤康人「近代社会の子ども観」『岩波講座 子どもの発達と教育2 子ども観と発達思想の展開』岩波書店，1979

は近代初頭であるという。

　そして，「…子供に笞うちや独房をあたえ，もっともひどい条件にさらすような懲罰を課した。けれども，この厳格さも古い時代の無関心さとは異なる意識・感情を表現している。一八世紀以後に社会を支配していくことになる愛の感情がつきまとっている」[3]と，この点に関してはドゥモースの見解とも一致する。

　18世紀は侵入的様態の時代であり，子どもの怒りや要求や自慰や意志そのもの，すなわち子どもの内面を支配しようとしていたとされる。体罰もやたらに鞭で叩くというより，不服従は罪であるというような脅しやその他さまざまな罰を与える方法がとられていた。

　19世紀から20世紀半ばにかけての社会化的様態では，子どもの養育は社会への順応，すなわち社会化の過程となり，子どもの意志を支配するのではなく，訓練して適切な方向へ導くことが目指されるようになった。そして，この時代に父親が史上初めて子どもに対して一時的，偶然的でない関心を示し，子どもの訓練に携わるようになったという。

　最後に，20世紀半ばからの助力的様態では，親よりも子ども自身が自分の人生の段階ごとに必要なものをよく知っていると考えられ，しつけや習慣形成の企てはすっかり放棄された。そして，子どもは叩かれることも叱られることもなくなり，もしストレスのあまり金切り声をあげても謝るのはむしろ親のほうになったとされる。

　ところで，ドゥモースのこのような歴史的概観は大雑把に過ぎようが，子育て様態の重層性が示されていることは示唆的である。すなわち，現代では，子どもを温かく見守り，ともに遊び，子どもに奉仕するという助力的様態が強いかもしれないが，同時に，子殺しや子捨ても行われているし，過酷な体罰や虐待もなくならない事態をよく表している。

2 日本における子ども観

　以上のように考えると，子ども期そのものを認めないような心性とそれに伴う基本的な無関心，あるいは，たとえ認めても，強制・善導すべき対象としての子ども観，そして，子ども自身の内発的な発達する力を信頼するあり方まで，実に多様な子ども観が歴史的に存在し，今も混在していることを認めることができる。

　しかし，そのような様態がそのまま日本にも当てはまるかといえば，難しい問題となる。ドゥモース自身は，現在の日本は，西洋の17世紀ピューリタンの時代，つまり侵入的様態の段階にあり，今後西洋の近代が体験したのと類似の心理的進化をたどると予想した。

　しかし，たとえば，1877（明治10）年に来日した動物学者のE.S.モースは，

「赤坊が泣き叫ぶのを聞くことは，めったになく，又私はいま迄の所，お母さんが赤坊に対して癇癪を起しているのを一度も見ていない。私は世界中に日本ほど赤坊のために尽す国はなく，また日本の赤坊ほどよい赤坊は世界中にないと確信する」[4]と書き記している。すでにこの時代に，日本は助力的様態にあったかの印象すら受ける。

　一方，間引きや堕胎が頻繁に行われていたことは，人口動態史上も明らかであり，子どもの扱いには異なる2つの側面があったことがわかる。すなわち，島国の農業社会の人口が飽和状態に達して人工的な人口調節が必要となったことと，「選ばれた子どもたちを大切に育てること」[5]が矛盾なく1つの社会に共存したということである。この点で，選ばれた後も丁重な扱いを受けたようにみえない西洋社会との違いが際だつことになる。

　そして，そのような2つの対応を可能にした精神的な側面は，「7つまでは神のうち」という言葉に象徴的に表現されている。乳幼児死亡率の高さとも当然関連するが，仏教と土着宗教の混淆により，「祖霊界から人間界に『取上げ』，『すえ』られた子どもの生命は，七歳まではまだ神の世界に属するものだという観念が強かった」[6]と考えられる。

　まだ半分は神の世界にいる子どもという観念は，「子どもが発達する節々に，たとえば帯祝いから始まり，誕生のお祝い，そしてお七夜，お宮参り，七五三の祝い，あるいは元服というようなお祝い事の儀礼」[7]につながり，「その儀礼をとおして，子どもの成長の節々を見きわめて祝い，そして発達を励ますという儀式が，宗教的な儀礼とも結びついて，共同体のなかに広く伝わっていた」[8]ということにもなった。

　さらに時代をさかのぼって，日本の古代社会に目を向けると，子どもへの温かいまなざしを表現するものとされる山上憶良の歌がまず想起される。類例の少なさから一般化してよいものかは難しいが，『古事記』の物語から「古代の日本人は，幼児にとって衣食住だけでなく，肉親の愛情という緊密で閉鎖的なものが必要なのだということを知っていた」[9]とする見解がある。

　ヨーロッパ社会では，「子どもが『価値ある』存在としてとらえられるようになるためには，夫婦単位の近代的家族が成立してきたことや，避妊技術の進歩によって生まれる子どもの数をコントロールすることができるようになったこと，近代医学の発達によって子どもの死亡率が低くなったことなどの諸条件が前提」[10]とされる。

　一方，「日本の社会では間引きが許容されていたことによって，はからずも近代に入ってヨーロッパ社会で子どもが発見されるために必要とされていたような諸条件の成立をまたずに，近代以前の社会であるにもかかわらず，子どもを大切

に育てるという子ども観と育児方法が成立してくることを可能にする条件が満たされていたと考えてよさそうである」[11]といわれる。

なお、子捨てについても相当に行われていたことが明らかであるが、18世紀には、他家の門前に捨てたものの、犬に食われるのが心配で立ち去れず、ついに「捨て子よ」と叫んで怪しまれ、お仕置きを受けた例がある。捨て子は地元の人に養育を仰せつけようという役所の方針もあったという*。

思えば、子どもは誕生から成人に至るまでさまざまな他人を仮親とし見守られて育ったのだが、その中に拾い親というものもあった。拾われた子どもは丈夫に育つとの思想があり、昔話「桃太郎」などはその典型であるとも解される。政策的には、農村人口減少への憂慮などから、17世紀末には最初の捨て子禁止令が出されている。なお、間引きも18世紀頃から有識者により天道に背くものと批判されている。

時代が明治になると、国家による公教育制度が整備されていった。まず1872（明治5）年「学事奨励に関する仰出書」が出され、しかし、その中では「学問は身を立るの財本」とある通り、明治政府の個人主義的な子ども観を読みとることも可能である。それは、国家に有用とされる人材養成を個人の責任に転嫁したものと考えられる**。

その後、明治10年代に入り道徳教育の必要性が強調され、1890（明治23）年「教育勅語」が発布されると、天皇制国家の下で国家に尽くす臣民の育成が教育の根幹となっていく。そして、「大御宝」あるいは「陛下の赤子」としての子ども観が、その時代の子ども観を規定することとなった***。

しかし、その底流には以前の子どもを慈しむ対象とみる子ども観もあり、また、西欧からはJ.J.ルソー以後の自ら発達する主体としての子ども観、特にJ.デューイらの新教育の影響もあった。すなわち、子どもの生命力と活動力への強い信頼に基づく教育と子ども観を大正自由主義教育に認めることができる。保育の世界でも、明治の末頃から、それ以前の形式化したフレーベル主義からの脱皮が、倉橋惣三らを中心に行われていた。

また、「子どもを無垢な存在とみるロマン主義的な子ども観は、明治末期の文学に端を発し」[12]「小川未明や鈴木三重吉、北原白秋といった第一線の文壇作家たちによって大正期中期の「童話・童謡」運動が興されることになり、それまでになかった新しい〈子ども〉のイメージが生み出され」[13]、一般にも大きな影響を与えた。

日中戦争が激化する中で、そのような教育や保育、子ども観は表舞台から姿を消したかにみえたが、戦後は多少形を変えながら復活することとなった。そして、終戦から1950年代にかけては、『山びこ学校』の無着成恭ら地域にこだわる農村

---

*山住正己「近世における子ども観と子育て」『岩波講座 子どもの発達と教育2 子ども観と発達思想の展開』岩波書店、1979

**神島二郎「天皇制国家における子ども観」『岩波講座 子どもの発達と教育2 子ども観と発達思想の展開』岩波書店、1979

***堀尾輝久『子どもを見なおす』岩波書店、p.58-59、1984

派教師は，戦前にあった生活綴り方の手法で，貧しい村や社会を変え得る変革者としての子ども観を実践を通じて提示した＊。

さらに，阿部進は，1960年代に入り，今の世の中を変えていく可能性をもち，時代感覚をもち学校社会に自分たちの要求を突きつけ，自分に自信をもちわが道を歩もうとし，移り変わりの激しい社会の中で落伍しない柔軟性をもつ積極的な子どもを「現代っ子」として提示した。

そして現在，「子どもは，単に『保護育成』され，『教育され』るべき『受け身』で『依存的』な存在ではなく，『独自の世界観』と『判断力』をもち，『社会を構成する一員』として『能動的』に生きている存在であると認識することが，おとなの側にとって求められている意識変革であるということも明らかになってきた」[14]とも指摘される。

しかし，子どもたちは塾や習い事に忙しくなり，どこか疲れていて，無着や阿部が期待したような変革のエネルギーを抱くものとしてイメージし難い面もある。一方，子殺しや子捨ても新聞の社会面にしばしばみられ，体罰や虐待も相変わらず存在する現状から，今やさまざまな子ども観が重層的に存在し錯綜していると考えられる。

＊明石要一『戦後の子ども観を見直す』明治図書出版，1995

2．子どもの権利の歴史

古代社会では，一般に，強力な父権の下，子どもは生殺与奪の権を握られ，無権利状態におかれていた。そして，少なくとも西欧社会では子ども期そのものが認識されていなかったため，子どもの権利に関する意識もあり得なかった。中世社会でも，子どもは殺されなくても捨てられることは珍しくなく，生存の保障も十分ではなかった。

子どもの権利が認められたのは，人種，性別，年齢，職業等を問わず，人間である限り人権が認められるという近代思想によるものである。それは，人間の権利といいながら，もとは一部の男性のおとなに限られていたものが，労働者や女性や子どももまた権利の主体であると認められていったものである。

そして，それぞれの特性を含んでの権利主張となり，子どもはおとなとは違った存在，弱いものとして保護され，しかしその分可塑性に富む発達の可能態としてとらえ返され，子ども固有の権利として出てくることとなった。その点，J.J.ルソーによる「子どもの発見」は，おとなとは違った存在としての子どもの着眼から，子ども固有の権利への着眼につながるものであった＊＊。

子どもの権利は，現実の社会の中でも次第に認められていく。産業革命後，従

＊＊堀尾輝久『子どもの権利とはなにか』岩波ブックレット, p.20-22, 1986

順で安価な労働力として単純労働の担い手とされた子どもたちに対しても，19世紀初めから子どもの労働者を保護する立法が，西欧社会において行われていった。そして，工場立法とともに義務教育の法律も次第に整備され，それらにやや遅れて児童福祉関係の立法も行われるようになった。

過酷な児童労働や親権の乱用の制限，19世紀末にも絶えることのなかった捨て子の救済と保護など，子どもの権利への着眼は育っていったが，この流れの中での子どもの権利とは，子どもを権利の主体とみるというよりは，慈恵と保護の対象とみるものが主流であった。

以後20世紀の子どもの権利の確立に向けた国際的な動きを概観すると*，まずは1922年の「世界児童憲章」があげられる。第1次世界大戦後の悲惨な状況の中で，イギリスでは，児童保護の理念と方策が憲章として発表された。その中で，あらゆる子どもは健康に養育されねばならないこと，身体的・道徳的・精神的発達に必要な機会をもたねばならないこと，人類奉仕に参加するように教育されねばならないことなどが記されていた。

*田中未来他編『子どもの教育と福祉の事典』建帛社，p.36-38，1992

そして，1924年の「ジュネーブ宣言」は，「児童福祉のための国際機構」が前年に発表した「子どもの権利宣言」を国際連盟が採択したものであり，5項目からなる短い宣言であった。

内容的には，①子どもの身体・精神の正常な発達のために必要なあらゆる手段が講じられるべきこと，②飢えた子どもには食，病める子どもには治療，知的に遅れた子どもには適切な援助，孤児や浮浪児には住居と保護が与えられるべきこと，③子どもを搾取から守り，自治の道へと指導する義務，④子どもはその能力が人類同胞への奉仕のために捧げられねばならないことを自覚して育てられるべきこと，等が規定されていた。

1930年の「米国児童憲章」は，経済恐慌により圧迫を受ける子どもたちの救済のため，アメリカ大統領が児童福祉関係者を集め，協議して作成されたものであり，子どもの人権思想に基づいて児童福祉領域の19項目の理念と実施への展望が示された宣言である。

そして，第2次世界大戦の惨禍を経て，1948年に「世界人権宣言」が国連総会において採択された。30条にわたって，自由平等，生命・自由・身体の安全，思想・良心・宗教の自由，社会保障，教育等の権利が宣言され，特に第26条は「すべての人間は教育を受ける権利をもつ」と規定し，教育への権利を基本的人権の1つに位置づけている。

このような流れの中で，日本においても，1951年に「児童憲章」が制定された。「日本国憲法」の掲げる基本的人権に則って，子どもの人権を簡潔にまとめたものといえるが，その総則では，児童は人として尊ばれ，社会の一員として重

んぜられ，よい環境の中で育てられなければならないものと規定されている。

　1959年には，国連総会によって「児童権利宣言」（「子どもの権利宣言」）が採択された。これは「戦後の社会において子どもの人権思想が到達した総括的な位置を占めるもの」[15]とされ，すべての子どもの権利の平等，できる限り両親の保護と責任の下で愛情と理解を必要とすること，社会保障，教育を受ける権利，放任・虐待・搾取からの保護等が10項目にまとめられている。

　1989年に国連総会で満場一致で採択された「子どもの権利条約」（「児童の権利に関する条約」）は，10年前の国際児童年から草案作成の準備が行われたもので，翌年，20カ国の批准を受けて発効した。日本は，1994年に158番目の批准国となった。「児童憲章」等が法的拘束力をもたないのに対して，本条約が地球的な約束として，子どもの権利を守ることを法規的に義務づけたことは画期的と評価される*。

　本条約は，第1部・実体的規定，第2部・条約の実施措置，第3部・最終条項の3部から構成され，第1部には，差別の禁止，子どもの最善の利益，生命・生存・発達，子どもの意見の尊重という4つの一般原則が示されている**。

　特徴としては，第1に，意見表明権，市民的権利・自由の諸規定に表れているように，子どもを「権利行使の主体」として承認したことがあげられる。第2に，権利保障における国の義務が全面に出され，相対的に親の役割が後退したことがあげられる。

　以上のように子どもの権利の流れを概観すると，子どもの人権が認められた近代以後，まずは，生存の保障すら十分でなく，特に貧困層では過酷な年少労働に追い立てられる状況から，いかに慈恵の念をもって子どもを保護するかが課題であったといえる。そして，子どもを保護の対象から，より積極的に権利の主体ととらえる見方が加わり，その現実的な表明が「子どもの権利条約」であると考えられる。

　しかし，権利の主体としての見方が，以前にはなかったということではない。日本においても，すでに1888（明治21）年の第1次民法草案の親権規定の提案理由では，「一切ノ権利ハ子ニ属シ父母ハ只義務ヲ有スルニ過ギズ」とされ，かなり積極的な見方が現にあったことがわかる。また，1901（明治34）年の社会民主党の綱領の中に「教育は，子どもにとっての権利」との思想が入っている。

　そのような子どもの権利思想は，以後も脈々と続き，もちろん時代的な制約を含みつつではあるが，社会主義者やキリスト教徒，社会事業家によって，具体的な提案が出されていく。

　たとえば，長老派の旧日本基督教会の牧師田村直臣は『子供の権利』（1911年）の中で，よい教育を受ける権利，親から虐待を受けない権利，活動する権利，疲

*喜多明人『活かそう！子どもの権利条約』ポプラ社，p.13，1997
**結城忠編『教育法規重要語300の基礎知識』明治図書出版，p.22，2000

れないようにしてもらう権利，親に理解してもらう権利，子どもとして取り扱われる権利，よい習慣をつけてもらう権利，世によく生まれてくる権利，遊ぶ権利などを強調している＊。

　キリスト教社会活動家として知られる賀川豊彦は，1924（大正13）年に行った講演の中で，子どもの権利として，食う権利，遊ぶ権利，寝る権利，叱られる権利，親に夫婦喧嘩を止めてもらう権利，禁酒を要求する権利をあげている。一見意外な項目があるが，当時の子どもの現実的な生活の中で必要性が高いと判断されたものであろう。

　さらに，賀川は，1927（昭和2）年の『児童保護』第2巻7号では，生きる権利，眠る権利，遊ぶ権利，指導して貰う権利，教育を受ける権利，虐待されない権利，親を選ぶ権利，人格としての対応を受ける権利をあげ，9つの子どもの権利を主張している＊＊。

＊田村直臣『子供の権利』警醒社書店，1911（上笙一郎編『日本〈子どもの権利〉叢書1　子供の権利・婦権と児童権運動』久山社，1955，所収）

＊＊『賀川豊彦氏大講演集』大日本雄弁会，1926
賀川豊彦「子供の権利」『児童保護』第2巻7号，1927（上笙一郎編『日本〈子どもの権利〉叢書1　子供の権利・婦権と児童権運動』久山社，1955，所収）

3．子どもの権利と法律

■1 今日の子どもの状況と子どもの権利

　国際的にみれば，貧困，ストリートチルドレンの存在，過酷な児童労働，あるいは，就学の機会が十分でないことを含めて，子どもを取り巻く状況には，いまだに厳しいものがある。日本においても，子殺しや子捨てはなくならないし，子どもに対する虐待はむしろ増えていると考えられる。全国の児童相談所で対応した児童虐待相談件数は，37,323件（2006年度）で，厚生労働省が統計を取り始めた1990（平成2）年度の約34倍に達している。

　子どもの権利の保障は，もとよりそのような生存権に関わる問題には限らない。たとえば，乳幼児にしぼって日本の子どもの問題状況をあげると，家庭における養育機能の低下，子どもの遊びの衰退，人間関係の希薄化，直接体験の不足，画一的保育への傾斜を指摘することもできる＊＊＊。

　少子化の進行は，少なく生んで大事に育てる傾向を助長したと判断できるが，一方，子どもへの虐待も広がりをみせている。仮親の存在に明らかなように，昔ならば大勢のおとなが子どもの成長に関わっており，子育てに関する親の責任意識は相対的に低く，むしろ子育ては現在よりも気楽なものであったと考えられる。

　対して，少子化社会の中では，子育ての責任が親，特に母親に集中しがちな状況の中で，思い通りにならない子どもを相手にストレスが増大され，結果，身体的，心理的虐待が行われることになる。もちろん，育児の責任に無自覚な親によるものも多いが，同時に，責任感の強い親による虐待が，親自身の後悔を伴いな

＊＊＊鈴木牧夫『子どもの権利条約と保育』新読書社，p.10-29，1998

がら行われている現実もある。それは，家庭の養育機能の低下をよく表現するものとみることができる。

　1960年代後半から子どもが遊ばない，遊べないと指摘されるようになったといわれる。幼児期の子どもでも，年齢とともに身近な家庭的活動の遊びからより広い生活経験の職業的活動やルール遊びへと変化する様子もみられなくなり，狭い空間の中で玩具を使って静的に1人遊びを行う傾向が顕著になったという。ビデオやテレビゲームの登場は，幼児の遊びも一変させてしまった。

　そのような遊びの衰退は，人間関係の希薄化を意味し，物は豊かになったが，人との関わりは貧しくなったという状況につながる。そして，それは，自然の中での豊かな直接経験を通して感性や知性を身につける機会が失われつつあることをも意味している。また，おとなの注視の中で生活する子どもは，知能開発教育やおけいこごとに通わされるなど，おとなに管理される傾向が強くなり，画一的保育への傾斜も危惧されている。

　ここで，おとなとは異なる自ら発達する主体としての子どもという近代以後の子ども観を想起するとき，以上のような状況には重大な問題が含まれていることに気づく。子どもとは未熟でありながら，だからこそ発達の大きな可能性をもつものであり，その意味から発達保障を中核に据えておとなとは異なる子どもの権利を考えるとき，子どもを取り巻く現状が好ましくないことはいうまでもない。

　なお，子どもの虐待の問題は，家庭にとどまらない。小中学校のみならず，幼稚園や保育園でも保育者による体罰はないわけではなく，にわかには信じ難いことだが，子どもに非がなくても，虐待に等しい行為が行われる場合もあるといわれる*。経営者が約1年間にわたり入所児を虐待して死傷させたという無認可保育所「スマイルマム」の事件（1999～2000年）は，甚だしい例であろう。

　あるいは，そこまで直接的なものでなくても，たとえば，同じベッドに寝かされていた8カ月児の下敷きになって4カ月児が死亡した「ちびっこ園西池袋」の事故（2001年3月16日）など，集団保育施設においても，子どもに対する人権侵害が行われている状況が存在するといえる。

　ところで，「子どもの権利」は，「子どもの人権」ともいわれる。後者は「直接的にはおとなと同様に子どもにも保障されるべき一般人権を指すが，今日では，これに「子ども固有の権利としての成長・発達権」の視点を採り入れて論じることが多くなった」[16]と説明される。

　「子どもの人権」は，体罰や校則，内申書や偏差値による管理教育と能力＝序列主義体制が支配的な学校での人権侵害の状況の中で，1980年代以降用いられてきた用語である。これに対して，「子どもの権利は，人権思想を前提としたうえで，つまり，子どもも人間であるわけだから，人権の主体であることを確認し，

＊中村季代『ママたすけて！保母の園児虐待』駒草出版，1991
中村季代『子どもたちの悲痛な叫び』恒友出版，1995
中村季代『保母の子ども虐待』鹿砦社，1997

そのうえで，しかし，おとなとは違った『子ども固有の権利』という視点が形づくられてくる」[17)] とも主張される。

逆に，「子どもの人権」といった場合には，子どもも人間であるという基本の上に，単なる「人権」ではないという意味で，まさに「子どもの」という特殊性が強調される必要があることになる。

いずれにせよ，たとえば，憲法上の精神的自由権でも社会的諸権利でも，それを行使できる主体としての成長は，発達可能態としての子ども期への期待が前提になると考えられる。それには，子ども期をいかに充実して過ごすことができるかを保障する視点が不可欠であり，その意味で，子ども期に不可欠な遊びの衰退や直接経験の不足の事態は問題となる。

なお，発達を中核にして子どもの権利を論じることに関しては，批判があることも断っておきたい。もちろん，いわゆる「子どもの発見」以来の子どもの権利思想の進展を思うとき再批判が可能であるが，それはたとえば，子どもとおとなを未熟・成熟の差異でとらえる差別的な見方だとする考えである。

2 子どもの権利と法律

以上のような子どもを取り巻く現状に対して，子どもの権利を守る視点からどのような法令が用意されているかといえば，いうまでもないことだが，日本においては，まず日本国憲法（1946年）があげられる。

憲法は，基本的人権の尊重を基本原理に含み，思想と良心の自由（19条），学問の自由（23条）などの精神的自由権や，生存権（25条），教育を受ける権利（26条），労働基本権（28条）などの社会的諸権利を規定している。

その際，人権主体としての地位は年齢によるとは考えられず，したがって，子どもも基本的人権の主体となる。各種の社会悪から抵抗力の弱い子どもを守るという目的によって，子どもの特殊性に基づいて最小限の基本的人権の制限も行われ得るが，年齢要件を設ける場合にはそれだけの合理性が必要となる＊。

＊広沢明『憲法と子どもの権利条約』エイデル研究所，p.2-5，1993

憲法自身が明文で定める選挙権をはじめ，その他立法による制限，たとえば婚姻や営業・職業選択の自由に対する制限は，一定の政治的判断力や，肉体的・精神的・経済的な能力や，高度な専門的知識を必要とされることなど，他人や社会の利益の見地から合理性が認められる。

ところで，子どもが特に幼い場合には，そのような人権制限は問題になるとは考えられない。幼児が選挙権を行使しようとしたり，婚姻しようとしたり，なんらかの職業に就こうとしたりすることはあり得ないからである。その場合問題になるのは，むしろ人権行使に伴う制限である。

親権者または後見人という子どもの人権行使の助力者によって，子ども自身の

人権行使はどこまで制限されるかという問題である。しかし、この点に関しては、親権はかつては家父長的な権力であったが、親の権利というより義務としての側面が強いと考えられる。親権は、自己の利益を充足させる権利ではなく、子どもの利益に関する受託者的・代弁者的性格を有する特殊な権利とされる*。

したがって、「親は子どもが意思能力に欠けており、人権行使についての自己決定がなしえない場合に限り、子どものために、子どもの代わりにその権利内容を判断し、自ら決定し行使することが許容され」[18]、その意思能力が形成されるのは「学説・判例は、個人差や行為の種類によって異なるとしながらも、一般に大体七歳〜十歳位」[19]とされる。

さらに、憲法の下で、身体的・精神的に未熟とされる子どもを保護し、その健やかな育成を保障する児童福祉の円滑な展開をはかるため、児童福祉法制が体系化されている。それは、児童福祉法（1947年）を中核に、児童扶養手当法（1961年）、特別児童扶養手当等の支給に関する法律（1964年）、母子及び寡婦福祉法（1964年）、母子保健法（1965年）、児童手当法（1971年）の六法からなる。

児童福祉法は、児童福祉に関する基本的、総合的な法律であり、「その名称にはじめて『福祉』すなわち『よりよく生きること』を冠した画期的な法律」[20]と評される。一方、すべての子どもを対象としてその健全育成、福祉の積極的増進を目的として成立したものの、「子ども全般の福祉増進にかかわる積極的な規定に乏しく、実際には要保護児童の保護を中心に据えた児童保護行政法」[21]ともいわれる。

内容としては、第一章「総則」、第二章「福祉の保障」、第三章「事業及び施設」等となっており、特に総則においては、定義、児童福祉審議会等、実施機関、児童福祉司、児童委員、保育士の順で規定が設けられている。

児童福祉施設は、子どもとその保護者に適切な環境を提供して、養護・保護・訓練・育成等を行い、子どもの福祉を図る施設の総称であるが、本法では第7条にあげられている。具体的には、助産施設、乳児院、母子生活支援施設、保育所、児童厚生施設、児童養護施設、知的障害児施設等14種がある。

子どもの生存権等の基本的な人権を守る意味から、児童福祉法制の重要性は明らかであるが、その他児童福祉に深く関わる法律として、社会福祉に関する法律、医務・公衆衛生に関する法律、教育に関する法律、労働に関する法律、社会保険に関する法律、法務に関する法律、行財政に関する法律がある**。

一方、児童福祉とも深く関わるが、厳格な条件の下とはいえ親権者等によって人権を制限されることもあり得る子どもも、将来の権利行使者としての育成がなされる必要性から、教育の役割が大きいことはいうまでもない。教育に関しては、教育を受ける権利（26条1項）、義務教育の無償制（同2項）、学問の自由（23

---

*広沢明『憲法と子どもの権利条約』エイデル研究所、p.11-12、1993

**京極髙宣監修『現代福祉学レキシコン』第二版、雄山閣、p.314、1998

条）等やはり憲法に規定される教育条項を受けて，教育法制が存在する。

具体的には，教育の基本に関しては憲法ならびに教育基本法（旧法1947年，2006年全部改正），学校教育に関しては学校教育法（1949年）・私立学校法（1947年）等，社会教育に関しては社会教育法（1949年）等，教育行政に関しては文部科学省設置法（1999年）等，教育財政に関しては義務教育費国庫負担法（1952年）等，教職員に関しては教育公務員特例法（1949年）等がある＊。

児童福祉法制にせよ教育法制にせよ，子どもが保護されるべき対象としての子ども観に大きく支えられているものと解することができる。関連して，たとえば少年法（1948年）では，2000年改正には厳罰化として批判が強かったが，14歳未満の子どもの行為は犯罪とされず，いわゆる保護主義の立場からまずは児童相談所に送られることとされている。

ところで，子どもを権利の主体としてより積極的にとらえる子ども観からは，特に子どもの権利条約（1989年）が注目される。第12条に「締約国は，自己の意見を形成する能力のある児童がその児童に影響を及ぼすすべての事項について自由に自己の意見を表明する権利を確保する」と，子どもの意見表明権を認めている。

条約にいう子どもとは，18歳未満（1条）とされ，その始期については明確でないが，日本の法制度の下では出生時以後の人間と解せる＊＊。すると，条約が乳幼児をその対象に含むことは明らかであるが，その際，「自己の意見を形成する能力」の有無が問題となる。しかしこの点，乳幼児であっても，子どもはさまざまな形で自己主張をしており，むしろそれを受けとめるおとなの姿勢が必要といえる。

乳幼児に関していえば，幼稚園教育要領と保育所保育指針についても人権への配慮が弱いと指摘する声もあった＊＊＊。「権利条約は，憲法より下位に位置するが，その効力は法律に優位する。権利条約違反を理由に直接裁判所に提訴できる」[22]とされるところでもあり，条約の趣旨を活かし，何よりも「児童の最善の利益」（3条1項）に配慮した施策，子どもの処遇が求められるといえる。

この点については，保育所保育指針（2008年改定）では，保育所は「入所する子どもの最善の利益を考慮し，その福祉を積極的に増進することに最もふさわしい生活の場でなければならない」（第1章）と定めている。また，保護者に対する支援においても「子どもの最善の利益を考慮し，子どもの福祉を重視すること」（第6章）としており，十分であるかどうかはともかく，幼児の権利に対する一定の配慮を求めているものといえる。

＊結城忠編『教育法規重要語300の基礎知識』明治図書出版, p.19, 2000

＊＊広沢明「子どもの権利条約と国内の課題」永井憲一編『子どもの権利条約の研究』法政大学現代法研究所, p.123-124, 1992

＊＊＊鈴木祥蔵『新しい子ども観を』明石書店, p.209-237, 1990

＜引用・参考文献＞
1) 青木一他編『現代教育学事典』労働旬報社, p.314, 1988
2) 市川昭午・永井憲一監修『子どもの人権大辞典』Ⅰア～シ, エムティ出版, p.312, 1997
3) フィリップ・アリエス（杉山光信・杉山恵美子訳）『〈子供〉の誕生』みすず書房, p.386, 1980
4) E.S.モース（石川欣一訳）『日本その日その日』1, 平凡社東洋文庫, p.11, 1970
5) 田嶋 一「民衆の子育ての習俗とその思想」『岩波講座 子どもの発達と教育2 子ども観と発達思想の展開』岩波書店, p.3, 1979
6) 同上, p.13
7),8) 堀尾輝久『子どもを見なおす』岩波書店, p.55, 1984
9) 古川 原『児童観人類学序説』亜紀書房, p.158, 1978
10),11) 田嶋 一, 前掲「民衆の子育ての習俗とその思想」p.5
12),13) 河原和枝『子ども観の近代』中央公論社, p.12, 1998
14) 野本三吉『子ども観の戦後史』現代書簡, p.2, 1999
15) 田中未来他編『子どもの教育と福祉の事典』建帛社, p.38, 1992
16) 市川昭午・永井憲一監修, 前掲『子どもの人権大辞典』p.331
17) 堀尾輝久『子どもの発達・子どもの権利』童心社, p.196, 1989
18),19) 広沢 明『憲法と子どもの権利条約』エイデル研究所, p.13, 1993
20) 森上史朗・柏女霊峰編『保育用語辞典』第2版, ミネルヴァ書房, p.10, 2002
21) 庄司洋子他編『福祉社会事典』弘文堂, p.400, 1999
22) 結城 忠編『教育法規重要語300の基礎知識』明治図書出版, p.20, 2000

第2章 保育施設の設立と変遷

〈学習のポイント〉　①欧米における保育施設の歴史を理解しよう。
②日本における保育施設の歴史を理解しよう。
③日本における保育施設の現状を理解し，これからの保育施設のあり方について考えてみよう。

1．欧米における保育施設の歴史

1 新しい子ども観と保育思想
（1）ヒューマニズムの保育思想

　中世から近世にかけて，今から500年近くも前のヨーロッパでは，文芸が復興し，子どもに教育を受けさせることが盛んになり始めた。貴族は以前より専属の家庭教師によってラテン語など高度な教育を子どもに受けさせることが一般的であったが，しだいに都市が栄え始めると庶民の親たちも子どもを世の中で独立させるために読み，書き，計算の教育を受けさせようと私塾へ通わせるようになったのである。しかし，そうした私塾は，文字を少し知っている人が自宅の片隅に子どもを集めて教えるというもので内容も十分でなく，また子どもをおとなと同じように考えて子どもの特性を理解せずに子どもが騒げばむちや棒でたたいて教えるというやり方がほとんどであった。一方，貴族の子どもも難しすぎるラテン語を無理に教えられるなど子どもにとっては厳しいものであった。

　こうした非人間的な教育を批判し，子どもを自由な存在として認め，体罰でなく愛をもって行う教育を主張し，すべての子どもが等しく教育を受けるために公立学校の設置を提唱したのがオランダのD.エラスムス（1466-1536）であった。エラスムスは，子どもの発達に応じた教育を行えば幼児期からの教育も可能であると考え，幼児教育の意義にも着目した最初の人物であったといえよう。

（2）コメニウスの幼児教育論

　エラスムスの主張したヒューマニズムの保育思想，つまり子どもの存在そのものを尊重し子どもの発達に応じた教育を重視する考えは，その後の保育思想家にも受け継がれた。

　チェコスロバキアのプロテスタント牧師であったJ.A.コメニウス（1592-1670）は，「近代教育学の父」と呼ばれているが，体系的な幼児教育論を初めて公にした人物である。コメニウスは，すべての人にすべてのことを教えるという主張をもって，「母親学校」「母国語学校」「ラテン語学校」「アカデミア」の4段

階の学校教育制度を構想した。

　幼児期の教育は「母親学校」であり，誕生から6歳までの子どもを対象に母親が各家庭において行うものとコメニウスは考えた。家庭で行うものといってもその教育構想は非常に詳しいものであった。教える内容については，「博物学，光学，天文学，地理学，年代記，歴史，家政，政治学，弁証法，算数，幾何，音楽，労働，文法，弁論術，詩」など幅広い事柄を取り入れていた。また，『母親学校指針』(1633) を著し，言葉による論理的な教育でなく子どもが自らのあらゆる感覚を用いて直観的に事物をとらえることを重視した教育，子どもの自然な発達に応じた教育，遊びを重視した教育，など新しい教育の方法原理を示した。その中でも直観的教授法を重視したコメニウスは，これを行うために『世界図絵』(1658) という世界で初めての絵本（絵入り教科書）もつくった。『世界図絵』には自然界の事物，さまざまな職業，日用品など，子どもの身のまわりにある実物が描かれ，視覚を通して事物を直観的にとらえさせることを目指した教材であった。こうしたコメニウスの教育構想は，当時のあいつぐ戦乱のために残念ながら実現されなかった。けれども，後に続くルソー，ペスタロッチ，フレーベルなどの保育思想に大きな影響を与えた。

(3) ルソーによる子どもの発見

　コメニウスの教育構想が示されてから約100年を経てもまだ，当時のヨーロッパでは上流社会の子どもたちはキリスト教の原罪観にもとづく厳しいしつけや知的なつめこみ教育を受けていた。こうした状況を批判したのがJ.J.ルソー(1712－1778)であった。ルソーは，人間は生まれながらに罪を負っているという当時の原罪観に対し，人間は本来善であることを主張したのである。また，著書『エミール』(1762) では，子どもを小さなおとなとしてみる当時のおとな中心の子ども観を批判し，おとなとは異なる子どもの独自性を認めた新しい子ども観を示したので「子どもの発見」者ともいわれている。

J.J.ルソー
(1712－1778)

　こうしたルソーの思想にもとづく教育は，「消極教育」といわれる。それは人為的，干渉的，強制的に教え込もうとする当時の教育のあり方に対する批判であって，ルソーは知識を多く与えることではなく思考力や判断力，創造力をもち自由で理性的に行動できる人間を育てることが教育の目的と考えた。そのため，おとなは子どもに対して教えることはほとんどなく，教育は消極的でなくてはならないとしたのである。

　ルソーの「子どもの発見」やこうした教育についての考えは，後のペスタロッチやフレーベルに影響を与えただけでなく，現代の保育思想をも基礎づけたといえよう。

(4) ペスタロッチの保育思想

　ルソーの思想を継承して，孤児院で教育実践に取りくんだ人物がスイスのJ.H.ペスタロッチ（1746－1827）であった。当時のスイスは，一部の人々によって支配されていた社会であったために，多くの人々は貧しい生活を余儀なくされていた。また，町には戦争で親や家を失った子どもたちがたくさんいた。こうした状況から救うために，ペスタロッチは政治的な社会改革にも従事したが，最終的には教育こそが社会を変える原動力になると考え，孤児院などで自ら子どもたちと生活する中で教育理論を構築した。

J.H.ペスタロッチ
（1746－1827）

　ペスタロッチは，教育の中でも幼児期の教育の重要性を指摘して，『幼児教育の書簡』（1827）という本も著している。ペスタロッチが教育において最も大切であるとしたのは，母親の愛に満ちた家庭生活を基盤とした教育であった。母親が愛情をもって子どもと関係を築くことが，献身的愛をもって生きる「道徳的人間」の教育に必要であると考えたのである。知的教育については，当時の脅したり競争心をあおったりして無理に言葉で教えるやり方を批判して，子どもの自発性を重視し，実物を用いたり，実際に作業をしながら学ぶ方法を主張した。また，指導の際に子どもが興味をもたなかったり，騒いだりするのは，母親や教師の責任であるとして，子どもが興味をもって取りくめる指導法の工夫についても考えていた。

2 保育施設の創設

(1) オーベルランの幼児保護所

　18世紀のフランスは，戦争で村が荒れ果てていた。ルター派の牧師であったJ.F.オーベルラン（1740－1826）は，バン・ドラ・ローシュというフランス北東部の小さな村に赴任し，戦乱と貧困に苦しんでいた村の建て直しに取りくんだ。オーベルランは，農業の改善や道路の建設，紡績工業の誘致など，積極的に経済発展をはかり村は少しずつ活気づいてきた。けれども，親が働いている間子どもが放任され，危険にさらされたり，悪習に染まったりすることから，子どもを保護し教育を施す必要性を感じて「幼児保護所」という保育施設を開設した。

　この「幼児保護所」では母親が働いている間，6歳くらいまでの幼児を保育していたが，他に6歳を過ぎた頃から入って読み・書き・計算，地理，農業原理，宗教学などを学ぶ中間学校やおとなを対象とする学校もあり，3つの学校からなっていた。この学校では婦人たちに生業として編み物を教えていたので，一般に「編み物学校」と呼ばれていた。「幼児保護所」では，子どもを保護するだけでなく，楽しく遊ぶことを生活の中心におきながら，糸紡ぎや編み物を教えたり，植物の観察や採集を行ったり，正しいフランス語，聖書などを学ばせたりした。オ

ーベルランの「幼児保護所」は、その後、フランスだけでなく、イギリスやドイツにも影響を与えた。

(2) オーエンの幼児学校

18世紀後半のヨーロッパは、産業革命により工業化、都市化が進み、それまで家で仕事をしていた人たちが家を離れて工場へ働きに出かけるようになった。都市には低い賃金で働く貧しい労働者や熟練の失業者が増えた。子どもたちも5,6歳になると工場に働きに出ていた。子どもでも10時間という長時間の労働も珍しくなく、酷使されていた。一方、3、4歳の小さな子どもも両親が働きに出た後、家に取り残された。街には貧困児や浮浪児があふれ、不衛生で不道徳な状況が社会の大きな問題となっていた。とくに産業革命が急速に進んでいたイギリスではこの問題は深刻であった。

R. オーエン
(1771－1858)

このような中で、イギリスで工場を経営していたR. オーエン（1771－1858）はこうした問題に心を痛めていた。そこで、オーエンは自らが経営する紡績工場に1816年「性格形成学院」という学校を開設し、子どもを保護し教育を行った。この「性格形成学院」は「幼児学校」「初級学校」「成人学校」の3つからなっていたが、子どもの性格は大部分が2歳くらいまでにつくられるとし、中でも「幼児学校」における幼児期からの教育を重視した。「幼児学校」では、1歳から6歳くらいまでの子どもを対象として、単に貧しい子どもを保護し預かるだけでなく、理想的な人格を形成することを目的とした教育が行われた。子どもをたたいたり、罵ったりする当時の教育を批判し、子どもにはつねに親切でやさしく、愛情をもって接することを心がけていた。また、当時一般的であった書物を用いて教える方法でなく、子どもの発達や興味に合わせ、実物を用いて行う教育方法を重視していた。

オーエンの「幼児学校」は、その後、S. ウィルダースピン（1792－1866）によってイギリス全土に普及することとなったが、その教育は知識の注入に偏るようになりオーエンの意志が継承されたわけではなかった。けれども、オーエンの「幼児学校」がイギリスの保育施設の始まりとなり、19世紀後半には学校体系の一部として体系化されるまでに発達した。

(3) フレーベルの幼児教育思想と幼稚園の誕生

今日、幼稚園と呼ばれている保育施設は、F.A. フレーベル（1782－1852）という人物が1840年、ドイツのブランケンブルクに開設した「幼稚園」（kindergarten）に始まる。フレーベルは、さまざまな職業に従事していたが、ペスタロッチのもとで学び教育という仕事に天職を見いだした。フレーベルはペスタロッチの影響を受け、さらにその思想を発展させ独自の宗教観にもとづいて教育論を体系化することに努めた。

フレーベルは，集団保育施設における公教育を提唱したオーエンとは異なり，幼児期の教育は家庭において母親が行うことの重要性を主張した。そのために，フレーベルは母親を訓練する場として「幼児教育指導者講習科」を開設し，またその実習所として村の6歳以下の子どもを集め「遊戯及び作業教育所」も附設した。この実習所が翌年「幼稚園」と改称されたのである。

F.A.フレーベル
（1782－1852）

フレーベルは，人間性には神が宿っていると考えた。つまり人間の本性は善であり，人間の教育は自己の活動を通して内部から発展させることにあるとした。そして，子どもの自己活動は遊びの中で最もよく実現されるとし，保育において遊びが重視された。フレーベルはこうした考えにもとづき，遊ぶための遊具も自ら考案した。これが神様からの賜り物という意味をもつ「恩物」(Gabe) である。「恩物」は，6色からなる毛糸の球やさまざまな形をした木片など，20種類の系統的に考えられた教育遊具であった。

フレーベルの「幼稚園」は，宗教的な理由から無理解であったプロイセン政府によって1851年「幼稚園禁止令」が公布されドイツにおいてはあまり普及されなかったが，フレーベルの思想はその後継者によって，その後世界的な規模で広がっていった。

(4) モンテッソーリの子どもの家

1800年代の後半になると，医学や心理学など科学的な研究が盛んに行われるようになった。こうした科学的研究にもとづいて保育を考えた人は，イタリアのM.モンテッソーリ（1870－1952）であった。

医学者であったモンテッソーリは，知的障害児の科学的研究と治療を行っていた。そして，その方法が一般の幼児にも適用できると考えた。モンテッソーリは，感覚器官を訓練することが子どもの知的，精神的発達を導くとの考えから，感覚器官を練磨する「モンテッソーリ教具」を考案した。この教具はフレーベルの恩物のように決まった使い方はなく，子どもが自由に取りくむことを重視していた。モンテッソーリは，子どもがあらゆる束縛から解放されて自発的に作業に没頭することが大事だと考えた。

そうした保育の場として，モンテッソーリは，1907年，ローマのスラム街に「子どもの家」という保育施設を開設した。「子どもの家」には，働きに出た親から放置されて悪い環境の中ですごしていた3歳から6歳くらいまでの子どもが収容された。モンテッソーリは，生活用品をすべて子どもが使いやすいサイズに整え，子どもの生活を落ち着かせた。そして，考案した教具を通して保育を行った。

「子どもの家」におけるモンテッソーリの保育は，その後，「モンテッソーリ・メソッド」として欧米に広まり，日本の多くの幼稚園でもこの方法が導入された。

3 アメリカにおける幼稚園の発展

（1）フレーベル主義幼稚園の普及

アメリカでは1855年，フレーベルに直接学んだドイツ人のシュルツ夫人によって，ドイツ人居住地にドイツ語を使う幼稚園が開設された。その後，20年の間に10園もの幼稚園が設立された。

これを契機にして幼稚園は各地にも広まっていった。E. ピーボディ（1804－1894）は，フレーベルの保育思想にふれて感銘を受け，シュルツ夫人の幼稚園を見て，1860年にアメリカで最初の「英語を話す幼稚園」を開設した。その後，幼稚園教員の養成にも尽くし，幼稚園の普及に取りくんだ。ピーボディの取りくみによって幼稚園はアメリカ各地に広まった。最初は裕福な人々の間で注目された幼稚園であったが，スラムなど悪い環境におかれた子どもたちを保護し教育するという意味においても評価され，1870年代には宗教家たちによって教会幼稚園も設立されるようになっていった。さらに，1873年にはドイツ人のS. ブロウ（1843－1916）によってセントルイスに初めての公立幼稚園も開設された。

このように，アメリカに普及された幼稚園は，フレーベルの考えにもとづき恩物を用いた保育を行っていた。けれども，子どもの自己活動や遊びを重視したフレーベルの考えは忘れ去られ，次第に恩物を決まった使い方で保育するという形だけが残されていった。

（2）進歩主義幼稚園への改革

1890年頃になると，形式だけを重んじるフレーベル主義幼稚園への批判が起こるようになった。現場の保育者からは，他の遊びをほとんどさせないで恩物のみを使う保育への疑問が出はじめた。また，科学的な児童研究が盛んになり，心理学や教育学の研究者からは，子どもの発達を無視した恩物主義に批判が向けられ，全身を動かすダイナミックな遊びの必要性の声があげられた。こうして，従来からの恩物中心のフレーベル主義と進歩的に新しい保育を模索する人たちとの間で論争が起こった。

進歩派を代表するJ. デューイ（1859－1952）は，生活の中で生活を通して行う保育を重視した。1896年には，シカゴで実験学校を始め，その実践にも取りくんだ。デューイは，自らの経験によって学ぶことを重視し，これこそがフレーベルの教育原理を受け継いだ学校であるとした。また，進歩主義幼稚園では，当時の科学的な児童研究の成果を積極的に取り入れ，子どもの発達にあわせて，子どもの興味による多様な保育内容を考えた。このような流れの中で，1910年を過ぎる頃には，恩物は幼稚園から姿を消すようになり，進歩主義幼稚園の考えが一般化していった。

2．日本における保育施設の歴史

❶近世における保育思想と保育施設構想

（1）子育て書にみる近世の保育思想

　日本では，江戸中期，1700年を過ぎる頃より多くの子育て書が出版された。これらの育児書から日本における近世の保育思想をみることができる。

　漢方医であった香月牛山（1656－1740）は，『小児必要養育草』（1703）を著し，幼児期の子育ての重要性を示した。子どもをよく観察して，子どもの発達に応じた子育てをする必要性について具体的に説明している。また，子どもの遊びの重要性についても強調した。貝原益軒（1630－1714）も，著書『和俗童子訓』（1710）の中で，幼児期における教育的な配慮がきわめて重要であるとし，どのような教育をするかによって子どもが良くも悪くも育つと述べた。また，早くから封建的な道徳を教えていくための順序立てとして，年齢段階に応じた具体的な教育方法も示した。

　その他，永井堂亀友の『小児養育気質』（1773），山名文成の『農家訓』（1784），脇坂義童の『撫育草』（1803），大原幽学の『微味幽玄考』（1836）など，多くの子育て書が出版され，それぞれの子育てについての考えが示された。その後，明治を迎えた日本は欧米における保育の影響を強く受け発展していくこととなり，江戸時代から日本で培われたこうした保育思想は忘れ去られてしまったようにもみえるが，心の中には受け継がれつつ欧米の文化との融合の中で発展していったのではないだろうか。

（2）佐藤信淵による慈育館と遊児廠

　江戸後期になると，商業が栄えはじめたことにより藩財政が悪化し，年貢の徴収が苛酷になって農民たちの生活は困窮をきわめていた。そのため，貧しい農村ではしかたなく間引きや堕胎といって生まれたばかりの子どもを殺すことが通例となっていた。このような状況を解決するために，佐藤信淵（1769－1850）は著書『垂統秘録』（1849）の中で公的な保育施設の必要性を訴え，その具体的な構想を示した。

　信淵は，保育施設として2つの施設を考えた。1つは，貧しい農民たちが乳幼児を預けて安心して働けるように無料で保育する保育所のような「慈育館」であった。もう1つは，4歳から7歳の子どもを対象とし遊びを行わせる幼稚園のような「遊児廠」であった。けれども残念ながらこうした先覚的な保育施設の構想が実現することはなかった。

2 幼稚園の成立と発展

（1）幼稚園の萌芽

　明治時代になると，日本においても近代的な教育制度が確立された。1872（明治5）年「学制」が公布されたが，その中には幼児期の教育機関として「幼稚小学」の規定があった。「男女ノ子弟六歳迄ノモノモ小学ニ入ル前ノ端緒ヲ教フルナリ」と規定されたが，具体化されず構想だけにとどまった。

　しかし，この「幼稚小学」とは無関係に就学前の幼児を集めて保育を行う試みがなされていた。1875（明治8）年には，京都の龍正寺に「幼稚院」という保育施設が開設された。ここでは住職が教師となり幼児にイロハや単語図などを教えたという。また，同年，京都の柳池小学校には「幼穉遊嬉場」が開設された。「幼穉遊嬉場概則」によると，就学前の幼児に遊戯を通して女性教師が教育する保育施設であったようである。フレーベルの恩物と思われる遊具を用いて幼児を保育しており，すでにフレーベルの幼稚園に関する伝聞があったと思われる。

　これらの保育施設は2，3年の間に廃止されてしまったが，その内容から幼稚園の萌芽ともみるべきものである。

（2）幼稚園の誕生

　日本で最初の幼稚園とされるのは，1876（明治9）年，文部省によって開設された「東京女子師範学校附属幼稚園」（現在のお茶の水女子大学付属幼稚園）である。翌年の1877（明治10）年には幼稚園規則を定めて，幼稚園の開設の主旨を「天賦ノ知覚ヲ開達シ，固有ノ心思ヲ啓発シ身体ノ健全ヲ滋補シ交際ノ情誼ヲ暁知シ善良ノ言行ヲ慣熟セシムルニ在リ」と示した。満3歳以上の幼児を対象とし，保育料は1カ月25銭で，1日4時間の保育が行われた。

　フレーベルの学校で保育を直接学んだドイツ人松野クララ（1853－1941）が中心となって，日本人の豊田芙雄，近藤濱，他に助手2人で保育にあたったという。保育の内容はフレーベルの恩物の操作が中心であり，20〜30分ごとに時間割が決められて鐘の合図で保育が行われていた。その他に唱歌，遊嬉（戯），説話などもあったが，すべて外国のものにたよっていて，漢文調に訳されたものを幼児向けに改めて取り入れていたがそれでも子どもには難しいものであった。

　その後，この「東京女子師範学校附属幼稚園」が日本の幼稚園のモデルとなって，恩物中心の保育を行う幼稚園が日本各地に設立されていった。

（3）幼稚園の発展

　「東京女子師範学校附属幼稚園」に始まる日本の幼稚園は，私立幼稚園の設立によってさらに普及，発展していった。とくにキリスト教主義による幼稚園の役割は大きかった。

　1880（明治13）年，東京で桜井女学校附属幼稚園が開設し，その後，金沢の

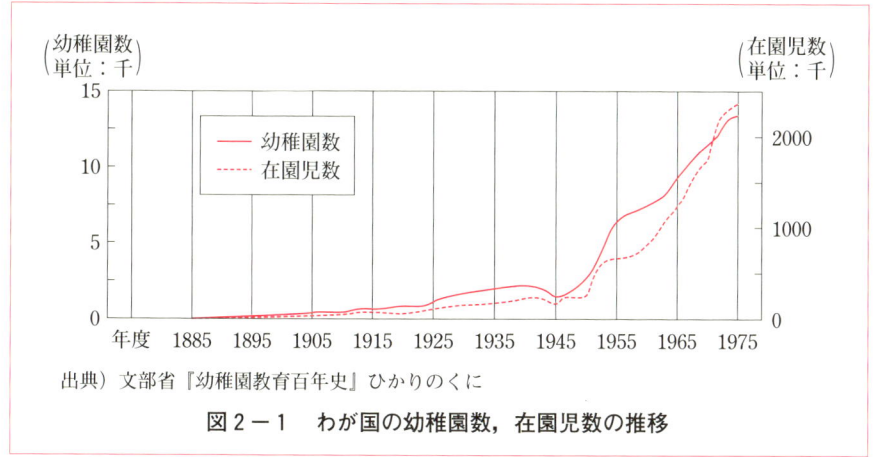

図2−1　わが国の幼稚園数，在園児数の推移
出典）文部省『幼稚園教育百年史』ひかりのくに

英和幼稚園，神戸の頌栄幼稚園，山口の明星幼稚園など，キリスト教主義の幼稚園が全国各地にあいついで開設された。中でも頌栄幼稚園を創設した宣教師のA. L. ハウ（1852−1943）は，日本の幼稚園に大きな貢献をした人物である。ハウは，幼稚園に先立って頌栄保姆伝習所を開いて保育者養成に取りくんだ。また，東京女子師範学校に招かれて保育学の講義を行ったり，恩物の操作を形式的に教えることが一般的であった当時の幼児教育界の中で，子どもの自己活動としての遊びを大切にしたフレーベルの精神に還る必要性を強調した。

　1897（明治30）年には，幼稚園の数は200園を超え，園児数も2万に達するまでになった。1899（明治32）年には，幼稚園に関する日本で初めての国の規定である「幼稚園保育及設備規定」も公布され，幼稚園における保育が国で整備されるようにもなった（図2−1）。

(4) 倉橋惣三の保育論

　日本の幼稚園は海外の模倣から始まったが，明治期の保育は本来のフレーベルの教育原理を理解せず恩物を用いるという形のみが重視されていた。明治30年代になると，そうした保育に対して疑問の声があがるようになった。中でも1917（大正6）年，東京女子高等師範学校附属幼稚園の主事となった倉橋惣三（1882−1955）は，恩物中心の保育を批判し，新しい保育の理論と実践に取りくんで日本の保育に大きな影響を与えた人物である。倉橋は，子どもが自発的な生活の中で経験を通して学ぶことを重視した。そのためには，時間割によって動かされ，恩物を保育者の指示によって操作する保育では不十分であった。倉橋は，子どもの興味にもとづいて保育の内容を考える必要性があるとした。保育者は子どもの興味，欲求をとらえ，それが実現される環境を用意して，その中で子どもが能動的に自由に遊べるようにすることが大事だとした。

倉橋惣三
（1882−1955）

こうした倉橋の考えは，東京女子高等師範学校附属幼稚園での実践を通して理論化され，雑誌や各地での講習会を通して全国に浸透していった。そして，この倉橋の保育論は今日の保育理論の基礎とされるほど日本の保育に大きな影響を及ぼした。

3 保育所の成立と発展

（1）子守学校の成立

　明治時代になると，政府は学校教育制度を確立するために全国に小学校を設立するよう働きかけた。けれども就学率はなかなか高くならなかった。子守りといって子どもが小さな弟や妹の面倒をみるという日本の生活風習がその理由の1つであった。子どもは家で子守りをするために学校に来られないという事情があったのである。また，一方では子守りが小さな乳幼児を背負って学校に来るという問題も起こっていた。

　そこで，これを解決するために学校に連れてきた乳幼児を預かる部屋をつくったり，子守りをしている子どもとそうでない子どもとを分けて勉強させたりする方法がとられるようになった。これを子守学校とか子守学級と称した。

　茨城県猿島郡小山村の渡辺嘉重は，子守りのために学校に通えなかったり，学校に来ても授業を受けられない子どもの様子に心を痛めて，1883（明治16）年，小学校の教室の隣に子守りが連れてきた乳幼児を保育する部屋を設けた。2種類の保育室を設け，「鎮静室」には2歳未満の子どもを，「遊戯室」には2歳以上の子どもを預かり，生徒が教室で授業を受けられるようにした。乳幼児の保育には，子守り生徒の中から12，3歳から15歳程度の慣れた者が交替であたった。

　こうした子守学校や子守学級が明治20年過ぎには東北から関東にかけて多くの地域で盛んに設立されるようになった。小学校に併設される形ではあったが，子守学校は日本における託児施設の先駆とみることができる。

（2）託児施設の誕生

　明治20年代になると日本は経済状況が悪くなり，都市にも農村にも多くの貧困層が生じた。このような時期に，赤沢鍾美（あつとみ）（1867－1937）は1890（明治23）年，貧しくて中学校に入学できない子どもたちのために自宅を開放して「新潟静修学校」を開設した。けれども学校には弟妹を背負って通う生徒がいて授業の妨げになっていた。そこで，赤沢は連れてこられた乳幼児を別室に入れて玩具や間食も与えて保育をすることにした。これがきっかけとなって，地域の就労婦人の幼児も預かるようになり託児所としての形が整っていった。

　これは，後に「守孤扶独幼稚児保護会」と称して後の保育事業の足がかりとなった。また，これと同時期に鳥取県では筧雄平という人が農繁期に子どもを預か

って保育する農繁期託児所を開設していたという。

　明治後期になると，資本主義の発展によってますます貧富の差が広がり，都市にはスラム化する地域が増え始め社会問題となっていた。こうした状況の中で1899（明治32）年，「二葉幼稚園」（後に二葉保育園に改称）が開設された。華族女学校附属幼稚園に勤めていた野口幽香，森島峰の2人がスラムの悪い環境の中ですごす貧しい子どもたちの様子を見て，この子どもたちにこそ幼稚園が必要と考えたのであった。貧しい子どもたちを保護し，母親が働いている間子どもたちを預かり保育した。保育の内容は，恩物主義を廃して，子どもの遊びと生活を重視したものであった。

　このように，明治期の託児施設は，慈善事業の一環として，一部の篤志家によって運営されていた。

（3）公立託児所の成立

　大正時代になると，重工業が盛んになり工場労働者が増大した。また，貧困問題もさらに深刻になっていった。そこで，小さな子どもを抱えながら両親とも働かなくてはならない家庭が増えて，公的な社会事業として託児所を設置することが求められるようになった。

　このような社会状況の中，1919（大正8）年，大阪で初めて公立の託児所が設置され，その後，京都，東京，神戸にもあいついで公立託児所が設置された。これらの託児所は，親の就労を助けることが第1の目的であった。1921年に定められた東京市の「託児保育規定」によると，保育の内容は当時の幼稚園における「遊戯，唱歌，談話，手技」を取りいれていたが，その他，家庭に代わって食事や清潔など生活の養護的な役割も果たしていた。

　その後，託児所は次々と設置され，明治末には15園しかなかったが，大正末には250園を超えていた。昭和になって，日中戦争，太平洋戦争と戦時色が強まると，婦人の労働力が大量に必要とされ，託児所はさらに増えた。1944（昭和19）年には2000園を超えるまでになった。

3．日本における保育施設の現状

■1 幼稚園と保育所の普及と発展

　現在，日本の保育施設には，幼稚園と保育所の2つがあげられる。同じ幼児を保育する施設ではあるが，幼稚園は文部科学省，保育所は厚生労働省の管轄の元でそれぞれ別の施設として位置づけられている。

　けれども，戦前から幼稚園と保育所を一元的に考えていこうとする試みが何度

となく繰り返されてきた。1926（大正15）年に制定された幼稚園令の際には，幼稚園と託児所を一体化する構想がもちあがっていたが実現しなかった。また，戦後すぐ，1946（昭和21）年に倉橋が中心となって，1歳から3歳までを保育所，4歳から5歳までを幼稚園，5歳から6歳を義務制にしようという案が提出されたがこれもまた実現しなかった。日本では，第2次世界大戦後，1947（昭和22）年「教育基本法」が公布され，これにもとづいて「学校教育法」が制定された。幼稚園はその中で学校教育体系に属する教育機関として位置づけられた。一方，託児所として発展してきた保育施設は保育所という名称に統一されて，同年に制定された児童福祉法によって児童福祉施設として位置づけられたのであった。

その後，幼稚園は「幼稚園教育要領」，保育所は「保育所保育指針」というそれぞれの基準も示された。保育所の3歳以上の幼児に関しては幼稚園教育要領に準じて保育することが望ましいとされ保育内容の統一は図られながらも，それぞれの形で2つの保育施設が歩んでいくこととなった。

こうして，日本における保育施設は，戦後から現在まで保育制度の上では，幼稚園と保育所という2つの異なる施設として発展してきた。戦後，日本が経済的に豊かになっていくと，幼稚園も保育所もその数を急速に増やし在園児数も増えた。現在では，5歳児の就園率は幼稚園，保育所を合わせて90％を超えるようになった。

2 新しい保育施設「認定こども園」

日本では戦後から2つの制度のもとに幼稚園と保育所が長い間，併存してきた。しかし，近年少子化が進む中で幼稚園の園児数の減少や女性の社会進出に伴う待機児童の問題等を背景として，1998（平成10）年には「幼稚園と保育所の施設の共用化等に関する指針」が出され二元制度を前提とした幼稚園と保育所の共用化や一体的運営に関する方針が打ち出された。また，それまで4時間の保育時間を標準としていた幼稚園で，希望する場合には夕方5時から6時くらいまで預かって保育する「預かり保育」が多くの園で実施されるようになり，幼稚園と保育所の垣根が低くなりつつある状況がみられるようになった。

このような中で2006（平成18）年，幼稚園，保育所とともに幼児期の保育を行う新しい保育施設として「認定こども園」が誕生した。そもそもこれは2002（平成14）年に出された財政支出縮減のために地方財政問題を論じた提言の中で，幼稚園，保育所の両制度の一元論が示されたことに端を発している。このことは幼稚園や保育所関係者が関与していない提言であったため抵抗も強かったが，その後，これまでの幼稚園，保育所とは別に総合施設を創設する案が浮上し，「骨太方針2003」に「就学前教育・保育を一体として捉えた一貫した総合施設」と

第2章　保育施設の設立と変遷

認定こども園とは？

幼稚園，保育所等のうち，以下の機能を備え，認定基準を満たす施設は，都道府県知事から「認定こども園」の認定を受けることができます。

① 就学前の子どもに幼児教育・保育を提供する機能（保護者が働いている，いないにかかわらず受け入れて，教育・保育を一体的に行なう機能）

② 地域における子育て支援を行う機能（すべての子育て家庭を対象に，子育て不安に対応した相談活動や，親子の集いの場の提供などを行う機能）

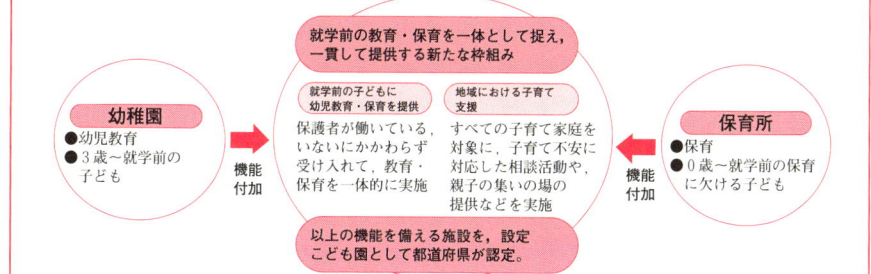

```
                    就学前の教育・保育を一体として捉え，
                    一貫して提供する新たな枠組み

              就学前の子どもに    地域における子育て
              幼児教育・保育を提供  支援
   幼稚園                                              保育所
  ●幼児教育   保護者が働いている，  すべての子育て家庭を    ●保育
  ●3歳～就学前の いないにかかわらず  対象に，子育て不安に   ●0歳～就学前の保育
    子ども    受け入れて，教育・   対応した相談活動や，     に欠ける子ども
         機能  保育を一体的に実施  親子の集いの場の    機能
         付加                   提供などを実施     付加

                    以上の機能を備える施設を，認定
                    こども園として都道府県が認定。
```

認定こども園には，地域の実情に応じて次のような多様なタイプが認められることになります。なお，認定こども園の認定を受けても，幼稚園や保育所等はその位置づけを失うことはありません。

幼保連携型
認可幼稚園と認可保育所とが連携して，一体的な運営を行うことにより，認定こども園としての機能を果たすタイプ

幼稚園型
認可幼稚園が，保育に欠ける子どものための保育時間を確保するなど，保育所的な機能を備えて認定こども園としての機能を果たすタイプ

保育所型
認可保育所が，保育に欠ける子ども以外の子どもも受け入れるなど，幼稚園的な機能を備えることで認定こども園としての機能を果たすタイプ

地方裁量型
幼稚園・保育所いずれの認可もない地域の教育・保育施設が，認定こども園として必要な機能を果たすタイプ

認定こども園の認定基準は？

認定こども園の具体的な認定基準は、文部科学大臣と厚生労働大臣が協議して定める「国の指針」を参酌して，各都道府県が条例で定めます。「国の指針」においては，認定こども園に求められる質を確保する観点から，以下のような事項を定めることを予定しています。

職員配置
● 0～2歳児については，保育所と同様の体制
● 3～5歳児については，学級担任を配置し，長時間利用児には個別対応が可能な体制

職員資格
● 0～2歳児については，保育士資格保有者
● 3～5歳児については，幼稚園教諭免許と保育士資格の併有が望ましいが，学級担任には幼稚園教諭免許の保有者，長時間利用児への対応については保育士資格の保有者を原則としつつ，片方の資格しか有しない者を排除しないよう配慮

教育・保育の内容
● 幼稚園教育要領と保育所保育指針の目標が達成されるよう，教育・保育を提供
● 施設の利用開始年齢の違いや，利用時間の長短の違いなどの事情に配慮
● 認定こども園としての一体的運用の観点から，教育・保育の全体的な計画を編成
● 小学校教育への円滑な接続に配慮

子育て支援
● 保護者が利用したいと思ったときに利用可能な体制を確保（親子の集う場を週3日以上開設するなど）
● さまざまな地域の人材や社会資源を活用。

出典）文部科学省・厚生労働省幼保連携推進室「認定こども園パンフレット」

図2－2　認定こども園の概要

して盛り込まれこの総合施設の設置が政府の方針として進められたのである。2005（平成17）年度中にモデル事業が実施され，2006（平成18）年6月に新しい制度として就学前教育保育法案が成立，同年10月から施行となり「認定こども園」がスタートし現在に至っている。

「認定こども園」は，親の就労の有無や形態によって区別せず就学前の全ての子どもに対し教育，保育を提供するとともに地域における子育て支援の役割を果たす場としての機能をもった保育施設である。「認定こども園」には，認可幼稚園と認可保育所とが連携して一体的な運営を行う幼保連携型，認可幼稚園が保育に欠ける子どものための保育時間を確保するなど保育所的な機能を備えた幼稚園型，認可保育所が保育に欠ける子ども以外の子どもも受け入れるなど幼稚園的な機能を備えた保育所型，幼稚園，保育所いずれの認可もない地域の教育・保育施設が認定こども園として必要な機能を果たす地方裁量型の4つのタイプが認められている（図2－2）。

認定を受けた施設は，2007（平成19）年4月1日現在で94園，2008（平成20）年4月1日現在には229園にまで増加した（表2－1）。2008年7月の教育振興基本計画の中では「出来る限り早期に認定件数が2000件以上になることを目指す」との記述が盛り込まれており，今後「認定こども園」がさらに増加するものと考えられる。

表2－1　認定こども園の件数

2008年4月1日現在

認定件数	公私の内訳		類型別の内訳			
	公立	私立	幼保連携型	幼稚園型	保育所型	地方裁量型
229	55	174	104	76	35	14

資料）厚生労働省・文部科学省幼保連携推進室調べ

<引用・参考図書>
梅根　悟『世界教育史』光文社，1985
J.A.コメニウス，井ノ口淳三訳『世界図絵』ミネルヴァ書房，1988
J.J.ルソー，今野一雄訳『エミール』岩波文庫，1972
J.H.ペスタロッチ，長田　新訳『隠者の夕暮・シュタンツ便り』岩波文庫，1976
F.W.A.フレーベル，荒井　武訳『人間の教育』全2巻，岩波書店，1964
山住正己，中江和恵編『子育ての書』1～3巻　平凡社，1976
日本保育学会編『日本幼児保育史』1～6巻　フレーベル館，1968～1975
文部省『幼稚園教育百年史』ひかりのくに，1979
森上史朗著『児童中心主義の保育』教育出版，1984

第3章 保育所保育の原理

〈学習のポイント〉　①さまざまな保育観を通して，保育とは何か，何を目的としているのかを理解しよう。
②乳幼児期の子どもを対象とする保育の特性について理解しよう。
③乳幼児の発達に応じた保育とは何かを具体的に理解しよう。
④保育を実際に進めていく上でのいくつかの基本事項を把握しておこう。

1. 保育の目的

1 保育とは

　私たちがなにげなく用いている「保育」という言葉は，いつ頃から使われている言葉なのであろうか。保育用語辞典（フレーベル館，1997）を調べてみると，1876（明治9）年にわが国最初の幼稚園が東京女子師範学校附属幼稚園として創立され，この幼稚園での営みが保育という言葉で表現されるようになって以来，一般的に幼稚園で子どもを指導することを保育と呼んできたという。しかし1947（昭和22）年に児童福祉法が制定され，保育所における営みも保育と呼ばれるようになり，それ以後は，保育とは養護（保護）と教育が一体となった人間育成の営みであるととらえられるようになった。また1947年に制定された学校教育法の第77条においては，幼稚園教育の目的は「幼児を保育し，適当な環境を与えて，その心身の発達を助長すること」とされており，保育という用語は現在では行政的にも認知されて用いられているのである。

　これらのことからわかることは，保育とは幼稚園や保育所などの施設に就園した乳幼児を対象としており，保護者に代わってそこに勤務する保育者が，そこに通園してくる子どもたちを養護し育成することによって，その心身の健全な発達を保障していく営みであるといえよう。すなわちこの保育という言葉には，養護するという機能と教育するという機能の2つの側面が含まれているといえるのである。元来この両側面は家庭において親が責任をもって行うべきことであるが，さまざまな理由により家庭での養育を幼稚園や保育所などの保育施設に委ねるときに，親以外のおとなによる保育という営みが成立しているといえる。

2 保育の目的とは

　保育所保育指針の「第1章 総則」には，保育所の役割として「保育所は，入所する子どもの最善の利益を考慮し，その福祉を積極的に増進することに最もふ

さわしい生活の場でなければならない」と書かれている。この背景には,「児童の権利に関する条約」(1989)において,子どもを保護の対象としてだけでなく,権利の主体として尊重することが基本として認められたことが大きく影響している。日本も1994年にこの条約を批准しており,保育所においてもこの条約の方針にそって個々の子どもの最善の利益を保障することを明示したといえる。

　いうまでもなく,どの子も幸せに生きていく権利を有している。たとえその養育の場が家庭であろうと,保育所であろうと,さらには児童福祉施設であろうと,どの子もその子にとっての最善の利益を保障され,幸せに生きていく権利を有しているのである。そこには,たとえ障害があろうとなかろうと,自らの可能性を最大限に伸ばしてもらう権利があることを意味している。さらに,そうした権利の保障は今を犠牲にして成立するものではないともいえる。よく,今の厳しい指導に耐えれば将来が開けるということを主張する人もいるが,それは学童期以降のことであり,乳幼児期にはそうした指導は適していない。乳幼児はまだ将来を見通して生きているわけではなく,今を最善に生きようとしているのであり,日々の生活の充実こそが大事になってくる。その意味では日々の生活を安心して送ることのできる権利も有するといえよう。いいかえると,日々の充実した園生活を通して,すべての園児たちの最善の利益を保障することにより,その心身の健やかな発達を促していくことこそが,保育の目的であるともいえる。

　保育所保育指針は,子どもたちの健やかな発達を保障する視点として,次の6つの項目を目標として掲げている。

(ア) 十分に養護の行き届いた環境の下に,くつろいだ雰囲気の中で子どもの様々な欲求を満たし,生命の保持及び情緒の安定を図ること。

(イ) 健康,安全など生活に必要な基本的な習慣や態度を養い,心身の健康の基礎を培うこと。

(ウ) 人との関わりの中で,人に対する愛情と信頼感,そして人権を大切にする心を育てるとともに,自主,自立及び協調の態度を養い,道徳性の芽生えを培うこと。

(エ) 生命,自然及び社会の事象についての興味や関心を育て,それらに対する豊かな心情や思考力の基礎を培うこと。

(オ) 生活の中で,言葉への興味や関心を育て,喜んで話したり,聞いたり,相手の話を理解しようとするなど,言葉の豊かさを養うこと。

(カ) 様々な体験を通して,豊かな感性や表現力を育み,創造性の芽生えを培うこと。こうした項目の内容は,どの子の発達としても保障すべき内容であるといえる。

3 保育の目的と保育観

(1) 人間の育ちと保育観

　私たちはたとえ子どもであっても，1人の人間として幸せに生きる権利を有しているし，最善の利益を保障されることが当然ととらえている。しかしこうした子ども観や，子どもの権利に対する意識は近代に確立されたものであり，古代から存在したものではないことは，すでに第1章や第2章において概説されている。

　しかしそこで概説されていた子ども観はすべて過去のものであり，私たちの全員が子どもに対する人権を意識しているかというと，実際にはそうとはいえないのである。現在でも問題になっている幼児虐待をするおとなの中には，子どもは体罰によってのみ教育できると信じている人もいるのが現実である。そこでここでは，人間の発達がどのような保育方法によって実現されていくかという保育観を整理して，いくつかのパターンに分けて示してみる。

① 製作モデル

　すでに子ども観の歴史において述べたように，中世までの西欧社会においては，子どもはおとなが教えたように学んでいく存在としてとらえられていた。そのために学校とは，知識や技術をおとなが教えて，子どもはそれをそのまま覚えることがほとんどであった。このように子どもを粘土のような素材に見立て，教育によって思いのままに製作していくという保育観を「製作モデル」という。この立場にたつと，保育は子どもの思いとは無関係に，おとな側の思いによって一方的に進めていけばよいということになる。

② 動物モデル

　これに対して近代になると，子どもはおとなから積極的に学んでいく存在であり，動物をしつけるのと同じように，おとなは子どもにわかりやすいように繰り返し教え授けていくことがよいとされた。このような子どもを動物に見立てて育てていくという保育観を「動物モデル」あるいは「飼育モデル」という。

　この保育観に立つと，保育はおとな側が子どもをいかにうまく育てていくかの問題ということになる。また動物をしつけるのと同じように，子どもに何かを育てるのは早ければ早いほうがよいということにもなる。イギリスのウェルダー・スピンの保育観はこの立場にたち，早期教育を取り入れていた。

③ 植物モデル

　近代にはもうひとつの保育観が成立した。それは子どもにはもともと自分なりに伸びていく力が備わっているので，それを尊重して保育を進めていくという考え方である。このように子どもを植物に見立てて，自ら伸びていこうとする力を尊重する保育観を「植物モデル」という。フレーベルの幼稚園は，この保育観によって創設されている。この保育観ではおとなの役割は，植物が伸びやすいよう

に，土を耕したり，水や肥料をあげたり，日が当たるように雑草を取り除いたりすることである。実際の保育においては，子どもたちがまねしたくなるような事柄と出会う機会をつくったり，子どもたちが育ちやすいような保育環境を保障したりすることが中心となる。

④ 社会化モデル

植物モデルが，どちらかというと理想的な保育施設において保護されながら育てられていくのに対して，家庭生活や地域生活の中でその文化にふれながら，その社会的・文化的な環境から学ぶことで成長していくというものが，この社会化モデルである。発達心理学者のL.S.ヴィゴツキーの発達観がこの保育観の基礎となっている。この保育観によれば，保育施設の閉鎖的な環境だけではなく，子どもたちが家庭や地域の生活にふれて，そこから学んでいく体験こそが大事になるといえる。このモデルからは，保育所における散歩や園外保育，さらには地域の行事への参加や地域の人々との交流などの重要性が示唆される。

⑤ 相互成長モデル

これまでの保育観は，どちらかというと子どもがおとなから学んでいくのが保育であるという観点によって区分されていたのに対して，保育ではおとなも子どもから学んでいるという観点も存在する。とくに最近では，おとなも子どももともに成長・発達していく存在としてみる見方が中心となりつつある。すなわち，おとなは家庭や園や学校において子どもたちの成長を保障するような環境をつくったり必要な援助を行いながら，自分自身も親としてあるいは教師や保育者として成長していくととらえるのである。こうして育つ者としての子どもと育てる者としてのおとなが，保育にともに参加しながらお互いに成長しているとする保育観を「相互成長モデル」と呼ぶ。この立場にたつと，保育はおとな側の一方的な行為ではなくて子どもとの相互的・対話的な行為であり，おとなと子どもが相互的にかかわりつくりだしていくものであるといえる。

(2) 保育方針と保育観

現在のわが国においては，2万以上の保育所が存在し，そこでさまざまな保育が展開されている。こうした保育の有様をみていくと，それらの園の保育方針が厳しいものから自由なものまで実に多様であることがわかる。こうした保育方針の多様性を生み出している背景を考えてみると，そこには設置者である園長や理事長の保育観が大きく影響していることがわかる。

子どもは保育の仕方によりどのようにでも変えられるという製作モデル的保育観をもっていると，どの子も運動が得意になるとか，全員に楽器を演奏させるというように，すべての子どもを保育者の理想とする型に押し込めようとする保育方針になる。またそのように画一的に指導することが，理想的な保育であるとい

う保育方針を掲げることさえある。

子どもは小さいときから厳しくしつけたり勉強を早くから教える必要があるという動物モデル的保育観をもっていると、子どもはいうことを聞かないときには叩いてもよいという体罰の肯定や、文字や数を早くから教えるのがいいという早期教育を推奨するような保育方針を掲げやすい。

保育者は子どもの発達を保障する環境を保障することに徹するべきであるという植物モデル的保育観をもつと、子どもの自主性を重視することや子どもの個性を大事にすること、さらには伸び伸びと育てていくというような保育方針を掲げることが多くなる。

園内だけの体験ではなく、地域とのふれあいの中で育てていこうとする社会化モデルの保育観をもつと、積極的に散歩に出かけたり園外保育を取り入れること、さらには地域の人々に手伝ってもらったり、地域の行事に積極的に参加するなどの方針を打ち出すことが多い。

こうした中で、保育者が一方的に教示していくのではなく、子どもと一緒に考えたり協力したりして対話的に進めていくことにより、双方ともに1人の人間として成長していくという相互成長モデルは、これからの育児や保育のあり方を考える上で、基本となる考え方であるといえよう。

(3) 自分の中の保育観

このように保育観にはいくつかの考え方があることがわかったが、それらは保育者自身の保育の進め方や保育内容に、どのような違いをもたらすのであろうか。

その第1は、求める幼児像が異なってくることである。製作モデルではおとなのいう通りに行動する子ども像を求めている。こうした子ども像をもつ保育者は、自分のいうことをなかなか聞いてくれない子や、それに反対する子や異なる行動をする子は、どうしても否定的に評価することになるだろう。

また動物モデルでは、早くできる子や早く覚える子がよい子であり、なかなか覚えられない子は問題児に感じられてくる。こうした保育観では、発達の個人差に対する配慮がなされないことになる。そのために、遅い子や手間のかかる子は、どうしても否定的に評価することになる。

それに対して、植物モデルや相互成長モデルでは、子どもの自主的な行動に価値がおかれるし、それぞれの発達の個人差は大事にされることになる。

その第2は、保育者のかかわり方が異なってくることである。製作モデルや動物モデルでは、保育者が一方的に内容を選択し教示していくのに対し、植物モデルや社会化モデルでは保育者はできるだけ見守ることを重視していく。また相互成長モデルでは、保育者も1人の人間として対等な立場でかかわることを大事にしていく。

こうして保育観が異なれば，保育のとらえ方や進め方も，大きく異なってくるのである。したがって保育者は，自分がどのような保育観を有しているのかを自覚化することが求められている。

2．保育の特性

　乳幼児期の保育は，児童期以降の教育の特性とはその性格が大きく異なっている。その最大の理由は，児童期以降になると子どもたち自身に判断力や表現力がつくことにより，納得のできないことや賛同できないことに対しては，自らが拒否したり反対したりできることである。むろん乳幼児期の子どもたちでも，おとなの働きかけに対して拒否したり反抗することはある。しかしそれは，そのことをちゃんと受け止めてくれるおとながいればの話になる。

　多くの場合には，乳幼児のこうした意見表明権はなかなか保障されないことも事実である。それはまだ自己の思いを自由に表現できないという発達の特性とも密接に関連しているのである。そこで乳幼児を保育するときに，乳幼児の発達特性と関連してどのようなことが大事になるのか，その保育の特性について述べておくことにする。

❶乳幼児期の発達特性とは
（1）信頼するおとなとの関係を基盤にして次第に自律へと向かっていく
　A．ポルトマンが人間は生理的早産の状態で産まれてくると表現したように，乳児はまだ自分の力では生きていくことができない未熟な存在といえる。哺乳や排泄も含めて，乳児はその存在のすべてを保護者に依存している。しかしその依存は受身的かというと，そうではない。笑顔や泣き声なども含めて，自己の思いを身体的に表現しながら，保護者と相互交渉しながら依存している。こうした表現し交渉していく力は，相手によってその発揮の仕方が異なってくる。見知らぬ人には反応すらしないこともあるが，信頼し心の絆を形成した相手には積極的に表現しかかわっていく。こうした心の絆を愛着（アタッチメント）と呼んでいる。

　乳児期に形成した信頼できるおとなへのこうした愛着を基盤にして，幼児期になると食事や排泄，さらには着替えや移動など，多くの生活行動において自律への道を歩んでいく。しかしこうした行動は突然に自律できるわけではなく，保護者に依存しその世話を受けながら，徐々に自律へと向かっていくのである。このように基本的な生活習慣と呼ばれている行動が，信頼するおとなに依存する状態から次第に自律へと向かっていくのが，乳幼児期の発達の大きな特性である。

保育所において，こうした愛着を基盤にした信頼の対象となるおとなは担任の保育士であるといえる。そのために保育所保育指針においては，乳児の担任はあまり頻繁に変わるのでなく，継続的に特定の保育士との信頼関係を形成できるように配慮することの必要性が述べられている。

(2) 能動性や主体性を発揮することにより自ら発達していく

　乳幼児の発達は，おとなからの刺激を受身的に取り入れていくものではない。自ら周囲の環境に積極的に働きかけ，それらと相互交渉することにより自ら発達していくものである。以前は乳幼児は受動的に発達していく存在としてとらえられていたが，現在は乳児であっても能動的，主体的に発達している存在であるととらえられている。

　こうした能動性や主体性が最も発揮される活動が遊びである。遊びは乳幼児が能動的，主体的に活動を展開している状態である。こうした能動性や主体性を重視しているので，保育所保育指針においても遊びを重視しているし，また乳幼児が自ら積極的に興味や関心を抱いてかかわれるように環境を構成することを重視している。さらに乳幼児が主体的に活動を展開していけるためにも，１人ひとりの乳幼児の興味や関心を活かしていくことや，個々の乳幼児のペースに合わせて活動を展開していくことの大事さが強調されているのである。

(3) 生活の中の具体的な体験を通して周囲の世界を理解し自己の世界を広げていく

　幼児期になると，能動性を発揮して身近な環境に働きかけて，主体的にその環境にあるさまざまな事物と具体的にかかわり，多くのことを自ら学んでいくことになる。その働きかける環境としては，まずは家庭が基盤となることが多い。家庭にある遊具や玩具はもちろんのこと，テレビやビデオの操作や居間や台所にある物の理解さらには家族の行動など，さまざまな環境と具体的にかかわる体験をもとにして理解していく。こうして家庭が自分にとって理解でき安心して行動できる世界となっていくのである。

　こうした身近な環境の理解は保育所においても，同様にして進められていく。まずは自分の在籍するクラスの環境，すなわち保育室の環境とかかわり具体的に理解していくだろう。そこでは積木や室内滑り台のように，家庭にはないモノと出会う体験もするだろう。こうして保育室を理解し自分の世界に取り入れると，他の保育室や園庭さらにはホールなどにも積極的に関心を抱いて具体的にかかわり，自分の安心して生活できる世界を広げていく。このようにして，やがては園舎内外のすべての環境を自分の世界に取り入れていくのである。

（4）周囲の人々との交流や葛藤を通して自己発揮と自己抑制の調和の仕方を学んでいく

　こうして生活世界が広がっていくと，そこでは自分を保護してくれるおとな以外の人とも出会うことになる。家庭や保育所において乳幼児を保護してくれるおとなは，その乳幼児の思いをできるだけ尊重し，その意図を大事にしようとかかわってくれる。そのためにある程度は子どもの思い通りになるし，わがままが通ることも多いといえる。

　しかし同世代の子どもたちは，お互いに自分の意図を主張することになり，特定の子どものわがままが通るとは限らない。こうして乳幼児は，家庭や保育所における友達との遊びにおいて，自分の思い通りにならない場面に直面していくことになる。友達との遊びの中では，自分を発揮することはもちろんであるが，他の子どもの思いを尊重したり，遊具や玩具を共有することや，みんなで決めたルールを勝手に無視できないことなど，集団で過ごすための基本的な体験を積んでいくことになる。それによって，子どもたちは自己発揮と自己抑制の調和のさせ方を学んでいくのである。

2 乳幼児の発達に応じた保育とは

（1）安全と安心に基づく生活を保障すること

　乳児は未成熟な状態で生まれてくるので，自分で食事をとることもできないし，また移動したり身を守ったりするために必要な運動的な能力もまだ十分には発達していないため，先の危険性を予測し対処することもまだできない。そのために生活する中で，絶えずおとなの保護を必要としているし，それが放棄されると思わぬ危険な事態に直面することもある。こうした事態が頻発すると，乳幼児は絶えずストレスにさらされることから，心身の発達が阻害されることにもつながる。

　このことは家庭だけでなく，保育所などの保育施設においても当てはまるといえる。乳幼児は安全を保障されていた家庭から離れて，こうした場において未知の環境で見知らぬ人たちに囲まれた生活を過ごすことになる。そのためにこうした保育施設が，乳幼児にとっては安全であり安心して過ごせる場でなければ，緊張感や不安感が強くなるといえる。そうしたストレスから早めに解放されることがなければ，その発達は保障されない。そのためにも，日々の生活する園環境がどの乳幼児にとっても安全であり，安心して暮らせるものとなる必要がある。

（2）愛情と信頼に基づく関係を保障すること

　乳幼児は自分を愛し守ってくれると信頼できる人に養育してもらうことによって，自分がその場に安心して存在し生活することができるようになる。家庭では親や家族がその対象となるし，保育園の生活では担任の保育士がその対象となる

ことが多い。そのために，担任の保育士と乳幼児との間には，愛情に基づいた信頼関係が築かれていくことが必要となる。

　こうした愛情を基盤にした信頼関係は，生活に安心感を生み出すだけでなく，自分の感情や思いをそのまま表現しても受け止めてもらえるというコミュニケーション能力の発達の基盤ともなる。乳幼児は保育士との間に成立したこうしたコミュニケーション関係を基盤にして，園生活に必要な言葉や周りの子どもたちとのかかわり方などを学んでいくのである。

（3）興味や関心の広がる環境を保障すること

　保育所の生活では家庭とは異なるさまざまな環境や人々と出会うことができる。こうした家庭では出会えない環境とふれることにより，乳幼児は自分の興味や関心の対象が広がり，充実して生きられる世界を広げていくことができる。また，ふれたり操作したりして楽しむことのできる対象が広がることによって，周りの友達と一緒に楽しめる活動や遊具も増えていくことになり，園生活も楽しく充実したものとなっていくことになる。

　近年少子化と都市化の進行に伴って，室内遊びやテレビゲームが流行することにより，戸外に出て遊ぶ子どもたちが急激に減少してきている。このために，保育所の園庭で思いきり身体を使って友達と遊ぶことにより，自然やさまざまな物事に興味や関心を向けられるようになることがますます重要になってきているといえよう。この時期にそうした保育環境と出会えないと，具体的・直接的な実体験を得る機会はますます減少するし，場合によっては実体験することなく知識としてのみ理解することにもなるだろう。

（4）遊びを通して総合的に指導していくこと

　乳幼児の生活の多くは，遊びに費やされているといえる。すでに述べたように遊びは，子どもたちにとっては自由で主体的な活動そのものである。保育所に通う乳幼児期の子どもたちにとって，遊びを十分に体験することは必要不可欠であるといえる。子どもたちは遊びの中で，目的感を抱き，その実現を試みる過程において心と身体を存分に動かし，感性と知性そして自分と相手の意図を調整することの必要性を学んでいくし，ときには挫折感や成就感を味わいながら，友達とのかかわり方も学んでいく。まさに人として生きていくために必要な生きる力の基礎を培うのが，乳幼児期の遊びなのである。

　しかしこうした遊びは，必ずしも充実して展開されるとは限らない。目的感が得られない場合もあるし，友達とうまくかかわれない場合もあるだろう。自分のしたいことがうまくできないこともあるし，トラブルを解決できないこともあるかもしれない。こうしたときに，したいことに出会えるような機会をつくってくれたり，トラブルの解決の仕方を教えてくれたり，失敗を慰めてくれるような保

育士の存在が必要となる。保育士は必要と思われるこうしたさまざまな援助をすることにより，その子の発達を着実に促していく。こうして援助を積み重ねることにより，保育士は子どもたちの発達を総合的に成し遂げていくのである。

(5) 1人ひとりの発達の実情に合わせて指導していくこと

　保育所の生活は，自分が中心の家庭生活とは異なり，多くの子どもたちと一緒に過ごす集団生活の場である。そこでは必ずしも自分の思い通りにならないこともある。ときには自分がしたくないことでも，我慢してみんなと一緒にしなければならないこともあるだろう。こうした意味では，集団の一員として社会的な行動の仕方を学ぶ場ともなっていく。しかし集団で活動するからといって，みんな同じ発達をしていくわけではない。同じ活動をしていても，その活動に対する興味のあり方や関心の度合い，さらには取り組む早さやペースなどは，それぞれ異なっているのが実情である。

　保育所に通ってくる乳幼児は，まだ発達の個人差が大きい段階である。そのために同じ活動に取り組んだとしても，こうした違いがあることを前提にして活動を進めていく必要がある。いいかえれば，保育所は集団生活を展開する場ではあるけれども，個々の発達が違っていることを前提にして活動を展開することや，また個々のその時々の実情に合わせて指導することを大事にしているのである。

3．保育の基本

1 保育の基本とは

　以上述べたように，保育という行為は乳幼児期の子どもたちを対象としており，親や保護者やそれに代わる保育士がその子どもたちの発達を保障するために，その子たちを守り育てていく行為としてとらえることができよう。そのために，親や保護者以外のおとなが保育に当たる場合にも，そこでは保護者としての役割と，文化や社会を伝えていく者としての役割とが存在するといえる。保育をこのようにとらえると，実際に保育を進めていく場合には次のようなことがらが基本として大事になってくる。

(1) 家庭や地域と連携を図り，保護者の協力の下で家庭保育の補完を行う

　保育所は本来は家庭で養育されるべき子どもたちを，保護者に代わって養育する保育施設である。したがって保育所に入所した子どもたちも，家庭で生活している子どもたちと同等の生活が保障されることが必要である。家庭で養育されていれば当然経験できるであろう，近隣への散歩やそこで出会う近隣の友達との遊び，さらにはおやつやお昼寝などの家庭的な生活体験や雰囲気，家庭で出会う絵

本や玩具とふれる体験等は、保育所の生活においても大事にされなければならない体験といえるだろう。保育所に通っていても家庭にいる子と同じ最善の利益が保障され、発達を保障されることが基本の第一である。

（2）子どもたちが健康、安全で情緒の安定した生活ができるような保育環境を用意する

保育所は家庭と異なって多くの子どもたちによる集団生活の場である。そのためにぶつかったり物を取り合うなど、家庭では起こりにくいことも生じやすい。こうした原因として、安全の保障された保育環境であるかや、人数に見合った遊具や玩具が保障されているか、などが問われることになる。こうした保育環境が基本的に保障されているならば、たとえ集団生活であったとしても、子どもたちは安全に生活できるし、さらには特定の保育士に養育してもらうことにより情緒的にも安定した生活を送ることができることになる。

（3）子どもたちが自己を十分に発揮しながら活動できるように個々に応じて援助する

保育所では、乳児に対しては特定の保育士がかかわることで情緒の安定を生み出すことができることは、すでに述べた。幼児になると、子どもたちは関心を抱いた活動に取り組んだり、自己実現したい活動に取り組むようになる。こうしたときに、まだ幼児なので活動がうまくいかないことはよくある。それにもかかわらず、保育士に放任されていたり、逆に画一的に指導されたりすると、自己を十分に発揮できないまま日々を過ごすことにもなる。それを避けるためにも、保育士が個々の子どもたちに応じて、こまやかな援助をしていくことが基本として求められている。

2 保育の過程とは

保育所における日々の保育は、いきあたりばったりで展開されているものではない。そこには長期的な見通しをもちながら、日々の子どもたちの状態に応じてこまやかに対応していく保育士の環境構成や援助がある。ここでは保育士が、どのように見通しをもちながら、個々の子どもに応じて保育実践を展開していくかという、具体的な保育の過程について述べておくことにする。

（1）子どもの実態を理解する

保育の出発点は、目の前の子どもたちがどのようなことに興味や関心を抱いているのか、どのようなことに行きづまっているのか、さらにはどの子とどの子が気が合い、どの子とトラブルを起こしているのかなど、具体的な状況を把握していくことである。その状況に応じて、どのように環境を再構成すればよいのか、どの子のどのような場面をどのように援助すればよいのかを具体的に理解し見通

していくのである。

こうした子どもたちの生活の実態を把握することは，日々子どもたちと生活をともにしていなくてはできない。保育士たちはクラスの子どもたちと生活をともにしながら，その実態を個別的，具体的に理解し，それをどのような方向に向けて援助していくかを話し合いながら，次の日の生活を展開していくのである。

(2) 指導計画を作成する

生活の具体的な実態を理解し把握できたならば，次の日や次の週，さらには次の月や期において，どのような方向性を重視するのかを見通すことになる。またこうした見通しは，実際の保育環境や個々への援助において何を大事にしていくのかを具体的に予想することによって実現するので，それも含めて指導計画を作成することになる。

(3) 適切な環境を構成する

実際の保育実践は，指導計画を作成することによって見通した具体的なねらいや内容さらには環境構成や個々や集団への援助の予測などを念頭におきながら，子どもたちの実態に合わせて生活がより充実するように，環境を見直したり変えたりすることから始めることになる。こうして保育環境を変えたことから子どもたちの活動や生活が，より充実する方向に向かうのかをよくみながら，さらに再構成するか否かを考えていくことになる。こうした環境を構成する要素としては，場の広さや使い方の適切性，遊具や玩具の種類や数量の適切性，さらには素材や道具の位置や種類の適切性など，幅広く考えていく必要がある。

(4) 個々に適切な援助を行う

保育実践においては，子どもたちが保育環境にかかわって，さまざまな活動を展開していくことになる。保育士はその活動に一緒に参加しながら，個々の子どもの活動に取り組む様子を理解し，それぞれが自分の思いや願いを自己実現していけるのかを理解して援助していくことが求められる。

さらには，気の合う友達と親しくかかわれているのか，ときには友達と喧嘩した後に自分たちで仲直りできるのか，など子どもたちの関係性にも目を向けて，その調整も図っていくことが求められてくる。このように個やグループに対して，またクラスに対して，状況に応じてそれぞれの活動や関係が充実するために必要と思われる援助をしていくことが保育士の役割として重要となる。

(5) 保育を反省・評価する

このように指導計画を念頭におきながら，環境を構成することや，適切な援助をすることは，後で振り返ってみるとうまくいかないこともしばしばある。こうした保育の振り返りは，自分の指導計画を修正したり，保育実践を見直したりするために，ぜひとも必要な行為である。こうした作業を，最近では保育を反省す

ることや自己評価することとして位置づけている。

　保育の第三者評価が実施されているが、保育実践の自己評価が基盤となっていくので、こうして保育終了後に自分の計画や実践を振り返ることが重要になってこよう。振り返りは、1人では進めにくいので、同じクラスを担当している保育士同士で振り返ったり、同学年の担当者で振り返るなど、いろいろな人々とともに振り返り評価することが求められてくる。

3 保育内容とは

　園生活において、子どもたちはさまざまなことに出会い、さまざまなことを経験していく。こうした経験すべてを保育内容としてとらえてよいのだろうか。もしよくないとすれば、保育内容とは何を基準にしてとらえればよいのだろうか。

　たとえば園生活の中である子が他の子が使っている遊具を暴力的に奪い取ったとしよう。こうした行為は子どもたちの遊びの中ではよく起こることである。だがその行為をいつも放置しておけば、その子は欲しいものは奪い取っていいという経験をしていくことになる。だからこそ保育者はこうした場面を放置せずに関与し、ときには暴力で奪い取った子に対してその行為はいけないことであると伝えることもするのである。

　このようにして保育者は、園生活を通じて子どもたちが人間として成長していく上で必要と思われる価値や経験を大事にして、それを子どもたちとともに生活しながら伝えていく。そしてこのような、保育を通してどの子どもたちも1人の人間として成長していくためにぜひとも乳幼児期に学んでおいてほしいと願う価値観や経験こそが、保育内容として求められているものである。

　保育所保育指針では、保育所に入所した乳幼児がそこでの生活を通して人間として発達していく過程において、どのような経験を積み重ねていくことが望ましいかというその経験内容を示している。また幼稚園教育要領においては、幼稚園生活において人間として成長するためには、どのような経験を積み重ねていくことが望まれるか、その経験内容を示している。

　しかし日常的な保育を展開しながら、こうした経験内容がそれぞれの子どもたちにおいてどの程度身についているのかを理解することはそう容易なことではない。まずは保育者自身が、どのような保育内容が大事なのかを頭に入れておくことが求められる。そのためには、たくさんある保育内容を整理して、理解しやすくしておく必要がある。この整理をするための区分の仕方として、幼稚園教育要領や保育所保育指針では領域という概念を用いている。1990（平成2）年に改訂された保育指針では、その保育内容は乳幼児の発達を保障するために望ましいと思われる経験内容をまとめたものであるから、領域は乳幼児の発達をみる視点と

いいかえることもできよう。発達をとらえる視点としての領域として，現在は養護的な領域の他に「健康」「人間関係」「環境」「言葉」「表現」という5つの領域が設定されている。したがって保育者は子どもたちとともに活動しながら，養護的な視点の他に，それぞれの発達をこの5つの領域という窓口からみていくことが必要になる。

＜引用・参考文献＞
柴崎正行編『保育方法の探究』建帛社，1994
柴崎正行編『わかりやすい指導計画作成のすべて』フレーベル館，1996
岡田正章他編『現代保育用語辞典』フレーベル館，1997
森上史朗編『保育原理』ミネルヴァ書房，2001
文部科学省『幼稚園教育要領解説』フレーベル館，2008
厚生労働省『保育所保育指針解説書』フレーベル館，2008

第4章 乳幼児の遊びと総合的な指導

〈学習のポイント〉　①保育における遊びの重要性を理解しよう。
　　　　　　　　　②充実した遊びとは何かを理解しよう。
　　　　　　　　　③目にした具体的なおとな（保育士）のかかわりの背景にあるものを考えてみよう。
　　　　　　　　　④自分がおもしろいと思って見た子どもの遊びの中で，子どもが何をおもしろがっているのか，どんなものが育つ可能性があるのか考えてみよう。

1. 幼児の遊びと発達の多様性

1 保育における遊びの重要性

　保育において，遊びは，子どもが人として発達していく際に欠かすことのできない大事なものであると考えられている。それは，以下の記述からも明らかである。

　「オ　子どもが自発的，意欲的に関われるような環境を構成し，子どもの主体的な活動や子ども相互の関わりを大切にすること。特に，乳幼児期にふさわしい体験が得られるように，生活や遊びを通して総合的に保育すること。」（下線筆者）
（厚生労働省「保育所保育指針 第1章　総則　3保育の原理（2）保育の方法」より）

　保育というのは「遊びを通して」なされるものであるとし，遊びを重視している。ここでいっている遊びはその文面からもわかるように，子どもの姿・欲求と無関係に保育者が一方的に決めてやらせる"遊び"，遊び仕立ての文字・数などの（実質的には）勉強，保育者が予定している活動と活動の間を学校の休み時間のように捉えて"自由遊び"といったりしているような遊びでないことはいうまでもない。子どもが主体的に生活していく，その中核になっているのが遊びであることを上述の公的文書は示している。

　つまり遊びとは，子どもが興味や関心をもって自ら取り組み，試行錯誤しながらも自分自身を打ち込んでいくものであり，おとなの仕事に対比される遊びとは大きく異なっている。そして（このような意味での）遊びが保育の中で重視されるのは，子どもが自ら求めて没頭して遊ぶところに，結果として，子どもが人として発達していく土壌があると考えられるからである。このことは，子どもの遊びの中にあるワクワクドキドキする体験，達成感・充実感，失敗や葛藤の体験，観察力，理解力，注意・集中力，創造・想像力，思考力，感じているものを表現

しようとする力，仲間と伝え合うこと，心のかよい合い，子ども自身の主体的な興味や関心の結果としてさまざまな知識・技能なども獲得されることを思い出してみれば納得のいくことである。

　保育において遊びが，人間的な発達の基礎を培う上で欠くことのできないものであることを津守真は以下のように記している。

「……三歳児が砂場で遊んでいるのを見て，大変驚いたことがある。ほとんど午前中いっぱい，その子どもたちは砂場で遊んでいた。具体的に何をしていたのかは覚えていないが，傍らにいた私に目を向けることもなく，砂場の遊びに没頭していた真剣な姿は，鮮明に思い起こすことができる。…（中略）…子どもたちは，砂場で，帰る時間がくるまで，本気になって遊んでいた。ちょうどそのころ，私は大学を出たばかりの時だったが，その子どもたちの砂場の遊びは，勉強が面白くなった大学生が，吸い込まれるように勉強に没頭する姿と同じではないかと思った。そして，幼稚園は，このように，幼児が真剣に生き，人間になってゆく場所であることを知った。その後，ほとんど数えきれないくらい，同様の遊びに出会って，子どもが自分自身となって遊ぶ遊びが，子どもの成長にとって，どんなにたいせつなものであるかを，くりかえし，考えさせられてきた。」

　社会に多様にある園の中には，先の年齢でやることを先取りしてできることがよいことであり，より発達していることになるという考えで営まれている園生活がないわけではない。しかし保育指針は，乳幼児期にはその時期にふさわしい生活をすることが何より大切であり，そこに子どもの発達が促される源泉がある，乳幼児期にふさわしい生活，それが遊びであると考えている。

　だが「遊び」の捉えはさまざまであり，何をもって"遊んでいる"と考えるかによって保育指針で目指されているような，その時期にふさわしい体験ができるような遊びかどうかは違ってくる。一口に砂遊びといっても，子どもが人間として豊かに育っていくものを内包している場合もあればそうでない場合もある。

ある学生が実習した園での様子
　その園では個々の子どもの姿とは関係なく，（保育者が一般的にこの時期に経験させたいなどの思いで）その日主に何をするかがあらかじめ決まっていた。それ以外の，登園してから朝の集会までや活動と活動の間は自由遊びの時間だったが，今

月はブロックと粘土，来月は積み木とお絵描きといった具合に月ごとに２つか３つの遊びやその素材が規定されていた。

　一般にどの子もほっておけばするような砂や水の遊びについては，水は使ってはいけないことになっていた。それは，園長自身の考えもあると思うが，服を汚してほしくないという親の要求にこたえようとしている部分もあると思われた。砂場に水を持ち込んではいけないので，子どもたちは砂をさらさらと落とすような遊び方をしていた。ビニールシートは，降園後の犬や猫の糞対策もあり，明日は雨が降るという予報のときだけでなく保育終了後毎日かけたが，保育時間中に雨が降り出すと急いでビニールシートをかけなければならなかった。それでも雨が降った翌日は，砂場の中央部はともかく周辺部は砂が水を含んで湿っていて，砂場はいつもより人気があった。子どもたちは，その湿った砂を好んで団子のように丸めようとしたり，容器で型抜きなどをして遊んでいた。

　学校の授業時間と休み時間のように集められたり解放されたりを繰り返して流れていく園生活の中で，遊び道具も制限され，水も使えないような砂場で子どもは本気に遊べないし，遊ばない。同じように「遊んでいる」「砂場遊び」などといい，外から見たあるときの姿（例えば，砂を丸める）は先に引用した津守の文章の中の子どもと重なって同じように見えるかもしれない。だが，そこで子どもがしている体験，心の動きはまるで違ったものであろう。当然，そこで育つものも違う。遊びは子どもが発達していく源泉とはいっても，このような「遊び（?）」からは，子どもがこの時期にふさわしい体験をしていくような発達は望めない。

2 遊びを通して何が育つのか

　子どもが自分を打ち込んで遊ぶ中ではさまざまなものが育っていくと考えられるが，この遊びでこれが育つというほど直線的で単純なものではないし，同じ遊びをしても何がどう育つのかも子どもによって違う。遊びを通して育つものは複雑に絡まっていて，何が育つのかを一般的にいうことは難しいし限界があることを言及した上で，ここでは，あえてそれを取り出してみることにする。

（１）心情的なものに焦点をあてて

　子どもは，遊びの中で，そのときどきの進展状況に応じてさまざまな気持ちを体験する。楽しく遊ぶ体験は，ともに遊んだり，その遊びを支えたりした人への基本的信頼や愛情を育む。だが，誰でもいつでもスムーズにそういう体験を手に入れることができるわけではないし，１度そういう関係で遊んだからといって，それ以後はいつでも仲良く遊べるというわけではない。さまざまな遊びの危機に直面することも多い。その危機の前に遊びが消滅し，つまらない思いや残念な思いをすることは，やがて仲間と協調して遊ぶことの楽しさや充実感を感じる素地

になっていくであろうし，楽しさや充実感を感じることがあるから，つまらなさや残念な思いもより強く感じられ，それがまたあるときは楽しさや充実を実感することにもなる。もっと複雑な心の動きも体験を通して学んでいく。

(2) 身体的な育ちに焦点をあてて

　鉄棒やうんていなど固定遊具を使っての遊びやドッジボール，かけっこ，鬼ごっこなど，明らかに運動的な遊びが，子どもの身体的発達を促すことは想像しやすい。だが，ままごとでご飯の材料を探しに行く，砂場で作っているケーキに飾る花を探しに行く行為の中にもかなり運動的な要素が含まれていて，心肺機能や瞬発力や筋力など，からだがつくられていく。

　逆に，周囲の草花の中に欲しいものや自分のイメージに近いものを探したり，身近な自然の植物にイメージを喚起されて自分の思いを工夫して実現するのと同様，たとえば，ブランコで遊ぶこと1つにも乗れてうれしい体験が気持ちの安定をもたらし周囲の人やものへも目を向けていき，そういうものを自分の中に取り込んでいくベースをつくることにもなる。自分の身体能力に合わせてさまざまな乗り方を工夫して楽しもうとするなど，子どもはさまざまにからだを使って考え工夫している。

　押してもらうことのうれしさと同時に押してくれる人への信頼も培われていく。どちらが高くこげるかの競争など，身体的な力と技術的な工夫だけでなく意欲や仲間関係も育っていく。さらに，風を切る感覚，揺れに身をゆだねる感覚は，実際やってみることの中でしか感じることができないし，学べない。

(3) 知的な育ちに焦点をあてて

　保育の中で数のドリルをするわけではないが，散歩で拾ったどんぐりや栗の数を友達と比べたり数えたり，ドッジボールやリレーなどチームに分かれて行うゲームで人数をそろえないと勝敗がつかないことに気づいたりする。人数や鬼決めのやり方もジャンケンだけとは限らず，さまざまなやり方が伝承されたり工夫されるなど遊びにかかわる技能と考える力も獲得される。

　ままごとやおうちごっこで必要なものを揃えたり役割を決める際に，こういうことにしようと自分のイメージを言葉にして仲間に伝えたり，仲間のイメージに

触発されながら自分の考えを膨らませて仲間と確認し合い、共通なイメージをつくり上げていく。ふだんよく見慣れている家庭や家族の様子を、限りある道具の中で工夫して再現したり見立てたりする際にどれほど頭を働かせ心を躍らせることか。空間や形や位置や数に対する感覚も培われる。

砂場に水が欲しいときにも、からだをめいっぱい使ってバケツで運ぶだけでなく、ペットボトルに詰めたほうが軽くて持ち運びやすいと気づいたり、手っ取り早くホースを使うことに気づいたり、良し悪しはともかくいうことをききそうな子どもに命令したり、頼んだりする。水を使って遊びたいという目的のためにからだを使う身体的な面も、知恵を使う知的な面も、仲間との力関係を見抜く人との関わりも混在している。自分でからだを使って水を運んで思いを遂げる充実感もあれば、いいことを考えた、こっちのほうが楽で得だという自分の思いつきへの自負もある。最初は使いっぱしりにしかみていなかった相手が、そうみられているのを知ってか知らずか、一生懸命水を運んでくれることでいつの間にか力関係を超えて遊びの楽しさを共有していることもある。

そういう体験を園生活で積み重ねていくことは、やがて相手に対する見方を変えていくことにもなるし、そうなったときには相手との関係が変わっただけでなく、互いに人間的にも成長している。

(4) 技術・技能的な育ちに焦点をあてて

ごっこ遊びで家や基地を力を合わせて作る中で、積み木の安全な積み方、カッターやのこぎりの使い方など技術や技能も獲得していく。セロハンテープ、ガムテープ、ボンド、糊など同じ接着道具に属するものの使い方とともにそのものの特性や用途についても、実際に使うことを通して知っていく。折り紙の本を見ながら思考を働かせて折る中で、考える力や試行錯誤しながら実現していこうとする意欲や努力とともに手指の操作も育てられていく。できないところを手助けしてくれる人がいれば、そこに気持ちもかよい合う。

(5) 社会性の育ちに焦点をあてて

保育の場は集団生活の場なので、仲間と遊ぶことが多い。1人で遊んでいても物の取り合いも起こる。〜をしようと集まってもそれぞれの思いは少しずつ違っていたり、たとえ遊びのイメージが同じであっても、遊びの経過の中で意見の食い違いも起こる。そういうことを通して子どもは自分以外の人の思いに触れ、人の意見を聞くことや、譲り合い、物の貸し借り、ともに楽しく遊ぶためには自分の気持ちを調節して協調していくことが必要なことなど、人の中で生きていく際の関わり方を身につけていく。いわば、遊びの中で人として社会化していく。

(6) 感性の育ちに焦点をあてて

飽くことなく水を汲んではあける水遊びの中で日によって違う水の温度も感じ

ることだろうし，砂や泥でついていく水の色もさまざまで，それらをどう感じるかは天候や気分によっても違うだろう。雨や風が強い日の水面の様子，自分が手を突っ込んでいる水と他者にかけられる水の違いなど，もてる感覚をすべて働かせてそのものを感じ探っている。

　ケーキをきれいに飾りたいと思うのは，なにげなく過ごしている園生活の中で保育士によって手入れされた草花の美しさを感じてのことだろう。それを使って素敵なものをつくった体験は気持ちを豊かにし，また自分の周囲の自然に目を向けていくことにもなる。その中で名称や特性など知識として獲得していくものも多い。

　以上，子どもは遊びの中で他者とかかわってさまざまな感情を体験し，信頼や仲間関係を築き，社会性を培い，からだを作り，感性を磨き，たくさんの知識を獲得し，さまざまな技術や能力を身につけていく。子どもが十分に遊ぶことを可能にしてくれている保育士からも多くを学んで育っていく。だが，子どもは，自分の中にこれらをはじめ何かを育てるために遊ぶわけではない。すでに述べたように，この遊びだからこれが育つというような1対1対応はしない。

　砂場で水が必要なときどうするのかでも育つものは違うし，子どもがある1つの方法を選んでも何か1つのことが育つというのではなくいくつかのものが絡んで育っていく。1回ごとにそれが明瞭になるわけでもないし，ましてや計測して数値化できるわけでもない。たとえば，社会性の発達をはかるテストで得た結果と実際の保育の中で保育士が子どもの社会性が育ったと感じることは異質なものである。それゆえ，特に一般の人たちに遊びを通して子どもが発達することを理解してもらいにくい。同時に，保育士にとっても遊びを通しての子どもの発達をとらえていく難しさがある。

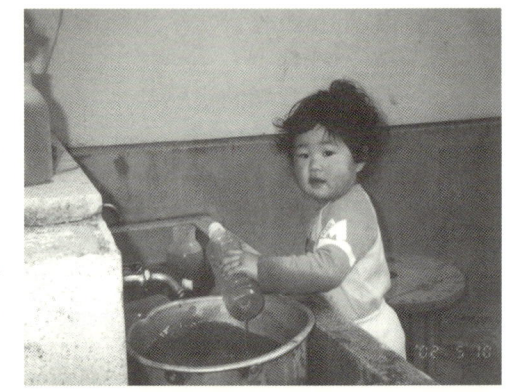

2．遊びの充実と保育士の援助

◨ 充実した遊びとは何か

　このように，保育において遊びが重視されており，保育士は，子どもがよりよく育つことを願って，遊びが充実するようさまざまな援助をする。子どもの遊びが充実するとはどういうことなのかを考えておきたい。

　かつて保育界には，保育士が考えた「望ましい経験や活動」を段階的に子どもに与えたり，やらせたりすることによって，子どもがより望ましい（と保育者が思う）方向に育つと考えていた時期があった。そのときには，保育士が設定したテーマや単元のもとに，保育士が組み立てた手順で活動が展開していくことが，その活動が発展したということであり，いわば充実であると考えられた。

　1990（平成２）年改定の指針以降，現行指針でいう遊びも，保育士の考えた筋道どおりに展開することを充実とは考えていない。だが現在でも，「活動の発展」という言葉・考え方は保育界に広く根深く残っていて，遊びに参加する人数が増えたり，遊びの空間が広範囲にわたったり，何時間も取り組んだり何日も続いて遊ばれたり，より本物らしくなったりして，少しずつ遊びの形が変わっていくと，遊びが「発展」したととらえられ，それを子どもの遊びの充実とすりかえてしまう傾向がある。しかし，遊びの外的「発展」イコール遊びの充実ではない。

　たとえば，「わたし，おさいふつくれるよ」と広告紙で財布を折りだした子がいたとしよう。そしてこの子どもの遊びをきっかけに，保育士が働きかけてクラスの中に買い物ごっこが広まったとする。遊びの様相（人数，遊び方，遊び場所など）はたしかに変わったが，こういう表面の変化だけをもって遊びが充実したとはいえない。もしかすると，保育士の働きかけが，いろいろな折り紙をしたくて財布を作った子どもの楽しみや意欲を奪っているかもしれない。それは少なくともその子にとっての遊びの充実ではない。

　現行の保育指針で「活動の発展」が求められているわけではないが，とかく保育士・おとなは，目に見える「発展」を期待しがちである。しかし，保育士・おとなからみて「発展」と思われることと，子ども自身の内面的な発展が異なっていることは往々にしてある。遊びは，子どもがそこで自分を発揮して自己充実していく場であるから，一見まとまりのないようにみえる場合でも，その子にとっては十分意味があるということもあるし，１人で遊ぶことが，今のその子にとっては必要なときであるということもある。

　つまり，充実した遊びとは，外からみたときの見栄えや○○遊びと名づけて呼べるようなまとまりだけではなく，ましてや，人数や持続時間・日数などではない。１人ひとりの子どもが，自ら取り組んだ遊びの中でその子らしいあり方で自

己発揮して，結果として充実感を味わうとともにその子なりの育ちの根っこを培っていくものが充実した遊びといえるのである。だからそこで何が育ち，何が経験されているのかを押さえていく必要がある。このように遊びを充実していく保育士の援助にはどんなものがあるのかみてみよう。

2 具体的な援助の実際

（1）見守る

> ＜事例1＞　5歳児　秋
> 　午後自分たちで仲良く遊んでいたと思ったが，ホールの真ん中ですごいにらみ合いと言い争いが始まった。
> 　午後の休憩時間担当の保育士は外遊びに行っていた。他の保育士たちは，休憩時間を利用して職員室でお茶を片手に家庭への連絡帳を書いたり，今日のクラス便りづくりに忙しくしていた。
> 　ちょうどお茶を入れに立ったN保育士が「すごい喧嘩になっているね」とどうしたのだろうという感じで，職員室とホールの間，上部にある空間（放送機材などがごちゃごちゃと置いてあるので，ホールから職員室はよく見えない）から見るだけである。そのうちまた自分たちで遊び出した。
> 　午睡の未満児クラスにいた私は，すごい口喧嘩の声にやりとりを聴こうとさりげなく出て行った。喧嘩の輪の近くまでいかないうちに，その喧嘩を取り囲んでいた数人のうち，チエが口元に人差し指を当ててシーという仕草でやってきて，「いま喧嘩中だから静かに静かに」と言い，来なくていいとでも言うように手のひらを左右に振った。私は「そうなの……」と喧嘩に興味はないという素振りでさりげなく消え，職員室に戻った。そこで，上のような保育士たちの姿に出くわした。

　ここでは，誰もこの喧嘩に出ていかない。しかし，聞こえないはずはないから知らないというのではない。まったく関心がないというわけでもなさそうだ。どうして喧嘩になったのか事態がわからず経過を見守っている者もいる。

　この園では，危険がなければ子ども同士の喧嘩を見て見ぬふりをすることがよくある。そういう中で育ってきて，5歳の秋ともなると喧嘩を職員室に知らせにくるでもなく，とにかく自分たちでおさめてまた遊びを再開した。

　両者納得してのことなのかうやむやになったのか，言うだけ言い合って気が済んだのかはわからないが，おとなが入らなかったことで，自分たちで関係を調節し気を取り直して遊びを進めていく気持ちが育つ機会にはなったかもしれない。来年学校に行くくらい大きくなったという自信を得た子もいることだろう。しかし，頭の回転も早く口も達者な子どもに仕切られたり，子ども同士の力関係に押し切られたり，納得しないまま何となく流されてしまったとしたら，保育士が互いの気持ちの橋渡しをすることで気持ちの食い違いを解消できる機会を逃してし

まったかもしれない。

 ただ，保育士が介入するととかく白黒つけたがったり，喧嘩両成敗でその場をおさめてしまうこともよくあることで，必ずしも気持ちの食い違いが解消するわけでもない。これは，多くの保育士が無自覚に比較的肯定していて，N保育士もそういう面をもちながら多少は経過を見守るほうに傾いている例といえる。

 全体集会で遊び出した子どもに，集会が壊れないよう配慮した担任が首を少し横に振りながら否定的な思いで見守ることで目やからだで《静かにね，今はそういう時間じゃないのよ》というメッセージが子どもに伝わり，遊びをやめ参加してくることもある。子どもが自分を調節したり集会に参加する体験にはなったが，子どもがそのとき興味をもった遊びの実現は阻まれることになったともいえる。

 一口に見守るといっても，肯定的なまなざしで見守ることもあれば，逆に，保育士は否定的だが口出しをしないで見守ることもある。どうかかわって良いのかわからず，(とりあえず) 経過を見守ることもある。また，こういった見守るという自分のかかわりに対して，保育士自身がどれくらい自覚的であるのかによっても見守るということの中身はさまざまである。さらに，それによって子どもの遊びが充実していく場合もあれば，しない場合もある。1人ひとりの子どもが主体的・自主的に取り組んでいくことが重視されると，見守ることが良い援助であるかのように思われがちであるが，何でもかんでも見守ることが良いというのではない。見守ることは1つの援助であるには違いないが，そのことで子どもの遊びがどうなるかも多様である。

(2) 環境を構成する

 保育指針は，保育における環境の重要性について以下のように記述している。

「(二) 保育所は，その目的を達成するために，保育に関する専門性を有する職員が，家庭との緊密な連携の下に，子どもの状況や発達過程を踏まえ，保育所における環境を通して，養護及び教育を一体的に行うことを特性としている。」(下線筆者)

(厚生労働省「保育所保育指針 第1章 総則 2保育所の役割」より)

 そしてさらに，(三) 保育の環境（前掲書 3保育の原理参照）として次のように記している。

「保育の環境には，保育士等や子どもなどの人的環境，施設や遊具などの物的環境，更には自然や社会の事象などがある。保育所は，こうした人、物、場などの環境が相互に関連し合い，子どもの生活が豊かなものとなるよう，次の事項に

留意しつつ，計画的に環境を構成し，工夫して保育しなければならない。

　つまり，保育というのは，子どもが主体的に環境に働きかけ，そこでの子どもと環境との相互作用によってなされていく。その環境を作ったり整えたり再構成したりすることは，遊びに対する保育士の援助の1つであり，そのあり方によって遊びが充実したりしなかったりする。環境を構成するという保育士のかかわりについて具体的にみてみよう。

① 物を出す

＜事例2＞　園庭で
　補修のためのビニールシートがかかった築山の下で，3歳児の男児3人がもめているのを目にした保育士が「どうしたの?」とそばに行くと，ヒロトの言葉で彼とケイタが置いた風呂用マットをシュンが動かしたことが原因らしいとわかった。保育士が「これ（風呂用マット），何するの?」と尋ねるとヒロトは上まで登るのに走る（助走が必要）と言う。保育士がそのことをシュンに伝え，シュンが知らずに動かしたことをヒロトたちに伝えることで，ヒロトが「じゃあいいよ，これこわすな」と約束して3人は遊びを再開した。
　面白いことに気づいたなあと思った保育士は，どこからか板や風呂用マット（以前，園舎からプールまで裸足で歩けるよう並べていたが，古くなって不用になった）などを持ってきて並べるとコースのようになって，他の遊びをしていた子どもたちも入ってきた。ルールがわからずトラブルになり，はじかれて築山の裾のほうで小さく回っていた3歳児もいたが，さまざまな年齢の子どもたちが長いコースを勢いよく駆け登り，また勢いよくコースへ駆け降りることを繰り返して楽しんだ。駆け降りてきて前に3歳児がいると背中に手を当てて行き先を示している年長児の姿もあった（写真4－1参照）。保育士はその様子を見ながら，「もう他に（コースになるようなものが）ないかなー」と縁の下をのぞき，使えそうなものを付け足している。

写真4－1　　　　　　　　写真4－2

築山の補修で，年度初め，ここでの遊びは禁止したが，子どもはまた違った魅力を感じたようで，土よりはるかによく滑るシートを登っていって座ったり寝そべったり腹ばいになったりして滑り降りることを楽しんでいた。上まで上がれない子は登れたところから滑って楽しんでいたし，登ること自体に挑戦する未満児の姿もよく見られた。

　この日，保育士は，春の頃と遊び方が少し変わってきたと言っているが，築山から園庭にコースが延びたことで園庭の様子がいつもと違って感じられたことだろう。子どもの言葉を捉えてその発想を面白いと感じ，自分なりに実現しようとした保育士の援助で普段とは違った園庭となり，興味をもった子どもたちが参加して，異年齢で遊ぶ場になった。この遊びのもととなった発想者たちも十分楽しみ，自然な異年齢間のかかわりも生まれ，ダイナミックで新鮮な遊びを楽しめてこれで良かったかのようにみえる。

　だが，いっぱい走ってくるといいと気づいた子どもたちが本当にこれだけの規模のコースを欲していたかどうかはわからない。1枚の風呂用マットでも十分楽しめたかもしれない。そのほうが誰も入ってこなくて，自分たちの楽しみ方を満喫できたかもしれない。子どもがやりたいことがそのときどきに変わっていくことを考えれば，そのつど自分たちがやりたいことをみつめながら必要なものを工夫することも楽しく意義のある体験だろう。

② コーナーを設定しておく

＜事例3＞　5歳児　秋
　これまで未満児クラスの前の廊下に置かれていた鉄棒（可動式）が，ホールの壁際に移動され，壁に逆上がりの挑戦状態の絵とその状態に該当する子どもの名前が書かれた紙（図4－1参照）が貼られていて，逆上がりに挑戦する子どもたちがよくいた。
　食後，手のひらを内側につかんで勢いをつけようとしている女児は，「○ちゃんてすごいんだよ」，と鉄棒の少し上にある紙を指して言う。「○ちゃんはここ，あたしはここ」と示して，鉄棒をつかんで少しからだを前後にしてタイミングを図っている。「見てて」と難なく回ってみせる子もいる。
　絵は逆上がりをさせたくて担任が描いたという。保育者によれば，夏，園庭で，テレビの影響の「筋肉番付遊び」で，身体を動かすいろいろな遊びを楽しんだ。その中で，なかなかできないのが逆上がりだった。うんていやタイヤ跳びや登り棒など普段から親しんでいた遊びは難なくやれる子も多く，別にできなくても，普段の遊びの中で取り組み方も知っていた。逆上がりは，これまで馴染みの薄いものだったという。「子どもを見ていると逆上がりって勢いと蹴るタイミングと力の入れ具合が難しいんだよね」と話す。

　事例3は保育士が意図的に鉄棒コーナーをつくっている。それに触発されるよ

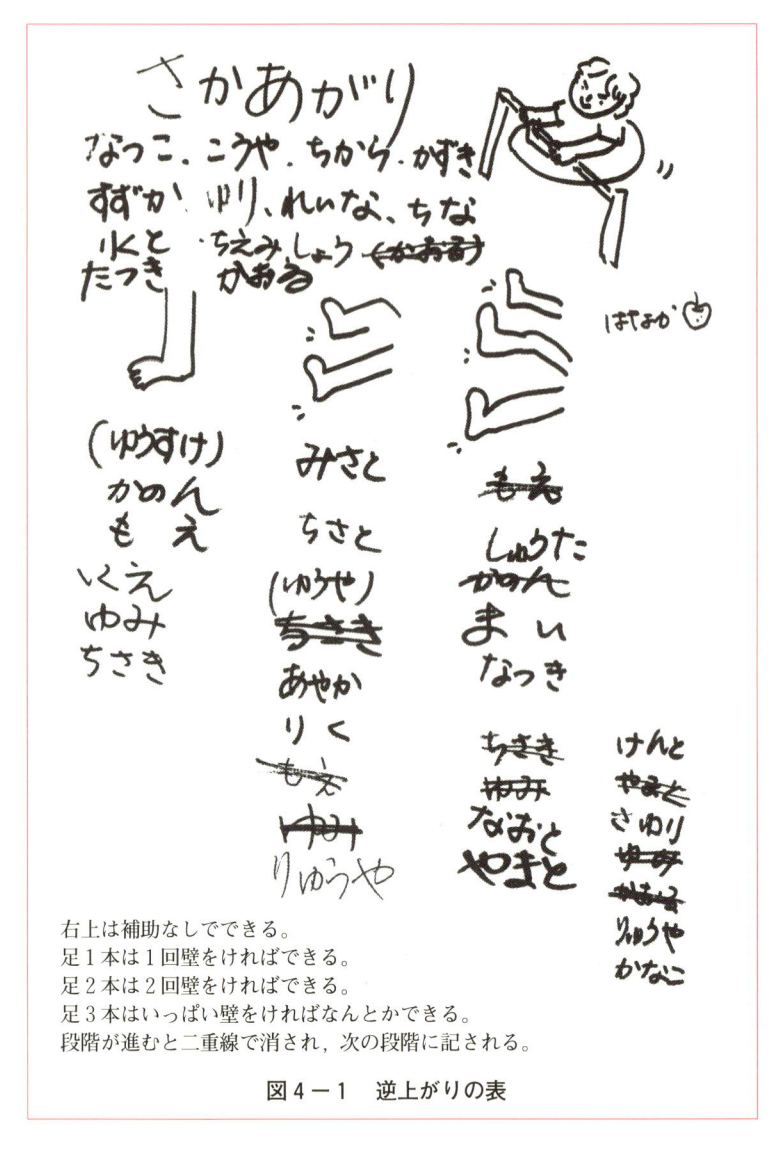

```
さかあがり
なつこ、こうや、ちから、かずき
すずか、ゆり、れいな、ちな
水と、ちえみ、しょう、（かおり）
たつき     かおる                はるか
```

（ゆうすけ）   みさと   けんと
かのん   ちさと   やまと
もえ   （ゆうや） しゅうた さゆり
いくえ   ちさき   かのん
ゆみ   あやか   まい
ちさき   りく   なつき
              もえ
              ゆみ   ちさき
              りゅうや ゆみ   けんと
                       なおと   やまと
                       やまと   りゅうや
                                 かなこ

右上は補助なしでできる。
足1本は1回壁をければできる。
足2本は2回壁をければできる。
足3本はいっぱい壁をければなんとかできる。
段階が進むと二重線で消され，次の段階に記される。

図4－1　逆上がりの表

うに挑戦しだす子どもたちの中には，できるようになった成就感を味わう子もいる。できなくても鉄棒に親しみやってみようとするときには，粘り強さやできる仲間の姿をモデルに自ら工夫するなど，からだだけでなくさまざまな心情的な育ちとともに思考力も育つ場となる可能性がある。「○ちゃんてすごいんだよ」と言う子どもの中には，仲間を認め，それを刺激に挑戦する意欲もみることができる。だが一方で，挑戦状態の紙を貼ったこのコーナーが逆上がりができることが価値のあることだというメッセージを発信する場となる危険性もはらんでいる。

　コーナーと呼ばれるものの中には，園・クラスの状況としていつものように設定されている場合と，季節や状況に応じて保育士が子どもに経験させたいと思う

ことに必要だと思われる材料を，それに適すると考えられる場所に環境として用意する場合がある。

事例2の築山，砂場，絵描きコーナー，片づける場所などは前者である。このようなコーナーが構成されていることで，絵本を読みたいと思った子どもは自分がどこへ行けば欲している絵本や静かな空間を得ることが可能になるのかわかるし，ままごとをしようと思ったときなどにも，遊具の置き場所が了解されていれば戸惑うこともない。

事例3や新年にお正月らしい遊び道具を揃えておくことなどは，後者の意味でのコーナーを構成する例である。季節をとらえたコーナーを構成することで，現代社会で失われていきつつある季節感を，そこでの遊びの内容とともに伝えていくこともできよう。それによって，見慣れた園の状況を変容させることができる。そういうことで生じる遊び空間のメリハリは，子どもの気持ちに躍動感をもたせることにつながるであろうし，子どもの遊びの状況に応じたコーナー作りは子どもの経験を広めたり深めたりすることにもなる。また，そこでの子どものイメージの広がりや興味や関心によっては，子ども自身がさらにその環境を再構成していくこともある。

さらに，状況を変容させるのは，生活の流れの中で状況や季節に応じてコーナーを構成していく場合だけでなく，いつも定まったコーナーに子どもの状況に応じて物を出していくこと（ex.今日の砂遊びを見ながら，明日もっと面白くなるようにと砂場に雨どいを用意する）で変容が生まれる場合もある。それによって，明日の遊びはもっと面白くなるかもしれないし，そうならないかもしれない。事例3の紙とそれを刺激にした鉄棒への取り組みや，他者に思いを至らせたり認めたりすることはその例ともいえる。

また，いつも定まっているコーナーの状況を変容させるのは，物を出すことに限るものではない。水がもったいないというだけでなく，いつもホースにばかり頼らずに自分で水を運んだり流したりする面白さと，それによって生まれる友達とのかかわりなど，違う経験もしてほしいと考えて砂場にホースを出さずにおくなど，いつもあるものを引っこめることでもなされる。

物を出す（引っこめる）にしてもコーナーを用意するにしても，留意しておきたいのは，環境を構成するということは，（自覚化の程度はともかく）何がしかの期待をもってはいても，直接的にそれに取り組ませることではないということである。物やコーナーを用意したからといって，それが使われるかどうかはわからない。その選択権は，あくまでも子どもの側にある。また，用意した物やコーナーが子どもに使われるにしても，保育士が暗黙のうちに想定しているような楽しみ方をするかどうかもわからない。それも子どもの興味・関心や発想に委ねら

れている。

　さらに，これらの環境にかかわって遊ぶ子どもの姿や子どもと保育士のかかわりそのもの，それらが醸し出す雰囲気も子どもにとっての環境になっていることも保育のダイナミズムの中で忘れてはならないことである。場所を一緒にしながら遊んでいる仲間の存在やそれへの保育士のかかわりやその場の雰囲気が，自分もあの遊びをやってみようかという意欲や経験の広がりのもとになったり，保育士のかかわり（ex.逆上がりへの援助）を見ながら，ああいうふうにやればうまくいくのかというモデルになったりしている。

（3）具体的なかかわりをもつ

　保育士が子どもとかかわって日々生活している際の多様なかかわりが援助であることはいうまでもない。遊びの充実をめざして子どもとかかわる保育士の援助にはどんなものがあるだろうか。

① 言葉をかける

＜事例4＞
　誰もいない5歳児クラスで2歳児のアユはウォールポケット（各自の場所に写真つきの出席表が貼ってある）の子どもの写真に出席シールを貼って遊んでいた。たまたまそれを見た私が，たしなめると噛みついてこようとするので，この時期の遊びでもあるし，保育士でもないのでそのままにしておくとまたやり出した。
　しばらくして私の話を聞いた担当保育士が「アーちゃん（たしなめる口調で）」と言いながら近づいてくるのを見ると，まだ5m以上も距離があるのにぱっとやめ，出席シールをさっともとに戻して保育士がそばに着いたときには何もしていなかったふうによそおう。

　ここでの保育士の言葉（呼びかけ）は，「そんなことしちゃだめでしょ」と注意するのと同じ効果をもっている。この言葉かけによって，アユは自分のやりたい遊びができなくなった。その意味では，彼女のやりたい遊びは妨げられた。だが，それは遊ぶものではないしそういう遊びは困る，いけないということは伝わったかもしれない。

　保育士はよく言葉をかける。何かを願って，意図して言葉をかけることもあれば，習性で本人も無自覚にかけている言葉もある。また遊びに居合わせていて助力を求められるまで黙って待とうと思いながらも，間がもてず，つい声をかけてしまっているということもある。そしてよく，「言葉かけをしていくように配慮する」といったり，「言葉かけが足りなかった」と反省したりする。

　また，禁止の言葉かけをするのはいけないことであり，ヒントを与えて気づかせていくような言葉かけがよいというような理解もある。たしかに状況によってはヒントを与えたほうが子どもの自信になって良いということもあるだろうが，

本当に危険な状況でなりふりかまわず禁止することで，結果的には子どもの遊びが守られて充実していくこともある。

本当に，言葉かけさえしていれば援助したことになるのだろうか？　ルールのある遊びをしているようにみえるときなど，保育士がゲームとしてのルールに気づかせるような言葉かけをすることで，子どもなりに楽しんでいる遊びの内容とずれ，遊びが壊れていくこともある。

言葉をかけることは援助には違いないが，それによって遊びが充実することもあれば，しないこともある（むしろ言葉をかけなかったがために遊びが充実することもあるということは，すでに"見守る"や"環境を構成する"の項でみてきた）。言葉かけをすることが即遊びの充実へ向けての援助にはならないし，この言葉かけは良い言葉かけで，あの言葉かけは悪いと断言できるような固定的なものはない。

② モデルを示す

<事例5>　未満児クラス
　お天気のよい秋の1日，近くの野山へ散歩に出かけた。
　保育士が道端に生えている草を採り，「ほら花火ー（木）」「パチパチパチー」「アチッチッチー」と逆さにしてクルクル回し，触るとさも熱そうにすると子どもたちは草をせがみ，保育士がとって渡すと，つたないながら回そうと試みる。保育士は「○ちゃん，じょうずじょうずー，まわったまわったー」と声をかけたり拍手をしたりする。

このかかわりによって子どもは通りすがりの草に目を向け，身近な自然で楽しめることも体験した。保育士のようにやりたいという気持ちも生まれチャレンジしている。小道を歩くことの中味も豊かなものになっている。だが，花火みたいという言葉は，子どものイメージを限定してしまうことになり，子どもならではの発想をそぐことになったかもしれない。

事例5は，散歩の道すがら自然に出たかかわりで，それほど自覚的に遊び方のモデルを示そうとしたわけではない。保育の中にはもっと無自覚な保育者の言動や所作が子どものモデルになっていることも多いし，人的環境としての子どもや子ども同士のかかわり，保育者と子どものかかわりもモデルになっている。

たとえば，3歳児がおぼつかないながら一輪車にまたがろうとするとき，さっそうと一輪車を乗り回す5歳児の姿や挑戦し出した4歳児の姿など，なにげなく目にしている姿がモデルになっていることを実感する。

飼育動物に保育士（おとな）や他の仲間がどうかかわっているかを見ながら，かかわり方を学んでいることもある。逆に，人前で自分を表現できない子どもの育ちが気になり，それを壊していくためにももっとのびのび踊ってほしいと願っ

て，音楽に合わせてわざとオーバーにからだを動かしてモデルを示すことに自覚的な場合もある。

③ 要求にこたえる

> <事例6>
> 　6～7人の4歳児が横1列に並んで，向かい側にいる保育士が投げるボールを順番に受けるという遊びをしている。
> 　保育士がかなり本気で投げるので抱えきれず，柔らかいボールが跳ねる。その度に子どもたちはケタケタ笑う。取れそうな感じのボールが胸元で逃げるのが楽しいのか，受け損ねた本人がからだをよじって床に倒れこむように笑いこけると，それがまたおかしかったり楽しかったりするようで，からだをよじる当人を追うようにまねる子もいて，それがまた楽しい雰囲気を全体に醸していく。
> 　ドッジボールをしていた4歳児だったが，何回戦か終わって「ヤーメタ」と誰かが言ったのをきっかけに，子どもたちは思い思いの遊びに散った。もっとやりたいリョウが1人「面白くない」と言うので，担任が「じゃ私とボール投げする?」と言い2人でやり出すと，すぐ数人が来てこういう遊びになったという。

　ここでは，もっとドッジボールをやっていたいという子どもの気持ちに，2人ではドッジボールはできないが，そのゲームのある部分（ボールの投げっこ）をするという形で思いにこたえようとしたことで新しいボール投げの楽しみを体験している。担任がこの遊びにとどまったことや遊び自体の楽しさもあってか，何人かの仲間も戻ってきて，1人になってつまらないと言っていたリョウも仲間とボール遊びができて，このかかわりで良かったようにもみえる。たった1人の気持ちに寄り添ってくれた保育士への信頼は増したであろう。だが，保育士が要求にこたえようとしなければ，リョウは仲間にやりたい思いを伝え，自分で仲間を誘ってドッジボールをしようとしたかもしれない。ドッジボールはできなくても工夫してボールで遊ぶことを考えたかもしれないし，他の子どもたちと別の遊びを楽しんだかもしれない。あるいは，やりたい遊びを探し仲間を集めたかもしれない。ボールで工夫して遊ぶことを考える機会や別の遊びを体験する機会，仲間集めにともなう人とのかかわりはなくなったともいえる。

　子どもの要求にこたえるという援助の実際は，保育の状況によってさまざまなありようをみせる。

　子どもの要求する物を出すことで要求にこたえることもあるし，からだでこたえていくこともある。「おばあさんになって」とごっこ遊びの中の役割を求められて応じることもあるし，もっと漠然と一緒に遊ぼうと求められたり，一緒にそこにいることを求められてそれに応じることもある。また，「手伝って」と頼まれたり，事例6のように要求の言葉はないにしても，必要性を感じて一緒に遊ん

だり製作などを手伝うことで要求にこたえていることもある。そしてこういうかかわりの1つひとつが，子どもの遊びが充実するための援助として有効である場合もそうでない場合もある。子どもの要求に添うことだけが良い援助であるとはいえないのである。

④ 指導する・教える

＜事例7＞
　午後の自由遊びに，この時間の担当保育士は，4・5歳児を集めて『なーベーなーベーそーこー抜けー，そーこが抜けたら帰りましょー』という遊びを提案する。1,2人参加せず自分たちの遊びをする子を抜いて始まった。
　2人組みで歌いながら手を振り，『そーこが抜けたら帰りましょー』で反対回りをする。できたところから合流して輪の人数を増やしていくのだが，人数が増えてくると反転はなかなか難しく，要領がつかめず途中でぐちゃぐちゃになっているグループもある。保育士は「うまいうまい」とうまくできたグループを励まし，もつれているグループには「〇ちゃんのとこ，みてごらーん」とか「こうやって(と初めに手を添えてやり)，〇ちゃんがくぐったら，みんなその後についていくんだよー」とつかえている子どもの背を押す。難しいところを通り過ぎると「そうそう……」と手を離す。保育士の提案で始まった遊びだが，子どもたちは楽しそうで，初めは参加しなかった2人もいつの間にか加わっていた。

　ここでは，保育士がこの伝承遊びに興味を示した子どもの気持ちをとらえてコツを教えている。そのことによって子どもはできるようになった達成感や大勢で賑々しく遊ぶ雰囲気を味わい，新しい遊びの楽しさも獲得したということができるだろうし，それを提案し，支えた保育士への親しみや信頼感も増したかもしれない。そして，そういう子どもたちの姿・子どもと保育士のかかわりやその場の楽しい雰囲気が，初めは参加しなかった子どもたちの環境となり，いつのまにか入ってきた。午前の好きな遊びをする時間の中でも，気のあった仲間と試みて楽しむ姿が見られるなど，刺激になり，楽しみの幅を広げたようだ。

　保育士がコツを教えなければ，輪は絡まってこの遊びは消滅し，少しも楽しくない時間になったかもしれないのだから，この援助でよかったように思われる。だが逆に，保育士がコツを教えたことで，どうすれば大勢でも反転できるかを自分たちで探りみつけていく過程と，それにともなう探究心や発見する喜び，発見したことを言葉や行為で仲間に伝えていく過程，うまいやり方をみつけた仲間を認めていく機会は失われたといえるかもしれない。この点からいえば，できるようになったときの達成感はいくぶん減じたものとなるだろう。

　保育においては，見守ることは良いことで，教えることは良くないことであると思っている人は意外に多いようである。1990年の指針の改定によって，"子ど

もの主体性・自発性"や"環境による教育""遊びを通して""指導ではなく援助が大切"といったことが盛んにいわれるようになって，その傾向は強くなったように思われた。だが，見守るということが，いつも良いかかわりであるとはいえないということについてすでにみたように，教えるということについても同様のことがいえる。

3 遊びの充実にかかわる援助の選択と子ども理解

　遊びの充実にかかわる援助の実際をみてきたが，どれも遊びを充実させていくと同時に，遊びを充実させない可能性ももっていて，いつどんなときでも必ず遊びを充実させることができるというものではないことが明らかになった。

　だが，具体的な保育場面では，遊びの充実を求めて，保育士はこれらの多様な援助の中からあるかかわり（複数である場合もある。たとえば，環境構成だけしてあとは見守る場合など）を選んで子どもにかかわっているし，実際このかかわりだったから子どもにとって遊びが充実したのだと考えられることもある。遊びの充実へ向けて保育士にある援助を選ばせるいくつかの要因があるのである。ここでは，それを簡単に記しておきたい。

（1）保育士の子ども観・保育観・遊び観

　保育士の子ども観・保育観・遊び観で具体的なかかわりは違ってくる。子どもは未熟な存在だという子ども観をもっている人なら，より成人（成熟態）に近づけることが保育の営みであると考えるかもしれない。逆に，子どもは有能な存在で，自ら環境とかかわって伸びていくことができる力をすでにもっているという子ども観をもつ人なら，子どもに任せてみていても保育をしていると考えられるだろう。

　事例1で，口喧嘩に誰も出ていかないのは，危険がない限り，喧嘩は幼児期に必要な体験で，おとなが出ていっておさめてしまうことが良いことだとは限らないという保育観がある。喧嘩はよくないことで仲良く遊べることがよいことだという価値観を強くもつ人なら，仲良く遊べるようにするのが保育士としての自分の役目だと考えて出ていくことだろう。

　遊び観も同様で，たとえば，生活にかかわる遊びを認めないという遊び観に立てば，食事中の食べものにかかわる遊びや箸箱のふたをさまざまにずらして笛のように吹くことを楽しんでいる子どもたちの姿を遊んでいるとは思えないだろうし，そういう理解からは，注意したり禁止するかかわりは生まれても，遊びの充実に向けて援助は行われないことになる。

　しかし，それは探索行動の表れであり，未満児にとってはあらゆるものが遊びとなりうる可能性があるのだという遊び観に立つならば，それを遊びとみた瞬間

から遊びの充実に向けての援助が行われる。つまり，遊び観によっては援助することにもなるし規制することにもなる。

（2）子どもに対する保育士の願い

　子どもに対して保育士がどういう願いをもっているのかも，援助を選択する際の決定因の1つとなる。たとえば事例3で，保育士が，壁を補助に使えるところに鉄棒をもってきて到達度の紙を貼るようなコーナーを構成したのは，逆上がりをさせたいという願いがあったからである。事例4で（この時期の探索行動は大切だという遊び観をもっていたとしても）注意するようなニュアンスの呼びかけになるのは，やっていい遊びとよくない遊びの区別は伝えていきたいし，わきまえて欲しいという願いがある。それがなければいろんなものを探索する時期だからとほおっておいたかもしれないし，筆者のように一応注意はしても，相手が聞き入れなければそのまま見て見ぬふりをしたかもしれない。

　自覚化の程度はともかく，保育士がそのとき子どもに対してどういう願いをもっているかによって具体的なかかわりは違ってくる。

（3）状況性・文脈性

　子どもや保育士がふだんおかれている（園）生活の文脈や，そのときの状況がどうであったかということも援助の選択にかかわってくる。たとえば，事例1の喧嘩が午前中の遊びのなかで起こっていたら，誰かがかかわっていくかもしれない。この時期になれば危険のない限りは任せていいという子ども観や保育観，状況判断のもとに同じように見守ったとしても，もう少し意識的にみようとするかもしれないし，どうして喧嘩になったのか後で子どもに聞くかもしれない。かなり無自覚的ではあっても，この状況中で，喧嘩の状況判断を感覚的かつおおらかにしているともいえる。また事例4で，担当保育士が注意するのは，保育士の願いによるだけではなく，よそのクラスであるという状況も関係している。

（4）関係性

　保育士がその子とどういう関係にあるのか，子どもと子どもの関係がどうであるのかも，どうかかわるか（どういう援助を選択するか）を左右している。

　たとえば，事例1で誰も出ていかなかったのは，単に忙しかったというだけでなく，2，3歳のときから1つのクラスで生活してきて，各自自分を出して主張はしても互いの関係に決定的な亀裂が入ってしまうようなことにはならないと捉えていたのかもしれない。聞こえてくる喧嘩の声が，つい最近途中入所したばかりでまだみんなの中に入り込めていない子どもで，自分も信頼を得ていないとしたら，休憩中でも忙しくても後回しにして出ていったかもしれない。

　事例4のアユが，筆者のたしなめを，どこか容認された表層の注意として受け流し，担任の言葉の調子に，注意や禁止のニュアンスを敏感に感じとるのは関係

による。

　保育士がとる援助の背景には，これらの要素が絡み合っている。逆からいえば，これらが複合して保育士の思いとなって援助が選択され，具体的なかかわりとして表れる。つまり，そのときどきにどう援助するかは，そのときの保育士の理解の表れでもある。(何らかでも) 理解をともなわない援助はない。理解は必然的に子どもへの援助を規定する。だから，理解が援助に表れているという自覚があるかどうかは大切である。

　遊びを充実していくいろいろな援助があるが，どれもメリットとデメリットがあって，それだけを取り出して良かったかどうかを論じることはできない。援助の良し悪しではなく，そのときどきの保育者の思いに目を向けることが必要である。(1) ～ (4) はその視点として機能する。

　どんな思いでやってどうだったのか，そのときの状況や子どもとの関係をどんなふうに判断していたのか，そこには自分のどんな枠組みが潜んでいたのかなどを自覚化し，それらを総合的に判断することで，その援助の妥当性は論じられる。そして，その過程は次の子ども理解と援助を生み出していく。保育士に必要なのは，それを自分で判断していく思考の力である。そして，その思考を見直していくことが，保育士自身の子ども観や保育観を問い直すことにもなる。

3．保育における指導の総合性

　1.で引用した保育指針には，「遊びを通して総合的に保育すること」と記述されていた。また，保育所保育指針解説書には「子どもの諸能力は生活や遊びを通して別々に発達していくのではなく相互に関連し合い，総合的に発達していく」(第1章　総則　3.保育の原理(2)保育の方法④生活や遊びを通しての総合的な保育) とあるように，保育においては「総合的」であることが求められている。

　教育要領同様，保育指針にも3歳以上児に関しては，保育内容の5領域（「健康」「環境」「言葉」「表現」「人間関係」）がある。そして，各養成校では，多くの場合，領域別の授業が行われている。だが，すでにさまざまな具体的な事例でみてきたように，保育は領域ごとに行われているわけではない。子どもの生活の中核をなす遊びは，さまざまな育ちの可能性を内包したもので，遊びを通して行われる指導は総合的なものとなる。1つの遊びはさまざまな領域と関連していて，心身の諸側面が発達していく。

　たとえば，絵を描くということを考えてみても，自分が感じているものを紙の上に表すから「表現」領域かといえばそうではない。友達とともに描く楽しさも

あるだろうし，自分の絵を友達に言葉で説明したり描きながらおしゃべりを楽しんだり，一緒に描いている子どもに刺激されて自分の表現を工夫することもある。表しきったことへの充実感や，うまく表せないもどかしさも味わう。表したいものとの関係で紙やペンなど描画材を工夫しながら，そのものの特質を知り，腕や手を巧みに使うことにも習熟していく。また，そういう時間をともにすることで，「ご飯のとき一緒に食べよう」「お昼寝のとき一緒に寝よう」と誘い合って食事をとったり布団を並べたりすることもあるなど，生活場面へもつながっていく。

　遊びそのものの魅力にひかれてただ遊ぶ，そのたった1つの遊びの中にも子ども自身が学び，育っていく貴重な体験がたくさんある。だから，遊びにかかわる保育士は，その遊びの中で子どもがどう発達していくのかを心身両面にわたって総合的にみて，子どもにとってよりよい育ちにつながるようなかかわりを心がける必要がある。

　また，1つの遊びのあることへのかかわりであっても，諸側面が関連して発達するという意味でも総合的なかかわりといえる。たとえば，子どもの様子をみながら新しい描画材を出すことが描きたい気持ちをかきたてるし，両者の使いたい思いがぶつかれば取り合いが起き，それを通して物の貸し借りや気持ちのコントロールなども体験することになる。子どもは遊びの中で心もからだも働かせているので，そこでは心身のさまざまな側面の発達に必要な経験が互いに深く関連し合いながら積み重ねられている。このような遊びの日々の積み重ねは，子どもに総合的な発達をもたらしていく。

　たとえば楽しくすごした体験は，一緒に遊んだ他者への親しみを増していくし，そういう相手には自分が心揺さぶられた体験を伝えたい気持ちが芽生え，からだや言葉以前の言葉での伝え合いと気持ちの交流が生まれ，かかわりの中で巧みに洗練されていく。言葉の獲得も促される。それにともなって自分の内的世界も人とのかかわりも広まったり深まったりして，また遊びも豊かになっていく。このように遊びを通して総合的な発達が促される。

　微視的にも巨視的にも保育における指導は総合的なものである。さらに，この際の指導についてであるが，子どもは何もできない無力で未熟な存在ではなく，自ら環境に働きかけて伸びていく力をもっているという保育指針の子ども観・発達観によれば，保育という営みは援助（行為）であり，ここでいう指導もこの広義の概念を逃れるものではない。

＜引用・参考文献＞
津守　真『子ども学のはじまり』フレーベル館，p.7-8, 1979
柴崎正行編著『保育方法の探究』建帛社, 1994
厚生労働省『保育所保育指針』2008
厚生労働省『保育所保育指針解説書』2008

第5章 乳幼児期の発達と保育内容

〈学習のポイント〉
①乳幼児期の発達の特性について理解しよう。
②8つの発達過程ごとの特徴を把握しておこう。
③他者の存在が乳幼児の発達に及ぼす影響について考えよう。
④保育の中で養護と教育をどのように捉えるか，明確にしておこう。

1．乳幼児期の発達の特性

　2008（平成20）年に告示された保育所保育指針では，環境との相互作用を通して豊かな心情,意欲,態度を身につけ新たな能力を獲得していく過程を発達ととらえ，乳幼児の発達の特性を6つの項目で示している。保育士はこれらの発達の特性を理解し，1人ひとりの子どもへの最善の援助をしていくことが求められる。

1 人への信頼感が育つ

　子どもは，おとなによって生命を守られ，愛され，信頼されることにより，情緒が安定するとともに，人への信頼感が育っていく。幼い子どもには，「この人にくっついていればどんなときも安心」と思えるおとながそばにいることが必要である。どんなときでも温かく受け入れ，この世にただ1人のかけがえのない存在として愛してくれる人がいることで，子どもは人への信頼感を育んでいくことができるのである。

　このような安心できる人との基本的な信頼感を拠りどころとして，子どもはようやく外に目が向き，身近な環境（人，自然，事物，出来事など）に興味や関心を持ち，自発的に働きかけるようになる。身の回りの興味ひかれるものに自ら働きかけ，子どもは自分の世界を広げていくようになる。驚いたり笑ったり不思議に感じたりしながら，周囲のおとなや子どもと共感しあう中で，子どもの心は豊かになっていく。

　さらに，生活や遊びを通して，子どもは自分と他者の違いに気づき始める。自分の思い通りに動く手足とは別に，自分の思い通りにならないものがあることに気づく。これが自我の芽生えである。自我とは，物事を意識したり認識したり考えたり欲したりといったさまざまな行動をとる主体である。自分は自分であり，他人とは違うことを認識し，独立した存在として自分を主張するようになっていく。

2 環境への関わり

　子どもは，子どもを取り巻く環境に主体的に関わることにより，心身の発達が促される。

　生活に必要な行動がだんだん自分でできるようになると，自分の周りの世界に目が向き，目に映ったものすべてについて，「これは何だろう」と興味を持って探索するようになる。そのような時期には，興味を持ったものに十分触れたり観察したりする経験が必要である。五感を駆使して対象を知り，自分の世界を徐々に広げていくのである。

　大切なことは，子どもが自ら関わろうとする意欲や態度である。自分から興味をもったものに近づくということ，自ら働きかけるということが主体性を育てる基礎になる。環境に主体的に関わることで，「なぜ」「どうして」という質問が増える。このような質問は，どうなっているのか，どうしてそうなるのか知りたいという意欲，つまり知的好奇心の表れである。

　新しい世界を知った子どもは，見たものをそのまま再現して，ごっこ遊びを始めることが多い。走ったり投げたりよじ登ったりしているうちに運動能力もつき，また，おとなの言葉のまねをして語彙も増えていく。このように，環境への働きかけを通して，子どもは心も身体も成長させていくのである。

3 子ども同士の関わり

　おとなとの関わりだけでは，子どもは育たない。子どもは乳児であっても自分に似た子どもの存在が気になり，自分から関わりをもとうと近づいていく。その子の表情をまねしたり，手をのばしたりする。けれども，おとなと違い，子どもは自分の思いをなかなかくみ取ってくれない。興味ある物に関わるように手を出すと，相手が泣いたり怒ったりとトラブルになってしまい，自分も痛い思いをしたり泣いたりということになる。そのような経験をしながら，子どもは相手も動くものであり，また，感情をもつものだということを知り，相手との関わり方を知っていく。そして，してはいけないことを知り，みんなと仲良く暮らすにはどうしたらよいのかということも徐々にわかるようになる。

　友達と心が通うようになると，ひとりで遊ぶより友達と一緒に遊ぶほうが楽しくなる。関わりの中で会話が生まれたり，友達のしていることが刺激となり，自分もさらにやってみたくなったり，遊びの幅も広がっていく。友達とともに遊びながらさまざまな感情を経験し，情緒的な側面も発達し，また，知的な発達の側面も促進される。

　友達との関わりの中では，ときに我慢することも，順番を待つことも必要になる。そして，次第に自分の感情をコントロールできるようになっていく。また，

相手の気持ちに気づいたり，相手のために配慮したりすることもできるようになっていく。つまり，子ども同士が関わることにより，社会的及び道徳的な面の発達が促されるのである。

4 発達の個人差

　乳幼児期は，生理的，身体的な諸条件や生育環境の違いにより，1人ひとりの心身の発達の個人差が大きい。持って生まれた資質や特性，そして子どもの成育環境の両方が成長に大きく影響する。

　0歳児期は一生のうちで最も発達がめざましい時期であるが，発達の表れ方には著しい個人差がある。出産予定日の1カ月前に生まれてくる子もいれば，予定日を過ぎても生まれない子もいる。だから，たとえ誕生日が同じであっても，発達を同じように考えることはできない。もって生まれた個性も大きく影響しているし，また，これまでの生活環境も関係するだろう。飲むミルクの量も哺乳間隔も，眠りの時間やスタイルも，排尿の間隔や量も，子どもによってまちまちなのである。

　4，5歳になっても，やはり個人差は歴然としてある。食べ物の好みが違うように，遊びの好みも1人ひとり違い，心身の発達の仕方も異なる。これまでにどのような経験をしてきたかによって，環境の受け止め方や関わり方に違いが表れる。言葉がなかなか出ない子どもでも，あるとき突然，泉がわくようにあふれてくることがある。つまり，育つ側面や速度等，発達の足取りはそれぞれの子どもによって大きく異なるのである。

5 遊びを通して育つ

　子どもの生活の基本は，遊びである。遊びを通して友達と出会い，力を合わせたり，感情をぶつけ合ったりしながら成長する。1人で遊ぶのも楽しいが，友達と遊ぶほうがもっと楽しいこと，数人の仲間と遊ぶともっと充実感があることを経験していく。そして，葛藤やトラブルを乗り越え，人とのつき合い方を学んでいく。これは，3 「子ども同士の関わり」にも通じることであろう。

　さらに子どもたちは，協同的な遊びの中で，1人ではできないことも仲間と力を合わせることでできることを知り，ともに達成感を味わう喜びを知る。仲間とともに行動することで，1人ひとりの友達の特徴を知り，自分の特徴も知る。そして，集団の中で自分を発揮することもできるようになる。

　集団で楽しく活動するためには，自分勝手な言い分は通らない。人とともに歩むためには我慢しなければならないこともある。そして，どうすればみんなが楽しい気分でいられるかを考えることを通して，きまりやルールを作る必要性を実

感するのである。

　ここでいう遊びとは，もちろん主体的な遊びのことである。させられている遊びでは，このような育ちを期待することはできない。自分たちがやりたくて主体的に心を働かせて取り組んでいる遊びには，人として成長していくためのあらゆる要素が含まれている。そのような遊びをつくりだす力も，子どもたちはすでにもっているのである。

6 生きる力の基礎を養う

　「生きる力」とは，子どもが自分の人生を自分の力で生きていく基となる力である。生きていることが素晴らしい，楽しいと思えるような経験を積み重ねることが必要である。

　幼いうちは十分抱かれたり，スキンシップをたくさんとりながら愛されている心地よさを十分感じることが肝要となる。それが，人を愛する力，人を自分と同じように大切にする心へとつながっていくからである。

　また，壁にぶつかってもすぐ悲観するのではなく，どうすれば壁を乗り越えていけるかを前向きに考えたり，多少自分の気に入らないことがあっても我慢したりすることができる力が重要である。たとえ失敗しても，そこから得た反省と教訓を糧に，次に歩みだしていく力を身につけていく時期なのである。

　さらに，身体を十分に使って身近な環境に働きかけ，五感をはじめさまざまな身体感覚を十分使って活動する中で，探究心や思考力が育っていく時期でもある。物事を敏感に感じ取る力があることで，人生は何倍にも輝きを増すだろう。心を動かし感動できることは，これからの人生においてすべての基になるからである。

2．子どもの発達過程

1 発達過程区分の考え方

　保育所保育指針で示された8つの区分は，単なる年齢区分ではないことが注目される。「この区分は，同年齢の子どもの均一的な発達の基準ではなく，1人ひとりの子どもの発達過程としてとらえるべきものである」と明記されている。

　子どもの発達には切れ目などなく，つねに連続している。1歳2カ月から1歳3カ月になったからといって，飛躍的に成長するものではない。また，同じ月齢の子であっても発達する側面や速度は1人ひとり異なるので，同じねらいや内容を設定するわけにはいかない。

　けれども，子どもの発達の道筋やその順序性には共通のものもある。また，身

体機能であれば，頭部から下肢へ，体躯の中心部から末梢部へ発達は一定の方向性に沿っている。断定的な表現を避け，「おおむね」という言葉をつけて示されている裏側には，そのような連続性の重視と，年齢，月齢にとらわれないで1人ひとりの発達をよく見ていこうとする意図があるのである。1人ひとりの発達はさまざまだが，一定の発達の順序性や方向性を保育者は知っておかねばならない。

2 おおむね6カ月未満

　誕生して間もないこの時期の子どもは，日に日に身長が伸び体重も増え，めざましい発達がみられる。生後3カ月くらいになると機嫌のよいときはじっと見つめたり，周りを見まわしたりするようになる。また，腹ばいで首を持ち上げたり，音のするほうや動くものへ目を向けたりする。4カ月頃までに首がすわり，5カ月くらいから目の前の物をつかもうとしたり，うれしいときには足をばたばたさせたりと，手足の動きが活発になる。

　「本能的微笑」から，あやされるという対人関係による「社会的微笑」に変わり，泣き声以外の「アー」「ウー」といういわゆる「喃語（なんご）」を発するようになる。生理的な快，不快の表わし方にも訴えかけるような抑揚がついてくる。その欲求に，応答的かつ積極的に関わる特定のおとなとの間には，情緒的な絆が形成されることになる。これにより，人に対する基本的信頼感が芽生え，愛着関係へと発展していく。

3 おおむね6カ月から1歳3カ月未満

　「座る」から「歩く」へと運動機能が発達してくる。7カ月頃から1人で座れるようになり，座った姿勢で両手が自由に使えるようになる。9カ月頃までにはハイハイが上手になり，両手に物を持ってたたき合わせることもできる。1歳前後にはつかまり立ちや伝い歩きができるようになり，手押し車を押して歩くことを楽しむ姿も見られる。またこの頃は，腕や指も思いのままに動かせるようになるので，興味をもったものに手を伸ばし，引っ張ったりいじったりと探索活動が表れる。

　特定のおとなとの応答的な関わりにより情緒的な絆が深まり，やりとりがさかんになる一方で，見知らぬ者に対して恐れを抱くという，いわゆる「人見知り」をするようになる。おとなの話す言葉もある程度わかるようになり，マンマなど，初めての意味を担った音声使用である「初語」が1歳前後には出るようになる。

　また，離乳が始まり，なめらかにすりつぶした状態の離乳食から幼児食へと徐々に移行していく時期でもある。1歳頃になると，自分から食べ物に手を伸ばし，手づかみで口に入れるようになる。食事の楽しい雰囲気の中でさまざまな味

を経験し，味覚の幅を広げ，食べることへの意欲を高めていく時期といえる。

4 おおむね1歳3カ月未満から2歳未満

　行動範囲が拡大し，環境への働きかけがいっそう活発になる。つかまらずに歩けるようになり，物を押したり投げたりという行動もなめらかになる。運動機能の発達が目覚ましいので，それまでは赤ちゃんらしいふくよかさが目立ったが，この頃には身体がしまってきてほっそりした印象を受ける。

　手指を使う機会が増え，スプーンなどの道具を使うようになる。つかむ，めくる，通す，はずす，なぐりがきをする，転がす，などができるようになる。引出しから物をすべて引っ張り出したり，ティッシュペーパーを1箱すべてつまみ出すということも起きる。

　葉っぱをお皿に見立てたり，空き箱を電車のように走らせたりする象徴機能が発達する。おとなの語りかけが大体わかるようになり，指差しや身振り，片言などで，自分の思いを伝えようとする。1歳後半には，「パパ，カイシャ」（パパは会社へ行った）というような二語文も話すようになる。

　保育士とともに，友達と一緒にいることの喜びも感じるようになるが，物の取り合いも激しくなる。他の子が自分の好きな保育士と仲良くしていると，嫉妬心も芽生え始める。

5 おおむね2歳

　2歳になると手や足の動きが連動し，意思によって巧みに動かせるようになる。ほとんど転ぶことなく走ったり跳んだりできるようになり，自分の身体を自分でコントロールする心地よさを味わうことができるので，行動範囲が広がり好奇心もますます旺盛になってくる。

　「第1次反抗期」が始まるのはこの頃である。自分でしたいとおとなの手をはねのけたり，「いや」を連発して保育士をてこずらせたりする。うまくいかないとかんしゃくを起こし，泣いたり暴れたりすることもある。これは，自我の順調な育ちであると捉えるべきだろう。自分は自分であり他人とは違うことを認識し，おとなから独立した存在として自分を主張するのである。

　また，「いないいないばあ」や繰り返しの言葉を楽しむようになる。言葉を使うことに喜びを感じ，盛んに話す。使用する語彙も200〜300語になり，「語彙爆発」といわれるほど増える。しかし，個人差が大きいので，言葉の出にくい子どももいる。言葉は出ていなくとも，子どもの心は動いており，言葉をため込んでいるはずである。保育士がその場に応じた適切な温かい言葉をかけていくことで，言葉があふれ出るときが必ずくると思われる。

6 おおむね3歳

　運動機能がさらに高まる。歩く，走る，跳ぶ，押す，引っ張る，投げる，転がる，ぶら下がる，またぐ，蹴るなどの基本的な動作がひと通りできるようになる。また，食事，排泄，衣服の着脱などの基本的生活習慣にまつわることも大体自分でできるようになる。

　言葉が発達し，「なぜ」「どうして」という質問を盛んにするようになる。このようなやりとりを通してさらに表現が豊かになり，おとなとの会話でもさほど困らないほどになる。また，簡単なストーリーがわかるようになり，登場人物と自分を同化させてストーリーを楽しみ，スリルや安堵感を味わうことができる。

　さらに，おかあさんごっこやお店ごっこなどの「ごっこ遊び」をするようになる。おとなの行動ややり取りをよく観察していて，遊びに取り入れていく。このような遊びを通して友達との関わりが増えるが，一緒に遊ぶというよりは，同じ場で同じ遊びをそれぞれが楽しんでいるといった平行遊びのことが多い。友達の様子を見たり模倣したりしながら，徐々に関わりを深め，次第に共通したイメージの中で遊べるようになっていく。

　自分の経験したことについては，「こうするとこうなる」と予想ができるようになり，意図と期待をもって行動するようになる。

7 おおむね4歳

　全身のバランスが取れるようになり，身体の動きが巧みになる。身近な環境への関わり方を知り，木の実を拾って砂のケーキの飾りに使うなど，自分の遊びに取り入れられるようになる。想像力が広がり，つくったり描いたり試したりを楽しむが，先々のことを予想して不安になることもある。大きな音や暗闇，さらにオバケや夢，1人残されることなど，想像による恐れを感じやすくなる。

　ときには自分の思い通りにいかないという不安やつらさという葛藤も経験する。このつらい気持ちを人に共感してもらったり励まされたりすることで，葛藤を乗り越え，まあいいか，と思えたり，気持ちを切り替えたりして心の整理ができるようになっていく。

　また，自分以外の人の存在を意識できるようになる。自分を中心に考えることがまだ多いが，他者にも思いがあることにだんだん気づいていく。そして，次第に相手を思いやった言動ができるようになる。ときには自分が我慢することもできるようになってくる。さらに，人だけでなく他の生き物や無生物にも心があると感じている。これは「アニミズム」といわれる感じ方である。

　友達とともに遊ぶ中でトラブルも増えるが，自分を出して主張すること，そして，ときには相手を受容すること，決まりを守ると暮らしやすいことを経験の中

で学んでいく。

8 おおむね5歳

　基本的生活習慣が確立し，運動能力はますます高まってくる。手先の器用さが増し，小さなものをつまむ，紐を結ぶ，雑巾を絞ることもできるようになる。おとなの援助により，のこぎりや金づちなどの道具も使えるようになる。人の役に立ったり感謝されたりするのがうれしくて，進んでお手伝いをしたり，年下の子どもの世話をしたりする。

　友達と活発に遊ぶようになり，少し先を見通しながら，目的ある集団行動がとれるようになる。仲間との話し合いや意見のぶつかり合いを経験し，思考力が芽生え，自分なりに考えて判断したり，相手を批判したりできる。そして，トラブルが起きても話し合って自分たちで解決できるようにもなる。お互いに相手を許したり認めたりする社会生活に必要な能力を身につけ，仲間の中の1人としての自覚や自信が生まれるのである。

9 おおむね6歳

　巧みな全身運動ができるようになり，年長児として自覚や誇りをもった姿が見られるようになる。仲間と協調して遊びを進め，ときには自分の主張を一歩譲ることもできる。仲間の思いを大切にし，役割の分担があるような協同的な遊びを創意工夫を重ね発展させていく。仲間の思いや仲間の間で通用する約束事やルールが大事なものとなり，それを守ろうとする。これまでの体験とそこから得た知識を生かして主体的に物事に取り組み，わからなければさらに調べよう，おとなに聞こうとする態度も育ってくる。

　予想したり全体を見通したりする力が育ち，過去，現在，未来へと続いている自分を感じることもできる。思考力と認識力がさらに高まり，さまざまな自然事象や社会事象，文字などへの興味も拡大する。大きくなったという実感が湧き，自立心がいっそう高まる。ときには身近なおとなに甘え，気持ちを休めることもあるが，就学への意欲や期待に胸をふくらませている時期である。

3．保育のねらい及び内容

1 ねらいと内容の考え方

　保育所保育指針の「ねらい」には，「子どもが安定した生活を送り，充実した活動ができるように保育士等が行わなければならない事項」と，「子どもが身に

つけることが望まれる心情・意欲・態度などの事項」が示されている。「内容」には，「ねらい」を達成するために「子どもの生活やその状況に応じて保育士等が適切に行う事項」と，「保育士等が援助することによって子どもが環境に関わって経験する事項」とが示されている。

表5－1　〔ねらい・内容〕からみた養護と教育

		養　護	教　育
ねらい	保育の目標をより具体化したもの	子どもが保育所において安定した生活を送り，充実した活動ができるように，保育士等が行わなければならない事項	子どもが身につけることが望まれる心情・意欲・態度などの事項
内　容	ねらいを達成するため〔具体化したもの〕	子どもの生活やその状況に応じて保育士等が適切に行う事項	保育士等が援助して子どもが環境に関わって経験する事項
		子どもの生命の保持及び情緒の安定を図るために保育士等が行う援助や関わり	子どもが健やかに成長し，その活動がより豊かに展開されるための発達の援助であり，5領域から構成される

出典）厚生労働省「平成20年度改定保育所保育指針研修会資料」より

　「ねらい」と「内容」を具体的に把握するために，「養護に関わるねらいおよび内容」と「教育に関わるねらいおよび内容」との両面から示されているが，実際の保育は，養護と教育が一体となって展開されていることに留意しなければならない。

　保育士のひとつの行動や関わりの中には，養護的側面と教育的側面が存在しているものである。しかし，保育士が専門性を高めるためには子どもを捉える視点をより明確に認識していくことが重要なので，あえて別に書かれていると考えるとよいだろう。

　「養護」とは，「子どもの生命の保持及び情緒の安定を図るために保育士等が行う援助や関わり」であり，「教育」とは，「子どもが健やかに成長し，その活動がより豊かに展開されるための発達の援助」である。「教育」は，「健康」，「人間関係」，「環境」，「言葉」及び「表現」の5領域から構成されている。

2 養護に関わるねらい及び内容

（1） 生命の保持

　保育施設はまず，子どもの生命を守ることが大前提である。健康で安全な生活が保障されていなければならない。それは，子ども1人ひとりの生存権を保障することにもつながる。おなかがすいた，眠たい，おしっこがしたいという生理的欲求が十分満たされ，清潔な環境が整えられていることが求められる。

　また，けがをしては困るからとじっとさせておくのではなく，心身の十分な発達を促す身体を思いっきり使った活動を用意し，健康増進につながるようなさまざまな運動ができるようにしなければならない。そして，動的な活動の後には静的な活動を準備するなど，食事や昼寝を含めて健康な生活リズムをつくることを心がける必要がある。

　けがや病気が発生した際には，速やかに関連機関と連絡をとり，最善の方法で子どもを救わなければならない。

（2） 情緒の安定

　身体だけでなく，心の健康も見逃せない。保育者と信頼関係で結ばれ，困ったことがあったらいつでも助けてもらえる……，と子どもが安心して過ごせるようにしなければならない。

　周りの人々に肯定的に受け止められることにより，子どもは自分を肯定的に受け止めることができるようになる。今の自分でいいんだと，自分を好きでいられるようになるのである。反対に叱られてばかりいると，子どもは自分は悪い子なんだと思ってしまう。すると自分を大事にできなくなり，自暴自棄になったり，「どうせぼくなんか」といつも自分を卑下したりと，前向きに暮らすことができなくなる。

　また，心身の疲れが癒されるように，静と動のバランスを考えた活動の構成や，疲れたときには自分でゆっくり休めるような場をいつも設定しておくことが必要だろう。保育所で過ごす子どもたちの生活は，親の生活に影響され，どうしても夜型になりやすい傾向にある。就寝時刻が遅くなり，朝起きるのも遅くなり，朝食も摂らず保育所にやってくる子も少なくない。1人ひとりの実情をよく把握してその子にとって必要な援助を考え，心地よい状況をつくっていかなければならないだろう。

3 教育に関わるねらい及び内容

（5） 5つの領域について

　教育に関わるねらい及び内容は，健康，人間関係，環境，言葉，表現の5つの領域に分けて示されている。そして，すべての領域におけるねらいは，子どもの

「心情」「意欲」「態度」などを示している。これは，幼稚園教育要領の考え方と合致しており，遊びを通して子どもの主体的な活動のなかで身につけていくものであることも共通である。また，この5領域のねらいは，年齢の区分ごとに示されてはいない。小学校へ移行するまでに修得したい事柄として示されている。

これらの領域は，小学校の教科のように独立して扱われるものではない。子どもの生活や遊びを通して，相互に関連を持ちながら総合的に展開されるものである。保育士が子どもの発達を捉える視点として，これら5つの窓口から見ていくことが望まれる。

（2）健康

「健康な心と身体を育て，自ら健康で安全な生活をつくり出す力を養う」ことを目標としている。

保育士の愛情に支えられた安全な環境のもとで，心と身体を十分に動かして生活することにより，健康な生活を送るための基盤をつくることを目指している。食事，排泄，睡眠，衣服の着脱，清潔などの基本的生活習慣を身につけること，安全に行動すること，食に関心を持ち，病気の予防や健康増進に努めることなどが含まれる。

子どもは十分に身体を動かす心地よさを味わうことで，喜びや達成感を味わう。寝返り，腹ばい，はいはい，つたい歩き，立つ，歩く，走る，登る，降りる，跳ぶ，方向を変える，回る，逆さになるなど，全身運動を十分に行い，身体感覚を養う必要がある。子どもが興味をもって取り組めるような環境を準備して，身体の調和的な発達を促すことが求められる。

（3）人間関係

「他の人々と親しみ，支えあって生活するために，自立心を育て，人と関わる力を養う」ことを目標としている。

人として人との関わりの中で生きていけるように関わりの力を養うためには，まず，人への基本的な信頼感を育てなくてはならない。特定の保育士への安心感を基盤に，少しずつ人間関係を広げていく必要がある。友達とともに過ごす楽しさを味わったり，共通の目的をもって協力して物事をやり遂げたりする経験は，人とともに過ごすよさを感じさせてくれるだろう。

また，人と協調するがあまり，いつも自分を抑えているようでは，充実した人生を過ごすことができない。常に自分で考えて行動する主体的な姿勢が求められる。善悪を判断しながら，人の気持ちを察しながら最善と思われる道を選びとることができる力が必要である。

そして，子どもたちは日々の暮らしの中で，社会生活にはルールや決まりがあることに気づくだろう。これは，守らなければならないものとして伝えるより，

ルールがあるおかげでみんなが気持よく暮らせるということに着目させたい。自分たちで新たなルールを作っていくということも，主体的に人とともに暮らすには必要なことである。

　高齢者をはじめ地域の人々，外国人や自分とは異なる文化を持った人にも親しみをもって接することができるように配慮したい。さまざまな人と関わることにより自分の世界も広がり，支え合いながら生きていることに気づくのである。

(4) 環境

　「周囲のさまざまな環境に好奇心や探究心を持って関わり，それを生活に取り入れていこうとする力を養う」ことを目標としている。

　子どもたちは生活の中で，身体感覚を伴う直接的な経験を通して身近な環境とに親しみ，豊かな心情を経験する必要がある。特に，五感を十分に使って身体ごと自然環境に関わり，不思議さ，おもしろさ，心地よさを味わうことで，さまざまな気づきや疑問が生まれてくるだろう。そのような経験が，環境に自ら関わる意欲をさらに高めていくのである。

　また，自分の周りの環境を知ることにより，自分の世界が広がっていく。そして，さまざまな物の性質や数量，文字などを認識するようになる。それらを自分の生活や遊びに取り入れていくことにより，自分の世界が豊かになっていく。

　さらに，身近な動植物に関わることで生命の存在に気づき，生きているものへの温かな感情が芽生えるようにしていく必要がある。いたわったり大切にしたり，作物を育て味わうなどの経験を通して，その成長や変化に気づき，感動する気持ちを大事に育てたいものである。

(5) 言葉

　「経験したことや考えたことなどを，自分なりの言葉で表現する力を養う」ことを目標としている。

　言葉については，自分から話そうとすることと人の話を聞いて理解することの両方が必要である。まずは，周りのおとなが子どもの気持ちをしっかりと受け止め，表情や態度や言葉で応えていくことが重要になる。そして，言葉を交わしあう喜びを十分味わえるようにしなければならない。

　言葉に対する感覚も育てていきたいことである。心地よい繰り返しのリズムや擬音，擬態語など，子どもの気持ちにぴったり合う言葉を選びとれるように，豊かな言葉に出会うチャンスをつくっていくことが求められる。身体感覚を伴う豊かなイメージがもてるよう働きかけながら，言葉への感覚や想像力をふくらませたい。絵本や物語などに親しむことで，想像しながら聞く楽しさ，自分も役になって言葉を出す楽しさも味わえるだろう。

　また，言葉を伝達の記号としてのみとらえるのは，間違いである。言葉は，思

考や行動調節の手段でもあり，言葉を知ったり味わったりすることで感じられる世界も広がっていく。さらに，「物や行為に意味をあたえるもの」としての役割も認識しなければならない。保育士がよい言葉の使い手であり聞き手であれば，これらの言葉の役割についても子どもは気づき，自らもよい使い手となっていくことが期待できる。

(6) 表現

「感じたことや考えたことなどを自分なりに表現することを通して，豊かな感性や表現する力を養い，創造性を豊かにする」ことを目標としている。

子どもは生活の中で，美しいもの，不思議なもの，驚くものに出会い，いつも心を動かしている。水の冷たさや砂のざらざら感，泥のぬめりなどの自然物の感触を十分味わい，風の音，小鳥のさえずりに耳を傾け，楽しむ心を育てたい。このように，五感を働かせて敏感に物事をキャッチする感性をまず養うことが大切である。

そして，子どもは自分が抱いたさまざまな思いや気づきを友達や保育士に伝えようとする。それは，言葉だったり，態度だったり，あるいは絵を描いたり作ったりすることや音楽での表現かもしれない。さまざまな表現方法があることを体験を通して知り，楽しんで自分を表現していくことができたら幸せである。

そのためには，子どものイメージを引き出すような環境を工夫しなければならない。小枝や木の実，あるいは空き箱や色紙など，さまざまな素材や用具，さらには歌遊びやリズム楽器，何かになりきって遊べるような衣装やお面など，子どもが表現したくなる，やってみたくなるような環境が重要になるだろう。

また，ささやかなしぐさや表情も，その子なりの表現である。保育士は敏感にその表現を読み取り，子どもの内面を理解するとともに，その子の気持ちに沿った援助をしなければならない。

4．保育において配慮すること

保育所保育指針の保育のねらい及び内容は，年齢別の表記でなく，すべて0歳から6歳までを対象としている。これらを前提に，保育士が目の前の子どもの状況に合わせて保育計画を作成し保育するのであるが，もちろん発達過程に応じた配慮も必要になってくる。そのため，以下の4つに分けて配慮事項を示している。

1 全般的な配慮事項

　子どもの心身の発達や活動の実態には，個人差がある。家庭環境も違えば，教育方針や主義も違うであろう。また，外国籍の子どもも多くなり，その国ならではの文化に従って生活している家庭もある。生活習慣や宗教など，それぞれの文化の多様性を尊重したい。また，男だから，女だからという固定的な意識を植えつけることなく，互いに尊重しあう心を育てるよう配慮しなくてはならない。人を差別したり，偏見をもったりしないよう，人権に配慮した保育を行う必要がある。

2 乳児保育に関わる配慮

　乳児は疾病への抵抗が弱いので，清潔で衛生面に配慮された環境で身体の急激な変化にも対応できるように，1人ひとりの子どもの状態を十分に観察しなければならない。SIDS（乳幼児突然死症候群）にも注意し，うつぶせ寝を避け，複数の目で頻繁に異常がないかを確かめる必要がある。

　1人ひとりの子どもの生育歴の違いが欲求や行動の違いとなって表れやすいので，現在のありのままの状態を理解することが求められる。そのためには，できるだけ特定の保育士がていねいに関わることが望ましい。他の保育士が感知できないような子どものささやかなサインも，表情やしぐさから敏感に受け取ることができ，その子ならではの表現も解読できるようになるからである。

　また，そのような特定の保育士がていねいに関わることで，子どもの情緒は安定する。安心できる人との継続的，かつ，相互的な関わりにより，ますます両者の絆が深まっていく。このような関係こそが，人を信頼し愛することができる基盤となるのである。

　乳児保育においては，職員間の連携はもちろんのこと，嘱託医，栄養士，看護師，さらには保護者と連携し，その子にとって最善の方法を考えていく姿勢が求められる。

3 3歳未満児の保育に関わる配慮

　生まれて6カ月を過ぎると，母体からもらった免疫が切れてくるので，感染症にかかりやすくなる。できるだけ感染しないように，感染しても早期に発見することがとくに重要である。

　食事，排泄，衣服の着脱，身の回りを清潔にすることなどの生活習慣が，少しずつ自分でできるようになる時期である。安心して自分でやろうとする気持ちになるよう，温かく見守る必要がある。

　歩いたり走ったりできるようになり行動範囲が広がるが，まだ十分に自分の身

体をコントロールできないため，ヒヤッとするような危険な場面もあるかもしれない。手が届く範囲に危険なものはないか十分に点検し，安全に探索活動ができる環境を整えなければならない。

2歳頃には，「いや」を連発したり，「自分でする」と譲らなかったり，反抗的な態度をとるようになったり，自己主張が強くなる。自我の育つ時期であるから，これが順調な成長であることを認め，まずは子どもがやりたいようにさせて，それから援助の手をさりげなく差し伸べるようにしたい。自分でやったという満足感がもてるように配慮すべきである。

子ども同士の関わりが増え，自分の思い通りにならないと手が出たり泣いて暴れたりということも起こる。トラブルの場面では，互いの気持ちを尊重し，相手の気持ちを伝えながら，両者が満足できるように関わり方を伝えるなど，仲立ちをしていくことも必要な配慮である。

4 3歳以上児の保育に関わる配慮

基本的な生活習慣や態度を身につけ，自分のことが自分でできることに満足感を味わいながら，自分を好ましい存在として受け入れられるよう配慮しなければならない。自己肯定感と安定した情緒が基盤となり，自己を発揮できるようになる。子どもの考えや判断を認めつつ，主体的に活動できるようにすることが求められる。

また，近年は，戸外で身体を十分に動かして遊ぶ経験が少なくなっている。できるだけ戸外でのびのびと遊べるように園庭の環境を整備したり，子どもにとって魅力ある遊具，用具，自然物を準備したりして，子どもの興味・関心が戸外に向くようにしたい。動植物との出会いや関わりの機会も，意図的に計画に入れる必要がある。

さらに，保育所の保育が小学校以降の生活や学習の基盤の育成につながることに留意しなければならない。幼児期にふさわしい生活を通して，生涯にわたる生きる力の基礎を培うこと，創造的な思考や主体的な生活態度の基礎を培っていることを意識し，スムーズな移行ができるよう保育の内容を構築していくことが求められている。

＜引用・参考文献＞
厚生労働省「保育所保育指針」2008
厚生労働省「保育所保育指針解説書」2008
厚生労働省「平成20年度改定保育所保育指針研修会資料」
文部科学省「幼稚園教育要領解説」2008

第6章 乳幼児理解と保育の計画

〈学習のポイント〉　①それぞれの保育所（園）に「保育計画」があることを理解しよう。
　　　　　　　　　②「指導計画」にはどのようなものがあるか理解しよう。
　　　　　　　　　③「指導計画」を立てて保育をすることはなぜ大切なのか考えよう。
　　　　　　　　　④各種「指導計画」を作成・修正する際の視点を理解しよう。

1．保育課程の意義

１「保育の計画」とは何か？

　保育の計画とは，保育所保育指針にも示されているように，保育所保育の目標を達成するため，その園の子どもの育ちを見通すことができる保育の全体像を示した「保育課程」と，それを日常の保育の中で具体的に示した「指導計画」とからなるものである。

　指導計画は，子どもの発達・生活を長期的に見通した長期の指導計画（年・期・月など）と，それをより具体的にし，目の前の子どもの実態に応じて作成をした短期の指導計画（週・日）とから構成される。それらを図で示すと，次のような関係になる。

保育の計画

保育課程（保育の全体像）
園の保育方針・保育目標
地域の実態・家庭状況・子どもの育ち
子どもの生活・発達の連続性

↑↓

指導計画

長期的な指導計画（年・期・月など）
子どもの生活・発達を長期的に見通したもの

↑↓

短期的な指導計画（週・日）
長期的な指導計画に関連して，より具体的に日々の子どもの姿を捉えた計画

図6－1　「保育の計画」関係図

(1) 保育課程の持つ意味

「保育の計画」の中でも，その園の保育の全体像を示した「保育課程」は，どのような意味を持つのであろうか。

保育所保育の目標を達成し，子どもの発達過程を踏まえて保育を展開していくためには，そこで働く施設長をはじめとした保育士等すべての職員が，そこで育つ子どもたちの育ちを長期的に見通すことが必要不可欠となってくる。ただ流れに任せて，計画性もなく，その日その日の保育をしているだけでは，保育とは言えない。

子どもの育ちを長期的に見通し，その発達の連続性を大切にした保育をしていくためには，筋道を立てた保育の全体像である「保育課程」が大きな意味を持ってくるのである。

厚生労働省から出されている「保育所保育指針解説書」には，2008（平成20）年の指針改定において，子どもの発育・発達を一貫性を持って見通し，発達過程に応じた保育を体系的に構成し，保育に取り組むことの大切さ，およびそれらを踏まえて，これまで「保育計画」と呼んでいた保育の全体計画を「保育課程」と改めることにし，保育課程を他の計画の上位に位置づけたという記述がある。保育の質の向上のためには，子どもの発達の連続性を踏まえた上で全体の計画を立てていくことが重要であることが，今回の指針でより鮮明に打ち出されている。

表6－1は，大阪府堺市にある私立のキリスト教主義の保育所，社会福祉法人地球の園こひつじ保育園の「保育課程」である。これをみれば，「園の保育目標」「保育基本方針」「発達の流れ」「保育のねらいと内容」が一目了然で理解ができる。これが，保育課程のあるべき姿である。

(2) 保育課程と指導計画のつながり

（1）で述べた保育課程の意味を踏まえて，保育所で働くすべての職員は，保育所保育の基本についてもう1度，共通理解をしていくことが大切である。特に，日々の保育が，各園の保育の目標・方針に基づいて作られた保育課程をもとになされているか，保育課程に示されたねらいと内容・発達過程が，どのように具体的な指導計画につながり，その目標が達成されているのか，日々の保育が，子どもの発達や心身の状態，その家庭の状況に配慮されたものとなっているのかといったことを，省察，評価し，次の保育に生かしていけるよう努めていくことが大切であろう。

では，保育課程と指導計画のつながりに関して，5歳児で1月末に行われた市場への遠足（2月最終週に行うお店屋さんごっこへの導入）の事例を中心に考えてみよう。

第6章　乳幼児理解と保育の計画

ー5歳児1月末（市場への遠足）の週末ー

　5歳児のクラスでK市場に遠足に出かける。クラスの中でさらに分かれた数名ずつのグループで行動をしながら，それぞれが保護者に頼まれた買い物をしていく。

　Y介が母親から頼まれた花を買った直後，魚屋の前で足を止める。「いらっしゃーい。いらっしゃーい。今日は生きのいいのが入っているよ」と鉢巻きを締めて威勢のいい声につられたかのように，食い入るように見つめている。グループの仲間も目をまんまるくしてその姿と魚に見とれる。

ー遠足に行った後の週初めー

　Y介のグループでは，お店屋さんごっこで「魚屋」を出店することに決まり，その話し合いで大騒ぎ。服装から考える子ども，どんな魚がいるか，魚介類が載っている事典を持ってくる子どもと，さまざまである。

　この園の保育課程では，5歳児のねらいとして，「共同することや責任を果たす喜びを感じ，集団生活・集団活動に積極的に参与する」「年少児への親しみ，愛情を感じ，積極的に関わっていく」を挙げており，内容としては「話し合って役割を分担したり，クラスの全体活動を楽しむ」「日常生活に必要な身近にある文字や数字などに興味・関心を抱き，実際に使ったり，もっと知ろうとする」といったものを計画している。

　保育者は，その保育課程に基づきながら，年長児の4月の時点で作成をした年間指導計画において，1月末には，お店屋さんごっこの導入，2月末に家族や0～4歳児クラスの子どもたちを招いて参観日を兼ねたお店屋さんごっこを行うという計画を立てている。

　事例に挙げたものは，その計画を具体的にし，実際にお店屋さんごっこへの導入として出かけたときの姿と，そこから魚屋さんへの活動へと移っていったものである。

　実は，子どもたちと買い物に行く前には，より子どもたちがその遠足に期待感を持てるよう，それぞれの家庭にお願いをして，保護者から子どもたちに買ってきて欲しいものを伝えてお金を渡してもらうようにしている。遠足当日，子どもたちは，家族から頼まれて出かけるという使命感に燃えてその日を迎えている。

　このことからも，お店屋さんごっこの活動に移る前の市場への遠足から魚屋さんに決まるまでの活動が，ただ単に子どもたちだけの発想で生まれたものではないことがわかる。

　保育者はどうすれば，子どもたちがより主体的に活動できるかを考え，保育課程を踏まえて作成した年間指導計画をもとに，目の前の子どもの姿を捉えながら，月案・週案を計画し，遠足時のY児たちの様子から，おそらくこの子どもたちは「魚屋さん」になるのではないかと予測をし，そのために，翌週の日案の環境構

表6-1

園の保育目標	神と人とを愛し，愛される子どもに育てる ・自律的，主体的に生きる力を育てる ・創造する力，思考する力，行動する力の基礎を培う ・健康な心と身体と豊かな感性を育む ・国際人となるための基礎を築く		
	0 歳児	1 歳児	2 歳児
ねらい	・暖かい愛情に満ちた家庭的な環境の中で保育者に受容されて，基本的欲求が十分に満たされ，情緒が安定する。		
	・衣・食・住の生活についての保健衛生に対する十分な配慮を得て，安心して過ごす。 ・健康状態や身体発育の状態，生活のリズムなど，自分に合った生活をし，心地よく過ごす。 ・担任保育者との暖かい触れ合いのなかで信頼関係が築かれる。 ・安全で活動しやすい豊かな環境の中で，感覚運動的な遊びが豊かになる。	・安心できる保育者との関係のもとで，興味あることを意欲的に自分でしようとする。 ・四肢の力やバランス感覚が増し，身体活動が大胆・活発になる。 ・保育者の話しかけや発語を促されて，簡単な言葉を使うことを楽しむ。 ・探索行動を通して外界への興味や好奇心が大きくなる。	・清潔や安全について十分に配慮された生活環境のなかで，保育者に介助されながら清潔や安全の習慣が少しずつ身に付く。 ・保育者との信頼関係のもとで少しずつ自分で出来ることが増えていく ・歩行が確立し，跳んだり，かけたり身体活動の種類や量が増えてくる。 ・保育者の仲立ちを得て，徐々に友だちとの関わりができてくる。 ・身近な環境のなかで興味のあるものを取り入れて遊びにふくらみが出来てくる。 ・リラックスして自分を表現する。
	・大好きな保育者が示す創造神への畏敬の気持やイエスに対する親しい愛情に心を合わせる。		・イエスさまの名前に親しみを感じる。
内容	・担任保育者の優しい語りかけや暖かい触れ合いを十分に受ける。 ・個人差に応じて授乳を受け，離乳を進めてもらい，無理なく幼児食へ移行する。 ・個々の発達に合った手や指を使った遊びや身体を使った運動的な遊びをたくさん楽しむ。 ・保育者とやりとりのある遊びを十分に楽しむ。 ・保育者に見守られて色々なものに興味を抱きひとり遊びを満足するまで楽しむ。 ・暖かい保育者の胸や膝の上に抱かれて，父なる神，救い主イエスへの保育者の思いや賛美を日常的に耳にする。	・保育者の暖かい支持を受けて食事や衣服の着脱などに興味を持ちやりたいことをしてみる。 ・歩いたり，押したり，高いところに上ったり，たたいたりすることを喜び，それらを十分に経験する。 ・簡単な言葉の繰り返しを喜んだり，保育者の模倣をしたり，片言で自分の思いを伝えようとする。 ・豊かな自然環境や生活環境のなかで，自然物や身近にある色々な物，遊・玩に自分からかかわり好きな遊びを十分に楽しむ。 ・保育者の心からの感謝のいのりや賛美の歌をうれしそうに聴いたり，真似をしたりする。	・保育者に見守られたり，手を借りながら簡単な身の回りのことを自分でしようとする。 ・歩いたり，走ったり，転がったり大きく身体全体を使って活発に遊ぶ ・親しい友達の存在を喜び，保育者の仲立によって友達と物のやり取りや遊具を共有しながら，楽しく遊ぶ。 ・身近な人や動物，お話の登場人物の行動を模倣したり，身近なものを使ってつもり遊びやみたて遊びを楽しんです。 ・生活の流れのなかで保育者と一緒に簡単な歌や手遊びをしたり，リズミカルな音楽に乗って身体を動かしたり，なぐり描きを楽しんでしたりする。 ・生活の折々に保育者の語る神とイエスへの思いに表情や態度で共感を示す。

保育課程の例

社会福祉法人「地球の園」こひつじ保育園

保育基本方針	キリスト教精神に基づいた保育 ・一人ひとりの子どもの個性の尊重 ・基本的生活習慣の育成と自立の確立 ・子どもの自発性に基づく自主的活動の尊重 ・保育者と子ども，子どもと子ども，保育者と保護者との信頼関係の樹立 ・人的，物的環境の重視

3 歳 児	4 歳 児	5 歳 児
・生活の主な基本的習慣が不十分ながら一応身に付く。 ・動きやバランスがまだ不安定であるが，色々な運動遊びを試してみようとする。 ・大人との信頼関係を基礎にしながら，色々な遊びの中でともだちと一緒にすることの喜びや楽しさが増してくる。 ・簡単な日常の会話ができるようになり，自分の気持や意志を言葉で表わそうとする。 ・身近な人や事物，自然への関心と親しみが大きくなる。 ・感じたこと，思ったことなどを色々な形で自由に表現しようとする。	・自分の身の回りの健康，安全を含め，生活に必要な基本的習慣がほとんど身に付く。 ・身体の動きがしっかりし，新しい運動遊びに興味を持って取り組もうとする。 ・友達関係が広がり，親しい仲間と一緒に活動することを喜ぶ。 ・小さいもの，弱いものへのいたわりの気持が芽ばえる。 ・たて・よこの豊かな人間関係の経験のなかで，言葉が豊かになる。 ・環境への興味・関心の広がり，深まりとともに，積極的な働きかけが増え，生活全体が広がってくる。 ・心に触れて受けとめたことをイメージを広げて色々に（話す，描く，歌う，動く）表現しようとする。 ・イエスさまを身近な存在として好意的に感じる。	・基本的な生活習慣や態度が身に付き，具体的な生活の場面場面に応じて自分で適切に対処できることが多くなる。 ・自分の運動能力の高まりを喜び，課題性のある運動遊びに積極的に取り組む。 ・協同することや責任を果たす喜びを感じ，集団生活・集団活動に積極的に参与する。 ・年少児への親しみ，愛情を感じ，積極的にかかわっていく。 ・他の人々の状況や気持を想像したり共感する力が芽ばえる。 ・生活の場面に適切な言葉を使ってのコミュニケーションが出来るようになる。 ・人間を越える大きな存在＝天地創造の神への畏敬の気持が芽ばえる。 ・イエスさまと一緒に生きようとする思いを与えられる。
・必要に応じて保育者の援助を求めたり指示を受けながら，身の回りの色々なことを出来るだけひとりでする。 ・戸外で駆けたり，跳んだり，新しい動きを試しながら，歩くことを喜んで十分にする。 ・用具を共同で使ったり，なりたい役割になって友達と関わってごっこ遊びを楽しんでする。 ・挨拶や返事など生活に必要な言葉を使ったり，質問をする。 ・身近な人や自然，生活の色々な事柄，新しいことについて知りたがり，試したり，いじくりまわしたり，「なに」「どうして」などの質問を頻繁にしたり，それらを取り入れて遊びを楽しむ。 ・簡単なお話の筋が分かり，イメージをもって楽しんで聞いたり，即興で再現して遊ぶ。 ・様々な表現活動に興味を示し，喜んで参加し，感じたまま，思ったままに自由にのびのびと活動する。 ・たくさんのお話を通してイエスさまのことを聴く。	・健康・安全を含め基本的な生活習慣に関する多くの事柄を大人の指示や援助を受けないで自分でやってみる。 ・歩く，走る，跳ぶ，よじ登るなど基本的な運動を十分にしつつ，色々な遊・用具を使ったり，グループでする新しい遊びを楽しむ。 ・自分の好きな遊びを十分に楽しみつつ，グループ活動も楽しむ。 ・保育者と一緒に動植物の世話をし，その成長を見守ったり，自分より小さい仲間と一緒の生活や遊びを楽しむ。 ・新しい色々な表現を試したり様々な言葉に興味を持ち友達との会話を楽しむ。 ・生活の中で色々な用具を使ったり，時間や数・量を楽しんだり，物の共通点や相違点に気付いたりする。 ・自然や生活の様々な事柄に触れて感じたこと，思ったこと，想像したことなどを色々な表現の方法を使って自由に表現して楽しむ。 ・イエス様の人柄や生涯についてお話を聴いたり，そこから自分たちのことを考えたりする。	・自分なりの目当てをもって，課題性のある運動遊びを楽しんでる。 ・友達と意欲的に遊びを展開したり，話し合って役割を分担したり，クラスの全体活動を楽しむ。 ・動植物の成長を楽しみにしながら世話をしたり，自分より小さい仲間と楽しい関わりを持ったり，その生活や遊びの援助を保育者に頼まれたり，自分からしたりする。 ・様々な状況にある人々のことや，世界の多様な文化・人々について見聞きし，関心を持ってもっと知ろうとしたり交流しようとする。 ・自分の考えや思いを言葉を使って適切に表現し，他人の言うことも聴こうとする。 ・日常生活に必要な身近にある文字や数字などに興味，関心を抱き実際に使ったり，もっと知ろうとする。 ・宇宙や自然界の事象などに関心を持ち，その偉大さ，不思議さ，美しさなどに心を動かし，感動を言葉やその他の形で豊かに表現する。 ・喜びや悲しみの時に，その思いを自分の言葉で祈る。

成の中に，魚介類の事典や，魚屋さんが載っている絵本，鉢巻きになるような布といったものの準備を入れている。その予測通り，Y介たちのグループは魚屋さんを出店することになった。

　これらの活動は，園の保育の全体像である保育課程の中で挙げられたねらいや内容にもつながっている。保育の計画を立てることで，保育者自身が子どもの活動を見通し，その遊びを発展していくことができると同時に，園の行事が，保育者の一方的な意図に振り回されてしまうのではなく，子どもたちの主体性を大切にしたものとなっていっている。

　このように，保育課程・長期指導計画・短期指導計画は，必ず関連性を持つものであり，保育の計画は，子ども理解，また，保育者自身の保育の評価・省察のためにも大切なのである。

2．指導計画の意義と種類

1 指導計画の意義

　「保育所保育指針」では第4章「保育の計画及び評価」の項で，保育所は「保育の目標を達成するために，保育の基本となる『保育課程』を編成するとともに，これを具体化した『指導計画』を作成しなければならない」としている。また，「幼稚園教育要領」では「幼児期にふさわしい生活が展開され，適切な指導が行なわれるよう」「調和のとれた組織的，発展的な『指導計画』を作成し，幼児の活動に沿った柔軟な指導を行なわなければならない」としている。

　先にみた通り「保育課程」「教育課程」は保育所，幼稚園における保育の全体像を表す。一方「指導計画」は具体的な内容や配慮事項を記した，実際に保育をするための計画である。発達過程（月齢，年齢）ごと，あるいは編成クラスごとに作成するのが一般的であり，ねらいや内容を明確にして，保育の見通しを示すものである。

　指導計画には年間指導計画，期別指導計画，月間指導計画などの"長期的指導計画"と，週案，日案などの"短期的指導計画"がある。「デイリープログラム」は日案に含めて考えることができる。

　特に課題を絞って取り組む場合は分野別（例：食育，安全，保幼交流，子育て支援等）に指導計画を作成する場合もある。

　これら指導計画の類別を図示すると図6－2になる。

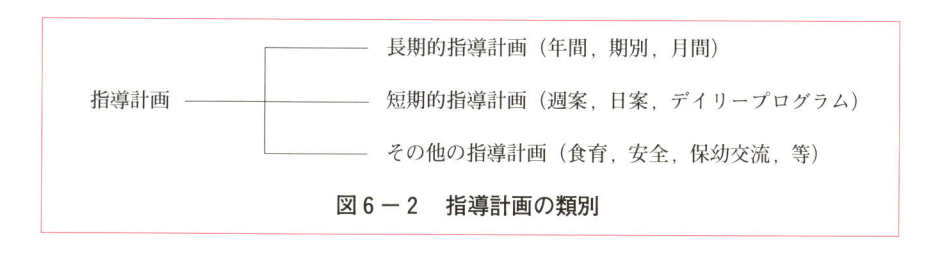

```
                  ┌─── 長期的指導計画（年間，期別，月間）
指導計画 ─────────┼─── 短期的指導計画（週案，日案，デイリープログラム）
                  └─── その他の指導計画（食育，安全，保幼交流，等）
```

図6－2　指導計画の類別

では，それぞれの指導計画を順次見ていくことにする。

2 年間指導計画について

　年間指導計画は子どもの発達過程（月齢，年齢）に合わせて，日々の生活や遊びを通じて1年間で育ちゆく姿をあらわしたものである。発達過程を追って見れば，入所した子どもが保育所の生活を通して成長発達していこうとする姿を何年か先まで見通すことができる。また，この年間指導計画は月間指導計画，週案，日案等を作成する際の拠りどころにもなる。

　年間指導計画は比較的長いスパンで子どもの成長，発達をみて，保育の流れを示すものである。そこには一般的な子どもの姿だけではなく，保育所の特徴があらわれている。

　寒さの厳しい地域と温暖な地域，人が大勢集まる市街地と自然の豊かな農村・漁村地域，いずれも子どもの生活は異なる。同じ地域の保育所であっても規模の大小によって保育は異なる。規模の大きな保育所では，子どもの生活や遊びが力強く，多様に展開される。一方，規模の小さな保育所では，1人ひとり要求に応じた保育や臨機応変の保育が，ゆったりとした流れで行われる*。このように，地域の特性や保育所の規模，子どもの特性，保育所の保育観などによって保育が特徴づけられ，年間指導計画にあらわれてくる。

3 年間指導計画の実際

　それぞれの保育所では子どもの実態にあった独自の年間指導計画を立て，修了までを見通して保育をする。次ページにG市保育所の年間指導計画の例（表6－2，3歳児）がある。年間指導計画ではそれぞれの発達過程（月齢，年齢）の「発達の主な特徴」，「ねらい」，「養護・教育に関する」内容を記述している。

　指導計画をみるときに注意したい点がある。「発達過程の区切り」を固定的にみないということである。保育所保育指針においては乳幼児を「おおむね〇歳」として「発達過程」でみている。同じ保育室で生活する3歳児であっても，生まれ月によって育つ姿は異なる。当然1人ひとりの感じ方，考え方，個性も異なる。平均的な姿を示す子どもは実際には存在しないのである。

＊昔からの住宅地と，新しい住宅地とでは，子どもの生活や親の子育てに関する考え方が異なる。また，年度やクラス編成によって子どもの特徴が異なることがある。さらには保育所や保育者の保育観によっても保育への構えが異なる。そのため，指導計画には各保育所の特徴があらわれる。

表6－2　年間指導計画の例

<年間指導計画（3歳児）>

発達の主な特徴	・食事・排泄など，かなり自立する。 ・自我がよりはっきりしてくる。 ・友達と分け合い，順番を守って遊ぶ。 ・ごっこ遊びが組織的になり，持続する。 ・知識欲が強く，言葉が豊かになる。		年間のねらい	・保健的で安全に生活できる環境を作る。 ・欲求を十分満たし，情緒の安定に努める。 ・気の合う友達と好きな遊びを楽しむ。 ・絵本やお話の内容，面白さを楽しむ。 ・描き，歌い，動いたりして表現を楽しむ。

期	Ⅰ期（4・5月）	Ⅱ期（6・7・8月）	Ⅲ期（9・10・11・12月）	Ⅳ期（1・2・3月）
期のねらい	・友達と好きな遊びをして，楽しむ。 ・身近な自然に親しむ。 ・自分の思いを言葉で表す。	・模倣遊びを楽しむ。 ・身近な環境に興味をもち，生活を広げる。 ・さまざまなものの面白さ，美しさなどに気づく。	・外遊びで身体を動かす楽しさを十分味わう。 ・絵本，童話の内容や面白さを楽しむ。	・食事，排泄，着脱などの生活に必要な習慣が身につく。 ・感じたことや思ったことを絵や身体で表現する。
養護に関する事項	・ふだんの健康状況や発育状況を把握し，異常を感じる場合は適切な対応をする。 ・環境に慣れ，安定して遊ぶ。	・環境保健に留意し，快適な生活ができるようにする。 ・保育士との信頼関係の中で，自分の気持ちを表すことができる。	・1人ひとりの気持ちや考えを理解して受容する。 ・主体的に活動し，自発性を高め，自分への自信をもつ。	・家庭と協力して適切な生活リズムを作る。 ・自分の身体に異常がある場合は訴えることができる。
教育に関する事項（健康・人間関係・環境・言葉・表現）	・楽しい雰囲気の中でさまざまな食べ物を進んで食べようとする。 ・保育士にさまざまな要求を受け止めてもらい，安心感を持って生活する。 ・身近な動植物や自然現象を見たり，触れたりして親しみを持つ。 ・自分のもの，人のもの，共同のものの区別がわかる。 ・挨拶や返事など生活や遊びに必要な言葉をつかう。 ・身の回りのさまざまな音，色，手触り，動きなどに気づく。	・1人で適宜トイレへ行き，排尿，排便を自分でする。 ・友達とごっこ遊びを楽しむ。 ・簡単な決まりを守る。 ・遊んだ後の片づけをする。 ・さまざまな用具，材料に触れ，それを使って遊びを楽しむ。 ・絵本や童話などの内容がわかり，イメージを持って楽しんで聞く。 ・音楽に親しみ，うたったり動いたり，楽器を鳴らして楽しむ。	・手洗いや鼻をかむなどして清潔を保つ。 ・身体を動かしたり，遊具を使ったりして外の遊びを楽しむ。 ・遊具や用具を貸したり，借りたり，順番を守ったりする。 ・年上の友達や地域の人との触れ合いを楽しむ。 ・身近な生活を取り入れたごっこ遊びを楽しむ。 ・生活や遊びの中で，保育士になぜ，どうしてなどの質問をする。 ・さまざまな素材や用具を使って，好きなように描いたり，扱ったりして遊ぶ。	・危ない場所や危険な遊びに気づくことができるようになる。 ・保育士の手伝いをすることを喜ぶ。 ・生活や遊びの中で，身の回りの色，数，量，形などに興味を持ち，違いに気づく。 ・思ったことや感じたことを言葉に表し，保育士や友達と言葉のやり取りを楽しむ。 ・ごっこ遊びの中で，役割にふさわしい言葉を楽しく使う。 ・絵本や童話の興味を持った場面を保育士と一緒に語ったり，うたったりして遊ぶ。

G市保育所資料を基に作成

あわせて,「養護に関する事項」と「教育に関する事項」も一体的に展開する活動であることを理解しておきたい。保育所によっては表6-2のように「期の区切り」や「養護と教育の区切り」を点線表示にして,子どもの発達の多様性,保育の総合性をあらわす工夫をするところもある。

4 月間指導計画について

該当の月に,どのようなねらいをもって保育を展開すべきか,1カ月の保育を見通して,具体的に計画を立てるのが月間指導計画である。

子どもの実態を把握しているクラス担任が作成するが,同年齢のクラスが複数ある場合は協力して作成してもよい。目の前の子どもの姿に合致したものであるか,先月の子どもの姿や保育との関連や発展はどうなっているのか,行事などへの取り組みに無理はないか,保育所保育指針や年間指導計画と整合性が保たれているか……などを考えて作成する。

作成することによって子どもの育ちゆく姿,当面する課題,予測される子どもの活動,その際の環境への配慮や子どもへの援助のあり方など,1カ月の保育がイメージできる。

5 月間指導計画の実際

月間指導計画の例は次ページにあげた(表6-3,5歳児・11月の例)。

該当の月の子どもの姿を予測するとともに,発達に合った遊びや活動,行事などへの参加を通して,子どもたちの育ちゆく姿が表記されている。あわせて保育者の援助,配慮事項が細かく載せてある。例にあげた月間指導計画には,個別指導欄,評価・反省欄を設けて,活用度を高める工夫がみられる。

6 週案について

週案は短期的指導計画に位置づけられる。その週の具体的な指導計画であり,保育をすすめるうえで大いに参考になる。クラス担任が各自のクラスのものを作成するが,子どもの発達の捉え方や保育内容,保育方法など,同僚保育者と相互に意見を交換しながら作成すると,保育者としての力量を高めることができる。子どもの課題についてどのように保護者と連携を深めたらよいか,子どもの実態にあった行事の持ち方はどうしたらよいか,なども含めて考えることが必要である。

当然のことだが,活動の予測は往々にして外れることがある。しかし子どもの実態や保育の「ねらい」に大きな誤りがなければ,問題はないと考えて立案する。計画を立案しているがゆえに(活動の予測を変更して),新たな活動にも臨機応変に対応できるのである。

表6－3　月間指導計画の例

<月間指導計画（5歳児・11月）>

子どもの姿	1．気候の変化に伴い，体温調節がうまくいかないのか発熱を伴ったり咳，鼻汁が出たりする子がいる。少し暖かな日は水を使って砂遊びをしたり，固定遊具で遊んだり，長縄とびをしたりと戸外での遊びが活発である。 2．10月下旬からグループ構成をしたことにより，仲間意識が見られる。中心になる子が，リーダー的ではあるが，圧力になったりすることがある。 3．気候も良く園外へ出かけることへの関心や期待が高まっている。 4．その場に応じた言葉は使えるが，使い方が乱暴であって気持ちよく受け入れられないときもある。人の話を聞こうとはするが，自分が話したい気持ちが先走り，最後まで聞けない子がいる。 5．仲間と一緒に歌うことを楽しんだり，遊びに必要なものを目的を持って熱心に作ったりする姿がある。	ねらい	・遊びの中で友達とのつながりを深め，遊びを進めていく楽しさを味わう。 ・秋の自然に触れ，変化や美しさに気づくとともに，その中で遊ぶことを楽しむ。 ・グループの仲間と力を合わせて活動することを楽しむ。
		家庭連絡	・朝夕肌寒いときもあり，重ね着が見られるため，調節できる服装及び厚着にならないよう協力を得る。 ・祖父母との会で使うお盆を依頼する。

領域	内　容	環境構成・援助・配慮（基礎的事項を含む）	予想される子どもの活動
健康・人間関係・環境・言葉・表現	・自分で衣服を脱着し，必要に応じて調節する。 ・生活の中で危険につながらないよう気をつけて行動する。 ・友達との関わりの中で，良いことや悪いことを判断して行動する。 ・地域のお年寄りなど身近な人に親しみ，感謝の気持ちを持つ。 ・自然や身近な事物，事象に関心をもち，それらを遊びに取り入れ，作ったりして，工夫する。 ・生活の中で物を集めたり，分けたり整理したりする。 ・考えたことや経験したことを…	・朝の気温差が激しく，体調を崩しやすい。活動に応じて脱着を声かけながら自分でも気づいていけるよう援助していく。 ・遊具での遊び方などアイデアや工夫が見られるが，ときに危険な扱い方や，乱暴な扱いも見られる。場面をとらえ，考え合い知らせていったり，すぐ制止するなどして安全への気づきを促す。 ・互いに自分を出し，対等な立場での関わりを見守る。相手を尊重していない関わりのときには，ともに考え，相手の気持ちに気づけるような援助をしていく。 ・散歩に行って拾ったりもらったりしたものを，園での遊びに使い楽しむ。 ・生活や遊びの中で自分の考えや…	戸外で遊ぶ。 ・ジャンケン遊びや鬼遊びをする。 ・長縄跳びや個人縄跳びをする。 ・砂や山土を使ってごっこ遊びをする。 グループでの活動をする。 ・一緒に給食を食べたり，活動をしたりする。 ・当番の仕事をする。 園外保育に出かける。 ・いもほりに行く。 ・近くの野原で虫や草花を見つける。 ・地域の山へ出かけ山すべりや探検をする。 祖父母と触れ合って一緒に遊ぶ。 ・好きな遊びのコーナーを祖父母と共にまわって遊ぶ。
個別指導	・a児はなかなか自ら積極的に友達に関わって遊びに参加したがらない。好きな遊びを保育士とともにする中で，周りの子との接点をつけていく。 ・b児は自分の思いのまま行動するため，友達との関わりが遠ざかってしまいがちになる。相手に言葉で伝え，気持ちがわかり合えるよう保育士も仲立ちになる。	評価・反省	（事後記入） ・自分の思いをなかなか前面にだして表現しにくい子のなかで，好きな活動に興味や自信を持つことによって，少しずつ友達とのかかわりを求め，遊びも持続する様子が見られるようになった。引き続き援助するとともに，関わりきれなかった子へ目を向けたい。 ・自分たちで遊びを創造する姿が見られるようになってきた。このことを大切にし，さらに遊びが発展できるよう見守り援助したい。

Y市A保育園（部分，改変）

7 週案の実際

　日常生活は週単位で考えられることが多いため，週案は実際の保育をする際に活用しやすい。子どもの活動を予測し，時期にあった取り組みを考え，前の週の終わりごろ（木曜日，金曜日）に，次の週を見通して作成する。ここに示した週案は日誌としても利用できる形式のものである（表6−4，0歳児・5月5週）。

8 日案，デイリープログラムについて

　日案は日々の指導計画であるから，本来は毎日準備すべきものである。日案（指導計画案）を立てるにあたっては子どもの姿を把握し，今までの自分の指導の経過を振り返り，現在の保育課題を明らかにする。そのうえで当日の保育を予測した詳細な指導計画を立て，実際の保育を行う。このことが乳幼児理解を深め，保育実践力を高めることになる。

　しかし，実際のところ細かに記載した日案を立てて日々保育することは，時間的にも無理がある。経験を積んだ保育者であれば，細かく立案しなくても，メモ程度の簡単な指導案，経験によって作り上げられたシミュレーション能力，優れた保育技術を発揮して，保育は実施できる*。

＊経験の浅い保育者や実習生が保育を行う場合は，事前に詳細な指導計画案を作成し，指導者の指導を受けたうえで保育しなければ充実した保育はできない。適切な指導計画を立案できるということは，幼児理解ができ，保育の見通しが立つということである。

9 デイリープログラムの実際例

　日案にあたるものはデイリープログラムであったり，週日案という合併形式のものであったりすることが多い。

　デイリープログラムは日課表ともいわれる。ある一定の期間，ほぼ同じような生活リズムで保育が展開されるように，おおよその保育の流れを定めたものである。とくに年齢の低い乳児，未満児の場合は，何よりも安定した生活が必要なため，日々同じリズムの生活が繰り返されることを重視する。2歳児のデイリープログラムの例を参考としてあげる（表6−5，2歳児）。

10 その他の指導計画

　保育所において特に重視する活動については，指導計画を立案して取り組むことがある。たとえば，幼児に食への関心を育て，健康的な生活を送ることができるように食育の指導計画を作成する場合がある。また，遊びを通してのびのびと身体を動かし，仲間関係を豊かにしたいとの願いをもって，戸外遊びの指導計画を立案することもある。

　これらは，それぞれの保育所が特色ある保育の充実をめざして取り組む際に作成するものである。

表6－4　週案の例

<週案・保育日誌（0歳児・5月5週）>

週のねらい	・1人ひとりの子どもの甘えを受けとめ、保育士とふれあいながら、情緒の安定を図る。 ・寝返り、ハイハイ、つかまり立ち、歩行など、保育士の見守りのなか、身体を自由に動かして楽しむ。	家庭連絡	・日中は暑くなるので半袖を用意してもらう。 ・検便、検尿の検査提出物について説明し、配布する。 ・個人懇談会、保育参観のお知らせをする。

子どもの活動	日, 天気	実践記録と評価反省　（※事後記録）	子どもの記録
室内遊び ・動くおもちゃ（車など）で遊ぶ。 ・ぬいぐるみを持って遊ぶ。 ・あやし遊び、ふれあい遊びをしてもらう。 ・手遊びを見たり、聞いたり、保育士のまねをしたりする。 ・歌に合わせて手を振ったり、身体を上下に揺らしたりする。 ・ハイハイ、つかまり立ち、歩行移動する。 ・紙芝居を見たりする。 戸外遊び ・ベビーカーで散歩に行く。 食事…	27日 (月) 晴れ	M児が昨夜発熱したため、今日は戸外遊びをやめ、室内で保育士とふれあい遊びをし、好きなおもちゃや探索活動をして楽しめるようにした。しかし機嫌が悪いため、外の気温を見て、気分転換のためベビーカーで保育所を1周するとすぐ眠り、その後はベッドで休ませるようにした。	欠席1名 A児　事故欠
	28日 (火) 晴れ	鼻水はそれぞれあるものの、機嫌も良く元気なため、あひる組と西公園へ散歩に出かけた。犬の鳴き声や小鳥の声を口で真似て知らせたり、歌を歌いながら楽しい気分になるようにし、2人ともご機嫌だった。 食欲もあり、睡眠も十分とれ、1日安定して過ごすことができた。	欠席1名 A児　事故欠
援助活動（配慮事項） ・興味のあるおもちゃを選んですぐ取れるように用意しておく。 ・ぬいぐるみも保育士がポケットから出したり、言葉をつけたりして、興味を持つように演じる。 ・いないいないバー、おてんてん、アンパンマンなどの手遊びやふれあい遊びを機嫌の良いときに見せて楽しめるようにする。 ・歩行はふらつくことがあるので転倒などに注意する。 ・食事はゆったりとした雰囲気で行う。 ・自分からスプーンで食べようとするときはタイミングを計って子どもの口に…。	30日 (木) 曇りのち雨	ひよこ組2名も、あひる組も体調の悪い子がやや多いため、室内遊びとした。ひよこ組の2名は蕁麻疹の発疹や、また発熱の子もいたため、ベッドで眠らせ、様子を見た。もう1人の子は部屋の探索活動を行ったり、機嫌よく1人遊びをしたり、あひる組のお買い物ごっこを嬉しそうに見ていた。	欠席0名 C児発熱にて13時降所 D児蕁麻疹にて母に電話する。夕方には軽減。
	31日 (金) 雨,曇り	女児1名がやや風邪気味で体調が悪いが、午前中は比較的機嫌よく、1人遊びが見られた。他の2名は午前睡眠し、体調を考えて自然に目が覚めるまで様子をみて、食事をした。その効果かお粥をよく食べ、午後は元気に好きな遊びをし、探索行動が見られた。体調の悪いときは睡眠が十分取れるように配慮していきたい。	欠席0名 A児14時発熱にて降所 E児2mほど這い這い

反省（※事後記入）	新入所児もすっかり担任に慣れ、オムツの交換や睡眠など落ち着いて行えるようになった。元気の良い子は探索活動に余念がなく、見守りの中、機嫌よく1人遊びもできるようになった。ただ、1名が病気明けにまた体調を崩し、保育士からはなれることができず、常におんぶや抱っこをしながら様子をみていった。食事も体調にあわせ、粥にしたり、牛乳をお茶に代えるなど行っていったが、30日40度を越す発熱となり、乳児の健康管理には十分な配慮と判断が必要だと痛感した。	所長印
		担当印

G市H保育所（部分, 改変）

表6−5 デイリープログラムの例

＜デイリープログラム（2歳児）＞

時間	プログラム (子どもの活動)	保育士の活動と配慮	特記事項
7:30	○登所 ・登所する。 ・挨拶をする。 ・観察を受ける。	○早番の仕事 ・換気，採光，室温を整える。 ・玩具，遊具の点検，配置をする。 ○健康観察 ・笑顔で挨拶をして，温かく迎える。 ・体温，顔色，鼻汁，目，皮膚の異常，機嫌をみる。 ・家庭からの連絡を受け，連絡帳で睡眠，食事，排泄の確認をし，持ち物の整理を手伝いながらさせていく。	・複数担任制の場合は分担を確認し，連絡や打ち合わせは毎日行う。 ・面接，乳児調査表により，1人ひとりの健康状態や生活状況を把握しておく（発育状況，食事，睡眠の状況，病歴，体質，平熱）。 ・入所当初は環境が変わり，疲れて発熱しやすいので健康状態に留意する。 ・無理なく慣れるため，状況に応じ徐々に時間を延ばし，平常保育へと進めていく。
8:30	○好きな遊び ・保育士と一緒に遊ぶ	○遊びの環境を整え，遊びに誘う。 ・1人ひとりの行動をよく見守る。 ・遊具の正しい使い方や安全な遊び方を繰り返して知らせ，楽しく遊べるようにする。 ・子どもの喜びそうな所を選んで散歩し，自然に触れさせる。 ・巧技台，マット，積み木などを組み合わせ，全身を使う遊びを経験させる。 ・絵本のまね，指差し，保育士への働きかけは優しく受けとめ，笑顔で応える。 ・小麦粉粘土，紙類，フェルトペン，クレヨンなど使って，丸める，ちぎる，破る，描くなど手先を使った遊びを十分させる。 ・乗り物，動物などになったりして，表現遊びを十分楽しませる。 ・歌や手遊びなど，歌ったり振りをつけたりして遊びを楽しませる。	・玩具，遊具などの消毒をし，安全点検を毎日行う。 ・噛んだり，引っ掻いたりすることが多くなるので，子どもの気持ちを受けとめる。 ・所外へ出るときは安全に留意し，事前事後の確認，報告をする。 ・夏の水遊びでは水の衛生管理，子どもの健康把握に留意する。 ・空調機を使用する場合，夏は温度差5℃以内に保つ。 ・冬の暖房は室温を上げすぎないように注意し，ときどき窓を開けて換気する。
9:50	○排泄 ・排泄をする ・手洗いをする	・パンツ，ズボンの着脱を介助しながら，自分でしようとする気持ちを育てるようにする。 ・排泄を知らせたときは褒めて，言葉でもいえるように働きかけていく。	・便所での排泄を見守り，できたら褒めて習慣づけていく。 ・側で介助しながら，水道の開閉を指導し，手洗いの仕方を知らせていくようにする。
17:00	降所	○降所準備 ・連絡帳等再点検してカバンに入れる。 ・健康状態，衣服などの確認をする。 ・降所の挨拶を交わし，保護者と子どもの様子について話し合う。	・連絡帳は食事，排泄，睡眠，遊びの様子などを記入する。 ・保護者から相談を受けたりする。

M県保育士協会資料を基に作成

3．指導計画の作成と修正

1 指導計画の作成と修正の基本

右図を見てほしい（図6-3）。各種指導計画は「計画」にあたる。「計画」の立案には確かな「子ども理解」がなくてはならない。確かな子ども理解とは，発達，心情，子ども相互の関係，家庭背景などを理解していることである。また，昨日の，先週の……これまでの保育所における生活の様子を把握していることでもある。

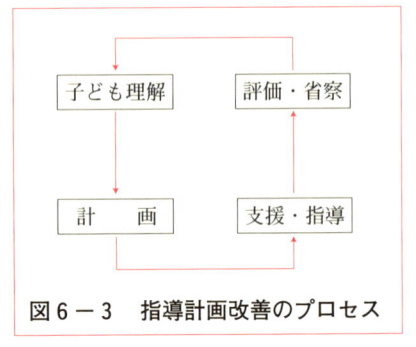

図6-3　指導計画改善のプロセス

「支援・指導」は保育者が子どもとともに遊び，生活するなかで行う多様な関わりである。この支援・指導を行うたびに，保育者は子どもへの関わりを「評価・省察」し*，より確かな「子ども理解」を行い，次の「計画」を考える。このプロセスで「指導計画の改善」がなされる。上記のサイクルは螺旋（らせん）的に向上して，保育がよりよいものになっていく。

2 指導計画全般について共通に言えること

指導計画には年間指導計画から日案にいたるまでさまざまな種類がある。指導計画の形式は一定ではなく，それぞれの保育所で独自のものが作成されている。実際に活用され，保育に役立つものになるように工夫されていれば形式は問われない。

その点を踏まえ，指導計画の作成と修正について考えてみよう。ここではまず指導計画全般について共通に言えることを取りあげ，その後各種指導計画について考える。

（1）前年度（先月，先週，前日）の反省を踏まえて立案する

指導計画は幼児の活動を予測して作成することになる。このような子どもたちの生活が見られるだろうから，援助の方法や環境への配慮はこうしよう，と仮説を立てるわけである。しかしそれはゼロからの予測ではない。昨日（先週，先月，前年）の子どもの姿，援助の方法等を反省して，より子どもの実態に合ったものにしていく。保育実施後に，そのつど反省点などを指導計画へ書き加えておくと，次年度作成するにあたって参考になる。

（2）職員相互で検討する

所長（園長）を中心に保育者相互で，また他の職員の意見も参考にして協議を重ねれば，指導計画は子どもの実態に近づき，保護者の願いにも応えるものにな

＊倉橋惣三の「育ての心」の中に次の一文（部分）がある。「子どもが帰った後で，朝からの色々なことが思いかえされる。（中略）大切なのは此の時である。此の反省を重ねている人だけが，真の保育者になれる。翌日は一歩進んだ保育者として，再び子どもの方へ入り込んでいけるから。」

っていく。保育者は相互に保育観が少しずつ異なるために、乳幼児理解にも保育方法にも各自の持ち味が表れる。それらの考え方を参考にすることによって、より良い指導計画ができあがる。

ときには他の保育所の職員と指導計画を検討し合う場を持つと、幼児理解、援助のあり方、環境構成の工夫など、自分では気づかなかったことが教えられる。

また、保育カンファレンス*を行うことによって、1人ひとりの子どもの実態把握が進む。その積み重ねが指導計画の見直しにつながる。

（3）子どもの発達を理解して立案する

年長児が卒園（修了）して新年度がスタートした直後、新たに年長児になった子ども達がドッジボールなど、ルールの複雑な遊びに興味をもって仲間を集めて行おうとすることがある。自分たちがいよいよ保育所の最年長児になったのだという意気込みの表れのようでもある。しかしルールが理解できなかったり、それをめぐってトラブルが起きたりして、思ったようには運ばない。ドッジボールができるようになるにはある程度の発達と、遊びの経験が必要なのである。このようなことを理解していないと、"ルールのある集団遊びを通して仲間意識を育てる"などという、幼児の実態からそれたねらいの指導計画を立ててしまうことになりかねない。その時期の子どもの心身の発達、考え方、感じ方はどうなっているか、乳幼児理解を深め、指導計画に反映させる必要がある。

（4）一貫性と整合性をもった指導計画にする

年間指導計画は発達過程（月齢、年齢）相互に、また月間指導計画（あるいは週案）は前後の月（週）と一貫性を持つよう検討されなければならない。

さらに各種指導計画間にも整合性が求められる。たとえば月間指導計画は年間指導計画を具体的、実践的にさせたものであり、あわせて週案の内容をおおむね含んでいるという関係である。

遊びの発達を例にとって考えてみよう。乳児期は主に感覚器官や手・指などの諸機能を使った遊びが中心である。人やものとかかわった繰り返しの遊びを求める。行動の広がりとともに、見立て遊び、ふり遊びあるいは探索活動などを盛んに行うようになっていく。これらの遊びを通してイメージする力が育っていくと、はじめは少人数で、次第に人を増やしながら"ごっこ遊び"ができるようになっていく。また、ルールのある遊びなども並行して楽しめるようになっていく。指導計画に掲げた遊びの発達に矛盾はないか、生活習慣獲得の順序性に矛盾はないかなど、一貫性と整合性を考えて立案したい。

（5）データ化する

指導計画はそれぞれの保育所で形式を定めて、パソコンで作成するのがよい。いったん作成すれば以後はそれが基本になって、修正を繰り返しながら、より子

---

*保育カンファレンスとは、数人の職員が特定の幼児の保育課題について、事例を通して多面的に協議することをいう。森上史朗は、多様な意見を尊重すること、本音で語ること、先輩が若い人を導くのではなく、自分の問題として考えること、相手を批判したり、優劣を競おうとしない、などの留意点をあげている。

どもの実態に合ったものへ改善していくことができる。

　たとえば，本年度は週案を作成することを保育所で決めたとする。各保育者はそれぞれの担当するクラス（グループ）の週案を1年間，毎週作成し続ける。そうすれば翌年は，共有したデータを修正して活用することができる。

　また，月間指導計画，年間指導計画は，週案を整理，再編成することによって，順次作成することが可能になる。

　こうして作成した指導計画は日々の保育（その保育所の子どもの実態）から導き出された，保育所独自の指導計画になる。まずは週案または月案をデータ化することから取り組むことをすすめたい。

3 年間指導計画の作成と修正

　年間指導計画はそれぞれの発達過程（月齢，年齢）における乳幼児の1年間の保育を見通すものである。基本的には前年度作成した年間指導計画と大きく変化するものではない。しかし，年度当初に乳幼児の姿を考えてみると，本年の特徴や課題が見えてくることがある。すべてが新入所（園）児であれば推測も難しいが，持ち上がりや同一保育所であればほぼ子どもたちの様子はわかっている。

　前任者からの引継ぎや職員からの情報などで，おおよその子どもの姿が推測できる。たとえば，本年は全体として気持ちの優しい子が多い，しかし活動への取り組みにはやや消極性が感じられる，などの特徴や課題が浮かび上がったとする。従来の年間指導計画にこれらの課題が明確に位置づけられているか，チェックしてみる必要がある。もし不十分ならばその点は本年ぜひ加えておきたい。

　さらに，今一度チェックしたいのは保育所保育指針の該当部分である。自分たちで作成した年間指導計画は，保育所保育指針と矛盾するところはないか見直すことが必要である。もし異なっているのであれば，その違いの理由を意識しておくことが必要になる。

4 月間指導計画の作成と修正

　担任が自らのクラスの子どもたちの成長発達を願って作成する月間指導計画は，実際の保育を進めるうえで利用度が高い。作成と修正の要点を考えてみよう。

（1）ねらい，望ましい経験や活動が明確になっているか

　月間指導計画には乳幼児が身につけようとする心情，意欲，態度について簡潔に記してあるだろうか。また，乳幼児にとっての望ましい経験や活動，あるいは保育者が指導，援助し，子どもに体験させたいことなどが吟味され，無理なく計画されているだろうか。指導上の留意点，環境構成への配慮などが具体的に記述されているだろうか。これらの点を確認しておきたい。

（2）行事に関連した保育内容の配置に無理はないか

　行事は日常生活に変化と潤いをもたらすものであり，幼児にとっては心弾む活動である。これらに加えて保育所では保健衛生や安全保育に係る行事など，欠くことのできないものもある。行事はその日に向けて子どもの取り組みが必要になる場合が多い。

　そこで問題になるのは，行事への取り組みが子どもの生活や遊びをゆがめていないかということである。たとえば，こどもの日に向けたこいのぼりや兜の製作，誕生会に向けた製作，母の日のプレゼント作り，時の記念日の時計製作，父の日のプレゼント作り……などと行事に関連した製作を次から次へと計画すると子どもの安定した生活や遊びに無理を強いることになる。月間指導計画に無理はないか，内容に偏りがないか，検討したい。

（3）季節を生かす内容か

　子どもの生活や活動は気候や自然の変化と密接に結びついている。少し暖かくなってくると，裸足になって水を使った砂場遊びが繰り広げられる。オタマジャクシ，カタツムリ，ザリガニ……と小さな生き物を追い求める姿もある。タマネギ，ジャガイモの収穫や，夏野菜の世話もする。先を見通して種まき，苗植え，球根植えなどしておくことも大切な計画である。月間指導計画はその時期の自然を生かして作成する必要がある。四季の自然の変化を敏感に感じ取り，日々の保育に反映できる計画であることが求められる。

5 週案の作成と修正

　週案はクラス担任が各自で作成するが，発達の捉え方や保育内容，保育方法など，同僚保育者と相互に意見を交換しながら作成すると，子どもの実態に合った週案になる。

（1）環境の構成に配慮する

　週案は1人ひとりの子が生活し，遊ぶ姿をイメージしながら，自己を十分発揮できるような環境構成になっているかどうかを考えて立てる。具体的な事例で考えてみよう。

　3人の女児はこのところままごとでいつも同じような遊びを繰り返している。役割も固定している。そう感じたとき，担任はそれまで保育室の奥にあったままごとコーナーを出入り口付近に移してみた。すると数人の男児が行う積み木遊びとつながりが出てきた。また，ままごとへ他児の参加もみられるようになって，遊びに広がりと楽しさが出てきた……という例がある。週案の作成を通して，環境構成や子どもの活動を見直すことも大切である。

（2）1人ひとりの子どもに配慮する

　乳児クラスの場合は，1人ひとりの成長発達や個性の表れ方の違いが特に大きい。1人ひとりの実態に合わせた柔軟な週案の運用が望まれる。養護面の充実を考えて，安定した日々の流れを作り，楽しく生活できることを第1としたい。
　また，保育所と家庭とは相互に子どもの姿を伝えつつ共通理解し，子どもへの関わり方をともに考えあうことに配慮したい。低年齢児の場合は週案とセットするような形で個人別計画，個人記録を作成し，乳幼児の日々の成長発達の把握に努めれば，利用価値の高い週案になる。

（3）保育者間の連携を図る

　週案にはねらい，子どもの活動，保育者の援助などが具体的に表記される。1人ひとりの子どもの課題や発達の姿，疑問点などについて同僚と話し合い，共通理解をしたうえで作成する。保育所は複数の職員がかかわったり，交替があったりするが，週案に示されている内容について保育者が共通理解すれば，同じ視点で子どもの生活や遊びを援助することができる。

6 日案の作成と修正

（1）自らの保育を見直す

　毎日詳細な日案を作ることは時間的にも無理がある。日々の保育は一般にはデイリープログラムに沿ったり，週案に含めたりして行なわれている。しかし，月または年に何度か綿密な日案（指導案）を作成して保育すると，子どもの見方が明確になり指導，援助の方法や環境構成への配慮などの細かな点まで見直すことができる。
　日案の内容およびその日の保育について，所長（園長），指導者，同僚などから率直な意見をもらい，反省を行うことができれば，保育者としての専門性の向上につながる。

（2）日案に縛られない柔軟な保育

　実際の保育はすべて指導計画通り進むことはない。指導計画は保育者が幼児理解，保育支援の拠りどころとするものであって，実際の保育では保育者としての専門性に基づいた判断が瞬時に行われ*，子どもへの柔軟な対応となってあらわれる。日案は子どもの成長発達を願って，その日の保育を想定した心構えであり，運用については柔軟性が必要になる。計画通りに保育を進めることだけにとらわれることなく，子どもの実態に応じて柔軟に対応できる構えを備えておくことも大切なことである。

＊保育は絶えず継続していて，保育者はそのつど子どもへの適切な対応が求められる。津守真は「子どもの内的世界は，動きや表情などに微妙に表現されるものであって，おとなはその傍らにおり，ともに動くことによって」保育の実践が行われると述べている。その際の瞬時の判断が問われる。

---

7 まとめ

　4歳児6月第1週の後半，気の合う仲間同士ままごとのごちそうを並べて"誕生会ごっこ"をして遊ぶ姿が見られた。動物の面をつけ，楽しそうに行っていた。本日始まった活動だからきっと明日も仲間を増やしながら継続するであろう，と予測して指導計画を作成したが，意に反して全然行われなかった。暑くなって色水遊びに興味が移り，ジュース屋さんごっこになった。

　このようなことはよくある。だからといって指導計画など立ててもあまり意味がないということにはならない。幼児の活動は"誕生会ごっこ"ではなかったが，"ジュース屋さんごっこ"として，"気の合う友達とごっこ遊びを楽しむ"という「ねらい」や，"ごっこ遊びの中で会話を楽しみ，工夫してものを作る"などの「内容」は形を変えて達成されたのである。

　子ども理解と援助のあり方について指導計画を作成して保育に向かうと，子どもが自ら遊びを創り，広げ，楽しもうとするようになる。また，保育者自身も子どもの実態に合った援助ができるようになる。これこそ指導計画に基づく保育だと言える。

　計画のある保育と無い保育では子どもの育つ姿は異なってくる。計画があると，子どもの発達する姿がしっかりと押さえられ，その子にとって必要な力も着実に身についていく。1人ひとりが安定して，その子らしさを漂わせてくる。"僕たち，私たちは仲間だよ"というようなクラスの雰囲気も漂ってくる。これは決して計画通りに保育をしているからではない。幼児を理解し，保育者の援助を考えた計画を立てる。その計画を拠りどころとしながらも柔軟に実践する。保育が終わった後に子どもの姿から1日の保育を反省する。そして明日（次週）の計画を立てる。この繰り返しのなかで子どもとともに，保育者も育っていくのである。

＜参考文献＞
厚生労働省「保育所保育指針解説書」，2008
厚生労働省「保育所保育指針」，2008
倉橋惣三「育ての心（上）」フレーベル館，1976
津守真「保育の体験と思索」大日本図書，1980
ミネルヴァ書房編集部「保育所保育指針，幼稚園教育要領解説とポイント」ミネルヴァ書房，2008
無藤隆ほか編著「幼稚園教育要領の基本と解説」フレーベル館，2008
森上史朗他編「保育用語辞典」ミネルヴァ書房，2004
文部科学省「幼稚園教育要領」，2008

＜資料提供＞
岐阜市福祉事務所，児童家庭課，市立鷺山保育所，市立本荘保育所
三重県保育士協会（三重県健康福祉部こども家庭室委託）
四日市市社会福祉事務所，児童福祉課，市立あがた保育園

第7章 保育の方法と形態

〈学習のポイント〉　①保育には無意図的な保育の過程と意図的な保育の過程があることを理解しよう。
②人や物，時間，空間という環境を保育に生かすにはどうすればよいか考え直してみよう。
③保育の形態のそれぞれの長所や留意点を理解しよう。
④保育の「養護的側面」，「教育的側面」の中での保育士の役割を理解しよう。

1. 保育の過程

1 保育と広義の保育の過程

　「保育」という言葉を使うことによって，われわれは，どんなことを思いうかべたり，考えたり，行おうとしているのだろうか。それは，「子どもを育てること」，「子どもに何かを教えること」，「子どもの面倒をみること」などの行為とどこが同じで，どこが違うのだろうか。また，「養育」，「子育て」，「育児」，「教育」などの名詞形で表わされる概念とどこが同じで，どこが違うのだろうか。

　「保育」という言葉は，制度としての幼稚園や保育所（託児所）が確立されてから使用されるようになった言葉である。しかし，「保育」という言葉がなくとも，子どもは育てられてきたし，育ってきた。「保育」という言葉がない時代には，「保育」は「子育て」や「育児」，「児やらい」として家庭や地域社会の中で生活や生活の中の特定の習俗を通して行われてきたのである。

　現代でも家庭や地域社会の中で生活を通して「育児」や「子育て」としての「保育」が行われている。しかし，この家庭や地域社会の中で行われている「育児」や「子育て」としての「保育」は，制度として確立されて行われている「保育所」や「幼稚園」の保育とは大きく分けて以下の4つの側面で異なっている。

① まず第1に，家庭や地域社会の中で行われている「育児」，「子育て」としての「保育」の「目的」や「内容」，「方法」は，それぞれの家庭や地域社会によって恣意的，個別・特殊的に決められ，行われているのに対して，保育所や幼稚園の保育では，制度としての一貫性と普遍性をもって保育の目的，内容，方法が選択されて行われている。

② 第2に，家庭や地域社会の中で行われている「育児」や「子育て」としての「保育」は，計画的，組織的に行われているわけではない。家庭生活や地域社会の生活を通して知らず知らずのうちに，そのつど行われている。それに対して，保育所や幼稚園で行われている保育は，一定の保育計画や教育課程に基づ

101

いて，計画的，組織的に行われている。教育学でいう意図的教育，無意図的教育になぞらえていえば，前者を無意図的保育，後者を意図的保育ということができよう。

③　第3に，家庭や地域社会の中で行われている「育児」や「子育て」としての「保育」を担っているおとなと子どもの関係は，いわゆる「血縁」，「地縁」を基盤としていることである。それに対して，保育の専門施設である保育所で行われている保育を担っているおとなと子どもの関係は，専門家である保育士・教師と子どもの関係の中で行われている。そして，この専門家である保育士・教師とは，今ここで述べている①，②，④の側面について，考え，計画，実践し，それを評価・反省しながら，再び考え，計画し，実践に生かすことの意義がわかっており，その能力を身につけている人のことである。

④　第4に，家庭や地域社会の中で行われる「育児」，「子育て」としての「保育」には，「反省・評価」が伴わないのに対して，保育所，幼稚園で行われる保育には，反省・評価がその意図的，計画的行為ゆえに必然的に伴うということである。そして，この反省・評価という行為は，すでに行われた過去の保育を反省・評価するだけでなく，これから行われる将来の保育をも想定しつつ行われているという意味で，循環的な行為を伴っているのである。

このように家庭や地域社会での生活を通して行われている「保育」と保育所や幼稚園で行われている保育とでは，①その目的，内容，方法の普遍性，一貫性，②計画性，組織性，③そこで求められている専門性，④反省・評価の必然性と循環性の側面に焦点をあてて考えてみると，大きく異なっていることがわかる。

いままで，家庭や地域社会の生活を通して行われている「子育て」，「育児」，「養育」という言葉で表わされる「保育」と保育所，幼稚園で行われている保育とを比較して，4つの側面からその特質を説明してきた。

保育の過程とは，保育の範囲を広く，そして時系列を長くとると，この①～④の範囲と時系列で保育を構想し，実践することなのである。そして，保育所や幼稚園で行われている保育を，広義の保育の過程としてとらえることが必要なのは，家庭や地域社会の生活を通して行われている「子育て」，「育児」，「養育」としての「保育」との違いを指摘することにあるのではなくて，それぞれが独自の領域と価値をもちつつも，相互に連携しつつ循環的な相でとらえることの可能性と必要性とを明らかにすることとつながるからなのである。

2 保育の方法と狭義の保育の過程

　保育の方法というと，子どもを保育するという目的達成のための特別，特定の方法があるのではないかと考えられるかもしれない。そして，その特別，特定の

保育の方法に対応するような保育の形態があるかのように思われるかもしれない。しかし、このように保育の方法や形態について考えてしまうことは、保育の方法や形態を固定的に考え、その方法や形態に合わせて子どもを保育してしまうことになりがちである。

保育者が「保育をしよう」と考えるとき、最初に保育の方法や形態を考えるわけではない。保育するということは、子どもとともに当事者として、生活をともにするということを意味する。子どもとともに当事者として生活するために、保育者は、保育者の側から一方的に子どもを理解しようとするだけでなく、保育者の思いや願いを子どもに理解してもらうためにはどのような生活をしたらよいかを考えるのである。保育をするということは、保育者と子どもとのこのようないわば「相互理解」の下で生活を展開するということを意味するのである。

保育所や幼稚園で行われる意図的、計画的な保育とは、絶えずこの「相互理解」の有様を評価・反省しつつ行われる保育のことを意味するのである。そして、保育の方法、形態は、この「相互理解」をより深めるために工夫される生活の展開の方法（形態）のことなのである。

いままで述べてきたことを少し自覚的に保育の方法として、その範囲と時系列を意識して箇条書きに示すと図7－1のようになることに気づくはずである。そして、このように保育を一定の範囲と時系列の中でとらえ構想、実施したり、評価・反省することを保育を過程としてとらえるというのである。

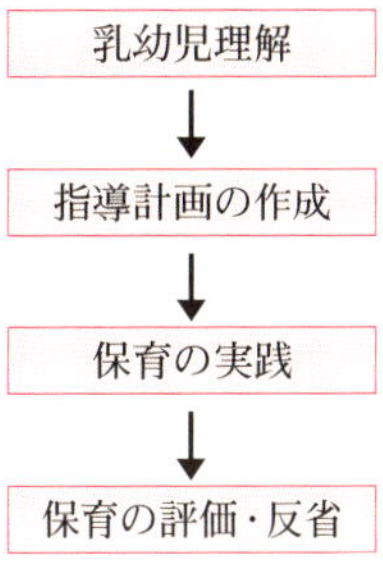

乳幼児理解
↓
指導計画の作成
↓
保育の実践
↓
保育の評価・反省

図7－1　保育の過程

① 保育者は保育を行うために、生活の当事者として子どもとどんな生活をしようかと考える（保育の方向性）。
② そのために、保育者には、子どもとともに「生活（保育）する」ための子どもとの「相互理解」が必要とされる（乳幼児理解）。
③ その「相互理解」とは、保育者からの子どもの要求、興味、関心の理解（乳幼児理解）と、子どもの側からの保育者の思いや願い（保育のねらい）の「理解」を意味する（指導計画の作成）。
④ この「相互理解」を実現するために保育者は子どもとともにさまざまな生活の展開の方法（環境構成、形態、展開）を工夫し、実践する（保育の実践）。
⑤ 保育者は、「相互理解」が実現されたかどうか、より「相互理解」を深め、実現するための方法について振り返る（保育の評価、反省）。

より厳密にいうと、この⑤の保育の評価・反省を通して、保育者は、①の保育の計画について、以下のイ～ニの側面に視点をおいて評価・反省を行っていることに気がつくのである。保育者は、イ.自分の子どもの要求、願いの理解は適切

であったかどうか（ねらいの適切性）。ロ．自分の子どもへの要求，願いは無理がなかったかどうか，子どもの要求，願いと重なっていたかどうか（子ども理解の適切性）。ハ．保育者の要求，願いと子どもの要求，願いとが実現できるような空間や時間，場の設定ができたかどうか（保育の環境と形態の適切性）。ニ．空間や時間，場の設定，展開のなかで自分が果たした役割は適切であったかどうか（保育者の役割の適切性）。

　このように保育は，保育の過程としてとらえ構想，実施したり，評価・反省することができるが，そのことの意義は，保育を意図的・計画的な行為としてとらえ，評価・反省の対象として自覚的に考えることを可能にすることにあるのである。

2．保育の環境

■1 保育と「保育の環境」の意義

　保育所保育指針と幼稚園教育要領では，保育の基本を「環境による保育」においている。たとえば，保育所保育指針では，「第1章総則　2保育の役割（1）」で，保育所という場所が入所する子どもの「最善の利益を考慮し，その福祉を積極的に増進することに最もふさわしい生活の場でなければならない」と規定し，そのうえで，「（2）保育所は，その目的を達成するために……中略……<u>子どもの状況や発達過程を踏まえ，保育所における環境を通して，養護及び教育を一体的に行うことを特性としている</u>」と述べている（下線は筆者）。

　このように，保育所保育指針でも，幼稚園教育要領でも，保育の基本を環境においている。

（1）保育の基本と環境

　「環境による保育」を基本とする考え方が出されたのは，1989（平成元）年の幼稚園教育要領，1990（平成2）年の保育所保育指針においてである。この考え方は，現行の幼稚園教育要領も保育所保育指針においても変わってはいない。この「環境による保育」を保育の基本とする考え方が出されたのは，幼稚園教育や保育所の保育が小学校教育にありがちな画一的，一方的な教師主導の教育とは異なるということを示すためであった。

　たとえば，幼稚園教育要領「第1章総則　第1幼稚園教育の基本」として，以下のように述べているのは，この例である。

　「……幼稚園教育は，学校教育法第22条に規定する目的を達成するため，幼児期の特性を踏まえ，環境を通して行うものであることを基本とする。

　このため<u>教師は幼児と信頼関係を十分に築き，幼児とともによりよい教育環境</u>

を創造するように努めるものとする。これらを踏まえ，次に示す事項を重視して教育を行わなければならない。
1 幼児の安定した情緒の下で自己を十分に発揮することにより発達に必要な体験を得ていくものであることを考慮して，幼児の主体的な活動を促し，幼児期にふさわしい生活が展開されるようにすること。
2 幼児の自発的な活動としての遊びは，心身の調和のとれた発達の基礎を培う重要な学習であることを考慮して，遊びを通しての指導を中心として第2章に示すねらいが総合的に達成されるようにすること。
3 幼児の発達は，心身の諸側面が相互に関連しあい，多様な経過をたどって成し遂げられていくものであること，また，幼児の生活経験がそれぞれ異なることなどを考慮して，幼児一人一人の特性に応じ，発達の課題に即した指導を行うようにすること」と。(下線は筆者)

ここで強調されている「安定した情緒の下で自己を十分に発揮できるような生活」，「幼児の主体的な生活を促し，幼児期にふさわしい生活」，「教育のねらいが総合的に達成されるような幼児の自発的な活動としての遊びが展開されるような生活」，「一人一人の特性に応じた生活」の必要性については，保育所保育指針においても「第1章総則 3保育の原理，2保育の方法」のイ，ウ，オで以下のように述べられている。

イ 子どもの生活リズムを大切にし，健康，安全で情緒の安定した生活ができる環境や，自己を十分に発揮できる環境を整えること。
ウ 子どもの発達について理解し，一人一人の発達過程に応じて保育すること。その際，子どもの個人差に十分配慮すること。
オ 子どもが自発的，意欲的に関われるような環境を構成し，子どもの主体的な活動や子ども相互の関わりを大切にすること。特に乳幼児期にふさわしい体験が得られるように，生活や遊びを通して総合的に保育すること。(下線は筆者)

このように保育所保育指針でも幼稚園教育要領でも，保育を構想する基本を環境においている。しかし，この構想された環境を基にして，具体的に保育として創造していくのは，保育者と子ども達の生活である。構想された環境は，もう一度「保育の基底的な方法としての環境」としてとらえ直され，「保育者と子どもの生活空間，生活時間」に統合される必要がある。

以下，このことについて説明する。

（2）保育の基底的な方法としての環境

　保育所保育指針では，「第1章総則　3保育の原理（1）保育の目標ア」として，次のように「養護の行き届いた環境」の重要性をあげている。「ア　十分に養護の行き届いた環境のもとに，くつろいだ雰囲気の中で子どもの様々な欲求を満たし，生命の保持及び情緒の安定を図ること」と。ここでは養護は生命の保持と情緒の安定を図る機能であるとされている。このため，保健・衛生，安全，身体的・精神的欲求が「くつろいだ雰囲気」の中で満たされる必要があるが，この「くつろいだ雰囲気」を生み出すために保育者は，乳・幼児とともにさまざまな生活上の工夫をし，智恵を働かさなければならないのである。この意味では，この「養護の行き届いた環境」を構成することは，保育の基本的目標であると同時に，基底的な内容，方法としても位置づけられなければならないだろう。

　保育所保育指針の「第1章　総則　3保育の原理（1）保育の目標」としてあげられている「ア以下のイ，ウ，エ，オ，カ」のそれぞれの目標は，幼稚園教育の目標と共通するものがある（学校教育法第23条，幼稚園教育の目標を参照）。この意味では，「養護の行き届いた環境」を工夫し構成することは，幼稚園教育でも，基底的な方法として前提になっていることを理解しておく必要がある。

（3）保育の方法としての環境
　　－周囲の物，出来事を保育者と子どもの生活空間，生活時間に統合する－

　保育所保育指針では，「第1章　総則　3保育の原理（2）保育の方法」の中で，「環境の構成」について次のように述べている。「オ　子どもが自発的，意欲的にかかわれるような環境の構成と，そこにおける子どもの主体的な活動を大切にし，乳幼児期にふさわしい体験が得られるように遊びを通して総合的に行うこと」と。

　さらに，「第1章総則　3保育の原理（3）保育の環境」という節を設けて，保育の方法としての環境の重要性を次のように述べている。「保育の環境には，保育士や子どもなどの人的環境，施設や遊具などの物的環境，更には，自然や社会の事象などがある。保育所は，こうした人，物，場が相互に関連しあい，子どもの生活が豊かなものとなるよう，次の事項に留意しつつ計画的に環境を構成し，工夫して保育しなければならない」と。

　保育の方法としての環境を考えるとき，環境を「人的環境」，「物的環境」，「社会的環境」，「自然的環境」等々として分けて考えることよりももっと重要なことがある。それは，環境を分けて考えたとしても，その環境を，保育者と子どもを中心とした生活空間，生活時間に統合して考え直さなければならないということである。つまり保育のための生きた環境としてとらえ直さなければならないということである。保育所保育指針では，そのことを「こうした人，物，場などの環境が相互に関連しあい，子どもの生活が豊かなものとなるよう」，「計画的に環境

を構成し，工夫して保育しなければならない」と説明しているのである。

　たとえば，次の記録には，カート，草や木，葉っぱ，犬，ポストなどさまざまな物としての「周囲の環境」と保育者，実習生，子どもという「人的環境」があるが，この「環境」が，環境としての意味をもつようになったのは，保育者と実習生と1歳児たちとが「周囲の環境」を散歩という生活空間，生活時間の中でさまざまな状況を生み出すよう展開し，統合したからなのである。

＜事例1＞　子どもの周囲の環境への興味・関心を受け止め伝える保育者の事例
（A保育園，6月1日，1歳児，記録と考察は鶴見大学短期大学部専攻科・保育専攻生，M・T氏による）
記録：カートに乗り散歩に出かけた。散歩ではさまざまなものを目にする。散歩の途中で草木を見て触れようと手をいっぱい伸ばしながら，また，指さしながら「はっぱはっぱ」と1人の子が言うと，他の子も真似をし「はっぱはっぱ」と繰り返す。犬を見れば，「ワンワン，ワンワン」と繰り返す。保育者・実習生は「葉っぱいっぱいあるね，葉っぱ！」「ワンワンかわいいねー」「ワンワンまたね！ばいばーい」と子どもが興味を持った言葉を何度か繰り返す。また，保育者・実習生は子どもが見たもの，たとえば，「ポスト」「消防車」などを子どもと一緒に"見る"だけでなく，"言葉"にして伝える。すると，子どもは保育者・実習生の言葉を真似，楽しそうに繰り返していた。
考察：散歩に出かけることで，ふだん園生活ではあまり見る機会が少ないものや，興味深いものに出会うことができる。ふだんの生活で見かけたりしても，立ち止まりじっくり見る機会は少ないのではないだろうか。
　1歳児は，まだ深く物事の仕組みなどを考えることはできないが，興味のあるものには近づこうとしたり，触ってみたり，指さしをして保育者に伝えようとする。保育者はそれらを自分に伝えてきたことを受け止め，そして，それを他の子にも返している。「ワンワン」「はっぱはっぱ」といった子どもたち1人ひとりの明るく，幸せそうな声が，彼らの充実した時間を物語っている。新しいものや，子どもが興味を示したものに出会ったとき，ただ「葉っぱだよ」などという端的な言葉だけではなく，何度も繰り返すことでそのものの印象が強くなり，その場限りではなく，子どもの心の中に残るのではないだろうか。このようなとき，つまり，1人ひとりの興味・発見を保育者が繰り返すことで，その楽しみを皆で共有することができたとき，そういった体験は，成長していく過程でとても大切なことではないだろうか。

　この事例は，さまざまな物としての環境が保育者と子どもたちというそこで生活する生活者によって，散歩という生活空間，生活時間に統合され楽しく豊かな「環境状況」を生み出した事例である。ここでは，保育者と子どもたちは，まわりにある物や出来事を散歩空間，散歩時間に統合することにより，意味ある「環境状況」をつくり出しているのである。環境を考える場合，どうしたらこのよう

な「意味ある環境状況」をつくり出すことができるのか，そのことを考えなければ「生きた環境」とはいえないのである。

❷ 保育の方法と環境構成－子どもの姿から物や空間を作り保育の中に取り入れる

　環境の構成を考える場合，まず第1に子どもたちがもっている興味，欲求は何かを理解しておかなければならない。第2に，その興味，欲求を楽しい遊びや豊かな生活へとつなげていくためには，どのような環境が必要なのかを考えなければならない。

　次の事例は，保育者（実習生）が子どもの遊んでいる姿，発達の様子をみながら，「手作りおもちゃ」を作り，「このおもちゃで子どもたちとこんな生活（遊び）をしてみたいと考え，実践した事例」である。

＜事例2＞　子どもの姿から楽しく遊べる遊具とは何かを考える事例
（Y共同保育園，6月27日，2歳児，記録と考察は鶴見大学短期大学部専攻科・保育専攻生，H・K氏による）
記録：朝の自由遊びのとき，子どもたちは私が作ったおもちゃで遊んでいた。Sくんも「ガラガラドミノ」（カセットテープのケースの中にボタンを入れて，その上に画用紙を貼ったもの）を振って音を出したり2つのドミノを打ち鳴らして遊んでいた。目には見えないのに中から音がすることがとても不思議だった様子で，私に「何？」と中身を聞いてきたので，「何が入ってるんだろうね？」と一緒に考える動作をした。
　午睡前の着替えのときに，一生懸命ドミノをいじっているSくんに気づき近づいてみると，Sくんはドミノの画用紙をはがしていた。やがて，中に入っていたボタンを確認したSくんは，「ボタン！」と嬉しそうに私に教えてくれた。私が，「本当だ！ボタンが入っていたんだね。」というとSくんは「うん！」とうなづいた。
考察：手作りおもちゃは，子どもの発達を見ながら作ることができ，修理も簡単にできる。また，作り方によっては子どもの発想力を受け止め，子どもと一緒にその発想を楽しみ，遊ぶことを通して，その発想力を育てることもできると思う。一方，市販の遊具でも良いものは数多くあり，大切なのは，それを保育にどう取り入れていくか考えていくことではないかと感じていた。実習で学んできたことを活かし，子どもの発達を考え，安全で，さまざまな遊びが生まれるような手作りおもちゃを作っていきたいと考え，実践してみた。
　この日Sくんは，新しい手作りおもちゃの全てに興味をもって遊んでいたように感じた。その中でも，ドミノに対する興味は大きかった様子で，何度か中身を見ようとしていたが保育者に見つかり止められていた。1歳児の子どもたちも中身が気になっている様子だったが，Sくんのようにはがして中を見ようとする子ど

もはいなかった。このことから、同じ遊具でも子ども1人ひとり、また、年齢によってもその遊具との関わり方が変わってくることがわかる。私は、Sくんには、皆で使うおもちゃなので大切にしてほしいとも思ったが、自分がSくんの行動を予測せずにおもちゃを作ってしまったことを反省し、あえてSくんの行為を止めなかった。

この事例のように環境について考えるとき、子どもの姿、様子から子どものもっている興味、欲求は何かを理解し、そのうえで保育者が子どもたちとどんな生活、遊びをしたいかを考えることが重要である。そのために、保育者は、この事例のように子どものために手作りおもちゃを作ってやるような場合もあるだろうし、子どもが自分で遊びに必要なものを作れるように素材を用意しておいてやったり、空間や時間を保障してやったりすることが重要である。

3．保育の形態

1 「保育の形態」を考える基本

保育の形態というと、たとえば「自由保育」、「設定保育」、「一斉保育」、「個別保育」、「グループ保育」、「縦割り保育」、「横割り保育」、「オープン保育」、「合同保育」、「統合保育」などさまざまな「形態」をもった保育が存在するかのように思われるかもしれない。しかし、前にも述べたように、保育者が「保育しよう」と考えるとき、最初に保育の方法や形態を考えるわけではない。もし、そのような方法や形態があったとしても、その方法や形態が工夫されたときはどんなにすぐれた方法、形態であったとしても、自分たちの園や子どもたちの実状に合わず、柔軟性を欠いた固定的な保育を生み出すだけのものになってしまっているであろう。

保育の形態を考える前に、本章1.の2で述べたように、保育者は、生活（保育）の当事者として、子どもたちとどんな生活をしようと考えているか、子どもの興味、関心を理解しつつ、保育者の思いやねがい（保育のねらい）を達成するという「相互理解」の実現をどうしたらなしとげることができるか、そのことを考えるべきである。保育所保育指針「第1章総則、3保育の原理(2)保育の方法」のイやオで次のように述べているのは、このことを意味しているのである。「イ、子どもの生活リズムを大切にし、健康、安全で情緒の安定した生活ができる環境や自己を十分に発揮できる環境を整えること」。「オ、子どもが自発的、意欲的に関われるような環境を構成し、子どもの主体的な活動や子ども相互の関わりを大

切にすること。特に，乳幼児期にふさわしい体験が得られるように，生活や遊びを通して総合的に保育すること」と。

　保育の形態という視点で保育者と子どもの園生活をみてみると，時と場，ねらいによって「一斉保育」のような形態をとる場合，「自由保育」，「設定保育」，「縦割り保育」などのようなさまざまな「保育の形態」がとられていることに気がつくはずである。保育者と子ども，子ども同士によって作り上げられる園生活の結果として生まれてくるのが保育の形態であると考えたほうがよい。これは「保育の形態」を考える基本なのである。

　もちろん，次に示すような基準によって，園生活の形態としての「保育の形態」を分類することは可能である。

①保育者が子どもに対して働きかける人数を基準にした形態：保育者が日常の保育の中で子どもたちに対して働きかける人数を基準にして，その形態を分類すれば，次のような「保育の形態」がみられるはずである。

　「個別保育」の形態，「グループ保育」の形態，「クラス保育」の形態，「全体（園）保育」の形態

②クラス編成に表れた意図を基準にした形態：その園の方針や保育者の意図によって，ある特定のクラス編成が行われ，その編成の方針や意図に基づいて保育の展開を行うことにより，次のような「保育の形態」がみられるはずである。

　「縦割り保育」の形態，「横割り保育」の形態，「統合保育」の形態，「混合保育」の形態，「合同保育」の形態，「交流保育」の形態，「ティーム保育」の形態

③保育者の子どもへのかかわり方を基準にした形態：保育者の子どもへのかかわり方は，その場面や保育を展開する仕方，意図によってそこでとられる「保育の形態」も異なるはずである。

　このように，子どもと保育者とが園生活を送る形態を一定の基準を設けて「保育の形態」を分類することは可能であるが，「形態」が先にあり，その「形態」にあわせて「園生活」の送り方を考えたり，保育の方法を考えたりすることは，保育に無理を生じさせることになろう。

　倉橋惣三は，「目的へ対象（幼児）をあてはめていく」ような保育を批判して，保育は「対象（幼児）本位に計画されるべき」であり，そのために「園における幼児らの生活形態の考慮」を最も重視することを主張した。

　「幼稚園とは幼児の生活が，その自己充実力を十分に発揮し得る設備と，それに必要な自己の生活活動の出来る場所である……（中略）……（先生が自身直接に幼児に接する前に，設備によって保育するところであります）……そこでの点における大きな心遣いが必要で，幼児の生活が自己充実を十分発揮し得るように，適宜適切の設備をしておきつつ，しかも幼児銘々にその設備を使わせていく幼稚

園全体の態度が—すなわち，子どもの生活の自由が十分許されているものでなければなりません*」と。

このように倉橋は，1人ひとりの「幼児の自己充実を十分発揮し得る」ような「生活」の工夫を行うことを保育の基本においたのであるが，「保育の形態」を考える場合，この倉橋の考えを原点におく必要があるであろう。なぜなら，何度も繰り返すことになるが，保育の形態とは，保育者と子ども，子ども同士の遊びや生活の仕方，過程で生まれてくる形態なのであるからである。

*倉橋惣三『幼稚園真諦』フレーベル館, p.36, 1976

2 保育の実際からみた保育の形態

1では，保育が行われる場，時，ねらいなどによってさまざまな生活形態としての保育の形態がとられることを述べた。ここでは，実際の保育の場面の記録から，そこでとられている「保育の形態」をみていくことにする。そうすると，たとえば「一斉保育」の形態が子どもを拘束的にしているかといえば，そうではなく，その子たちの求めているものや必要性によっては，「一斉保育」の形態がかえって子どもたちに安心感を与え，生き生きさせることにつながっていることに気づくだろう。

また，「自由保育」の形態についても，そこには，保育者の「ねらい」や「意図」，「計画」がないのではなくて，保育者は，これらを場，空間，もの，友達とのつながりなどの環境に託して保育を実践していることに気づくはずである。

（1）「一斉保育」の形態

以下の記録は，朝のいわゆる「お集まり」の時間で，形式的な形態でいえば「一斉保育」の形態といえるかもしれない。しかし，この保育者たちがなぜこのような保育の形態をとったかというと次のような理由による。

① A子は，2週間ほど前に入園してまだ皆に慣れていない。A子以外の全員が1歳児クラスからのもち上がりである。
② A子は，両親がともに韓国語を母国語とした家庭で育っている。
③ この他にこのクラスには，4名の日本語を母国語としない子どもがいる。
④ A子は保育者といることで安心し，むしろ1人ひとりが好きなところで，好きな遊びをするときには不安定になる。そこで保育者は，A子が好きな歌を通して，A子と他の子どもたちが互いに仲良しになってほしいと願い，できるだけ皆と一緒にいる機会をつくった。

ここで重要なことは，1人では安心して遊べないけれど，保育者と皆と一緒だと安心して遊べる子どももいるということである。つまり，いわゆる「自由な保育」の形態だと不安定になり，「一斉保育」の形態だとかえって安定する場合もあるということである。

＜事例3＞　保育者と皆と一緒だから安心の事例
（多文化共生の保育，S保育園，2歳児，7月11日，記録は鶴見大学短期大学部専攻科・保育専攻生S・N氏による）－（保育者はA子を自分の隣りに座らせ，他の11人の子どもたちを輪のように座らせている）

(1)保育者：座って手拍子をとりながら，語りかけるように歌う。＜あーなたのお名前を，あーなたのお名前をみーんなのお名前を聞かせてくださいねー＞　(2)子ども達：全員椅子に座りながら保育者のほうを向き，歌を聞いている。なかには，F男，I女，K女のように足や身体でリズムをとりながら聞いている子もいる。　(3)保育者：＜こっちから＞と言って，右側のB男に，＜あーなたのお名前は＞と言って，自分の手をマイクに見立てて差し出す。　(4)B男：＜○○○○○○＞とフルネームで答える。　(5)保育者：今度はC男に＜あーなたのお名前は＞と言って，手をマイクに見立てながら差し出す。　(6)C男：手足で保育者と一緒にリズムをとりながら，＜○○ちゃんでしゅ＞と答える。　(7)保育者：＜あーなたのお名前は＞と言って，手をマイクに見立てながらA子に差し出す。他の子，F男，G女，H女，I女，J男たちはK女のほうを，座ったまま，あるいは立ったりしながら見守っている。　(8)保育者：A子にマイクに見立てた手を差し出しながら，＜○○○ちゃんお名前＞と小さい声で言う。ちょっと間をおいて，＜あっ，恥ずかしいー＞と小さな声で言う。　(9)保育者：A子の名前を聞いて手拍子をしながら，＜あら素敵なお名前ね＞と歌いながら自分の席に戻り，全員のほうを向きながら，＜皆のお名前も，皆のお名前も，皆のお名前もとても素敵ですね＞と歌い続ける。

……中略……

(16)保育者：＜ああ，今日は，皆お名前がね，上手に言えたよね＞　(17)保育者：＜さー，それじゃーねー，これなーんだ＞と言いながらカレーの具が描いてある画用紙を見せる。　(18)F男：＜うんとね，あのね，うんとね＞　(19)A子：＜カレーライス＞，＜△△△＞と韓国語でうれしそうに言う。　(20)保育者：＜そう，カレーライスの中に入っているお野菜だよねー＞　(21)E男：立って指を指しながら，＜あっ，これ○○○○○○＞と韓国語で言う。　(22)保育者：＜うん，これ，皆でこないだ色塗ったんだよねー＞　(23)D男：指指しながら＜ヤットンとタングンと△△△＞と言う。他の子も＜ヤンパァ，カムジャ，タングン，△△△＞などと言う。この間1人ひとりに保育者＜うんうん＞とうなづく。　(24)保育者：＜うわーすごい。もう全部覚えちゃったねー。たまねぎだよね。ヤンパァねー＞　(25)保育者と子ども：＜タングン　ヤンパァカムジャ　テジコギ　おなべでいためて　ぐつぐつにましょう＞を韓国語で輪唱で歌う。…中略…この日は実習生の最後の実習日なので，皆で塗ったカレーライスの絵をB男が代表して，前に出てプレゼントをする。　(26)保育者：＜さあ，今日は皆でもう1個わらべ歌遊び（コマヤ，コマヤという韓国のわらべ歌遊び）をしてから，お外にいこうね。さあ，△△△（韓国語で）お片づけできるかな＞　(27)子ども：＜できる＞　(28)保育者：＜はい，じゃ，△△△（韓国語で）重ね椅子して下さい＞と言う。　(29)子ども達：1人ひとり，自分で椅子を重ねて片づけ始める。　(30)保育者：子どもたちが椅子を重ね終える頃を見計らいながら，呼び掛

けるように＜まーるくなれ，まーるくなれ，△△△，△△△（韓国語で）＞と歌う。
(31)子どもたち：A子も楽しそうに，うれしそうに手をつなぎ，まーるくなる。
……以下省略……

　この記録を通して，言葉や文化が異なり，しかも途中入園のA子がいるので，あえて，このような「一斉保育の形態」をとっている保育者のねがい（ねらい）を理解する必要がある。特に記録(8)，(9)で，皆の前で名前を恥ずかしくて言えなかったA子が，(19)で，カレーライスを△△△と韓国語で言い，そのことがきっかけになり，A子にとって親しみのある韓国語の野菜が一杯出てきたこと，そして，(31)でA子が「楽しそうに手をつないで」まーるくなって皆の輪の中に入っていけるようになったプロセスを理解する必要がある。

(2)「コーナー保育」の形態
　次の記録は「統合保育」の形態を「自由な保育」の形態の時間に「コーナー保育」で実践をしている事例である。
　ここでいう「コーナー保育」とは，保育者がある子どもたちを想定して，この場・空間で，このような素材で，このように遊んでほしいと設定した環境（コーナー）による保育を指す。
　事例の中の「子どもの姿」の説明から，なぜこのような「コーナー保育」を行ったかということを理解する必要がある。

＜事例4＞　場や素材を共有して同じ遊びをしていると言葉がなくとも通じる事例
（統合保育，S幼稚園，4歳児クラス，7月5日，子どもの姿の説明，記録，考察は鶴見大学短期大学部専科・保育専攻生M・K氏による）
事例の「子どもの姿」の説明：T男　4歳児……言葉の遅れが見られ，言葉をうまく発することができない。しかし，自分の思いを強くもっている。他児とコミュニケーションがうまくとれないこともあるが，積極的に他児との関わりをもとうとする。室内遊びでは，友達と遊んだりもするが，外遊びになると1人で遊ぶことが多い。1つのことに集中できずうろうろしていて，比較的，多動である。周りの子どもたちは，T男が自分たちと違うことをわかってきていて，できないことを一緒にやってあげたり，泣いていると，優しい言葉をかけてあげたりする。T男と周りの子どもたちが一緒に遊んでほしいと思いコーナーを用意している。
記録：ブロックコーナーでは，男の子たちが鉄砲を作って実習生を攻撃して遊んでいる。①そこにT男も入ってきて，鉄砲を作り始める。他の子どもたちは友達同士で戦いごっこを始めたり，相変わらず実習生を攻撃する子もいる。②ある男の子が実習生に対し「ダダダダダ…」と鉄砲の音を声で出し，攻撃する。それに対

し実習生は「やられたー」と倒れこむ。③それを見ていたのか，T男も実習生に対し「ダダダダ…」と声を出し攻撃する。④それから，T男は友達と戦いごっこを始める。しかしそこには会話は見られないが，走り回って戦いごっこを楽しんでいて，T男は追いかけられながら笑っている。

考察：①のように「T男はブロックコーナーに入ってきた」とあるが，このブロックコーナーに入ることによって，T男は皆の「ダダダダ…」遊びの一員になった。「入れて」「一緒に遊ぼ」という言葉がなくても，ブロックコーナーという場がT男と他の男の子との遊びを成立させているのではないかと思った。

②ある男の子が「ダダダダ」と実習生に攻撃をしかけてきた。この「ダダダダ」は○○遊びという遊びの名前は，はっきりしていないが，それでも「ダダダダ」という擬声語は，攻撃を仕掛けているということを伝えている。実習生が「ダダダダ」の攻撃に対し，答えているのを見たので，T男は③のような行動を起こしたのではないかと思う。

④このように障害をもっているT男の遊びたいという気持ち（イメージ）を支えたり，伝えたりするのに，コーナーという場（空間），擬声語，擬態語という状態を表す言葉，おもちゃのようなものの共有が大切だということが理解できた。環境設定の重要さが理解でき，ときには保育者がモデルとなって子どもたちの興味を探りながら環境を日々工夫していけるような保育者になりたいと思う。

この事例のように一見「自由な保育」の形態をとっているようにみえても，そこには，保育者の子ども理解と子どもに対するねがい（ねらい）が環境（場，時間，人，物）に託して展開されているということに留意する必要がある。保育者の子ども理解と子どもに対する願いが，このような「自由な保育」の時間に「コーナー保育」の形態を生み出しているのであって，その逆ではないということを理解しておく必要がある。

4．保育者の役割

1 保育者の役割と専門性

『厚生労働省編：保育所保育指針解説書』は，「保育士の専門性」について，以下のように述べている。

「保育士の専門性としては，①子どもの発達に関する専門的知識を基に子どもの育ちを見通し，その成長・発達を援助する技術，②子どもの発達過程や意欲を踏まえ，子ども自らが生活していく力を細やかに助ける生活援助の知識・技術，③保育所内外の空間や物的環境，さまざまな遊具や素材，自然環境や人的環境を生かし，保育の環境を構成していく技術，④子どもの経験や興味，関心を踏まえ，

さまざまな遊びを豊かに展開していくための知識・技術，⑤子ども同士の関わりや子どもと保護者の関わりなどを見守り，その気持ちに寄り添いながら適宜必要な援助をしていく関係構築の知識・技術，⑥保護者等への相談・助言に関する知識・技術などが考えられます」と（p.19～20）。

　ここで『解説書』が述べている「保育士の専門性」は，保育所保育に求められている「専門性」だけでなく，幼稚園教育についても求められている「専門性」ではないだろうか。幼稚園教育要領の「ねらい及び内容」は，「幼稚園修了までに育つことが期待される生き方の基礎となる心情，意欲，態度」や「ねらいを達成するための指導する事項である」，「内容」が一括して示されている。この一括して示されている「ねらい及び内容」を各年齢ごとの１人ひとりの幼児の興味や関心，成長・発達の程度に応じて環境を構成し，保育を展開していかなければならない。幼稚園教育要領は，この「ねらい及び内容」をいわゆる「5領域」として提示しているのであるが，この「5領域」を支える基盤として「保育所保育指針」の「養護」の視点，「養護と教育とが一体となって展開される」保育の視点は重要な意味を持っていると考える。

2 「養護と教育」とが一体となった働きかけ

　「養護と教育」とが一体となった働きかけというこの基本的視点に基づいて１人ひとりの発達・成長の過程に即した指導計画や保育の展開が行われなければならない。そして，その計画や展開の中には，保育士の果たすべき次の役割が明示されていなければならないのである。

① 　いわゆる「養護的側面」として，子どもの身体的・生理的欲求を満たし，くつろいだ雰囲気の中で安定した情緒の下で生活ができるような生活をつくること，
② 　いわゆる「教育的側面」として，子どもが自発的，意欲的にかかわれるような環境を構成し，それぞれの時期にふさわしい体験・経験が得られるようにすること，

である。

　いま，保育士の役割を「養護的側面」と「教育的側面」に分けたが，これは保育士の役割をわかりやすくするために便宜的に分けたのであって，実際の保育では，子どもたちの成長・発達に合わせてその養護の仕方・方法を変えることによって自立，成長を促したりしているのである。ここでは「養護」はまさしく「教育」なのであって，本来は一体となっているのである。ここでは，①の側面についての記録を紹介することにする。そうすれば，保育者がいわゆる「養護的側面」の保育を通して，②の体験や経験が得られるように働きかけていることが理解さ

れるであろう。

<事例5> 「すぐ食べたいれど……こっちのほうがおいしい」と待つ気持ちを支える保育者の事例
（A保育園，7月6日，1・2歳児，記録と考察は，鶴見大学短期大学部専攻科・保育専攻生，M・T氏による）
記録：今日の給食にはデザートとしてぶどうが出た。保育者ははじめ，ぶどうを見えないところに置き，食事を終えた子からぶどうを渡すようにしている。1人の子が食べ終えぶどうを貰うと，周りの子もぶどうが欲しくなり，「ぶどーぶどーちょうだい！」と言い始める。ぶどうを欲しがり他のものを口にしなくなる。

　Aちゃんは，隣の子のぶどうを取ろうとする。保育者は「Aちゃんの近くにぶどうさんに来てもらって，Aちゃんが上手に食べられるか見ててもらおうね！」とAちゃんのところにぶどうを持ってきて声を掛けると，Aちゃんは実習生に「ぶどうさん見てる？」と言う。保育者・実習生はぶどうを軽く撫で，「見てるよね！見ててあげてね！」と言う。すると，Aちゃんも「見てる？」とぶどうに顔を近づけ話をする。実習生は「じゃあ，先生もお手伝いするからぶどうさんにカッコイイところ見せようね！」と言い，食事の補助を行う。Aちゃんはぶどうがどうしても気になり，ぶどうをひと粒取り，手に握りしめている。Aちゃんはぶどうを気にかけながら，パクパク食べ始める。実習生は，「Aちゃんのお口大好き！いっぱい食べられるんだもんね！」とAちゃんが進んで食べられるように声を掛け促す。

　Aちゃんは全部食べ終える。保育者は「ぶどうをどうぞ！待ってたよ！」とぶどうを配る。Aちゃんはすぐに食べ始める。「全部食べることができて，ぶどうさんも喜んでいるね！」と実習生が声を掛けると，Aちゃんは「食べちゃった！」と皮ごと食べる。ぶどうは保育者の補助なしでも上手に食べているが，まだ皮を食べてしまうこともある。

考察：子どもは，自分の好きな食べ物はおかわりをしたりとよく食べ，少しでも嫌だと思うとなかなか口にしようとはしない。少しでも食べて欲しいと願う保育者は，言葉掛けを工夫したり，嫌いな食べ物を細かくし，他の食べ物に混ぜ合わせたり，保育者や調理担当と相談したりとさまざまな工夫をし，子どもが「食べたい！」「食べてみようかな」と思えるように促す。

　この事例は，いわば，"ごはん"より"デザート"を先に食べてしまいたいと子どもが思っている事例である。それを，保育者がなんとか，"ごはん"の後で"デザート"を食べたほうがおいしく食べられるということを伝えようとしている事例なのではないかと思う。つまり，人間としての食文化の持つ意味を伝えようとしている事例だともいえるのではないか。

　この事例は，いわゆる「食事」という「養護的側面」，つまり「子どもの状況に応じて保育士が適切に行うべき事項」に関する事例である。しかし，保育者が

子どもに働きかけている側面には、「人間としての食文化の持つ意味を伝えようとしている」きわめて教育的な意図が含まれているということにも気がつくべきである。

3 「援助」と保育士の役割

　保育所保育指針では、「ねらい」及び「内容」について次のように述べている。「『ねらい』は保育の目標をより具体化したものである。これは、子どもが保育所において安定した生活と充実した活動ができるようにするために、『保育士等が行わなければならない事項』及び子どもの自発的・主体的な活動を保育士が援助することにより、『子どもが身につけることが望まれる心情、意欲、態度などの事項を示したものである」と。

　養護と教育とが一体となって展開されるという保育所保育の基本に従って解釈すると、保育所保育指針の「ねらい」は、「保育士が行わなければならない事項－養護的側面」と「子どもが身につけることが望まれる心情、意欲、態度などを示した事項－教育的側面」とに分けて提示されていることがわかる。「養護的側面」については、前に説明してきたので、ここでは、いわゆる「教育的側面」で保育士が果たす役割＝援助について述べていくことにする。

　図7－2は、小川博久氏が保育の場の中で教師が果たしている役割について説明するために作成した図である＊。この図をもとにして、実際の保育の場で果たしている保育士の役割をあげると次のような役割がある。

＊小川博久『保育援助論』生活ジャーナル、p.153、2000

　①子どもや場の理解者としての保育士の役割
　②子どもとの共同作業者、「仲間」としての保育士の役割
　③生活や遊びのモデルとしての保育士の役割
　④物や素材、言葉による援助者としての保育士の役割

　以上が実際の保育の場で保育士が果たしている役割であるが、この他に保育士は、「ティーム保育」の中での一員として果たさなければならない役割があったり、保護者や地域に保育を公開し、説明するという役割もあることを忘れてはいけない。

図7-2 人的環境としての保育者の役割

出典）小川博久『保育援助論』生活ジャーナル

<引用・参考文献>
倉橋惣三『幼稚園真諦』フレーベル館，p.36，1976
小川博久『保育援助論』生活ジャーナル，p.153，2000

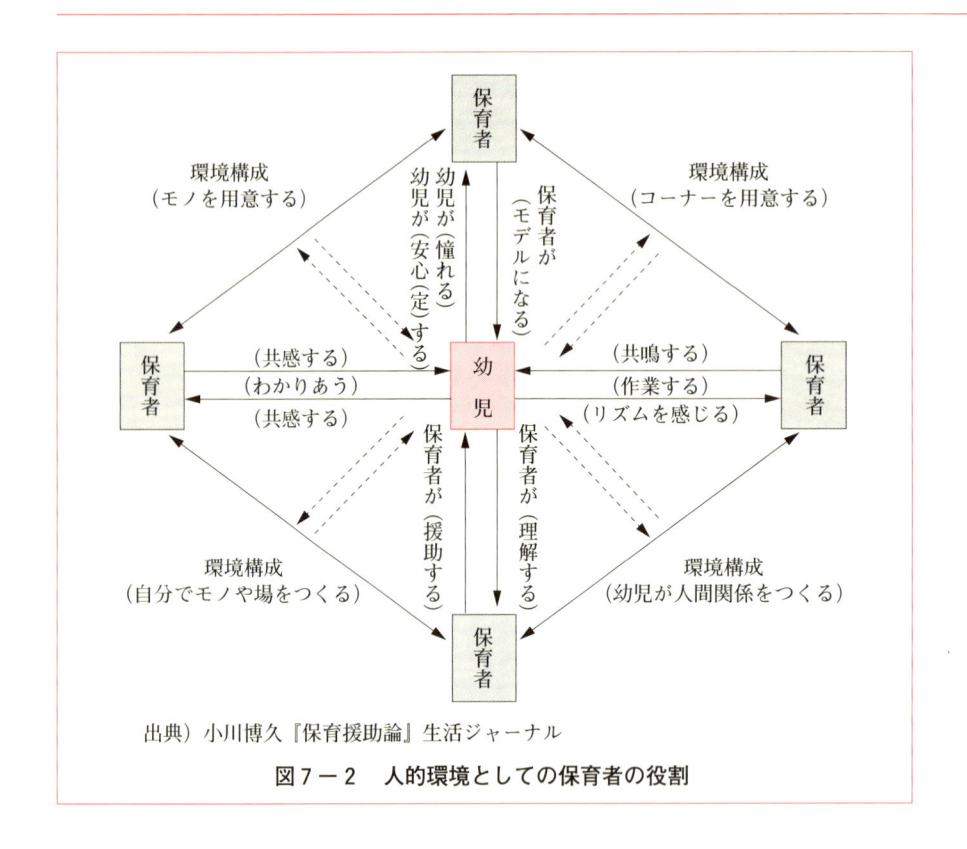

第8章 保育の実際と評価

〈学習のポイント〉　①保育における評価の目的や方法を理解しよう。
　　　　　　　　　②子どもへの適切な評価の方法と内容を理解しよう。
　　　　　　　　　③研修の意義と内容を理解しよう。
　　　　　　　　　④第三者評価や苦情解決制度の意義と内容を理解しよう。

1. 保育評価の意義

1 保育における評価

　一般的に評価とは，一定の基準のもとにその対象となる物事や事象を判断することを意味する。たとえば，学力テストなどは，同じ基準によってその学習到達度を測る一般的な評価方法であり，ホテルやレストランなどのサービス内容や設備を総合的に評価して「3つ星」など，格付けすることも同様である。しかし，保育における評価，とくに子どもへの評価は，そのように単純な基準での評価や格付け，到達度などでは表せないことが多い。保育における評価は，他の子どもとの相対評価ではない絶対評価が前提であり，かつ子ども1人ひとりの発達の評価（個人内評価）が基本となる。このような子どもへの評価も含めて，保育における評価には，①子どもへの評価，②保育（保育者）への評価，③園全体の保育の質への評価という3つがある。

　一方，評価には，自己評価と他者（外部）評価という2つの視点もある。自己評価とは，第一者評価ともいい，保育者自身の自己評価や施設の自己評価が相当する。一方，他者評価には，第二者による評価（監督官庁等の監査，利用者からの評価など関係者からの外部評価）と第三者による評価（自己評価を基盤とした外部の評価機関などによる評価）がある。

　保育所保育指針では，「保育士等の自己評価」および「保育所の自己評価」という2つの視点が明確に示されている＊。保育所は「保育の内容等について自ら評価を行い，その結果を公表するよう努めなければならない」とされ，自己評価をするだけでなく，結果の公表も求められるようになった。一方，幼稚園においては，「幼稚園における学校評価ガイドライン」が2007（平成19）年に策定（2008年に改訂）されるなど，自己評価と関係者評価の実施・公表が義務づけられた＊＊。「保育所保育指針解説書」では，自己評価の意義について「自らの保育実践と子どもの育ちを振り返り，次の保育に向けて改善を図り」，「保育所として創意工夫していることや独自性などとともに課題を把握し，（中略）保育の計画

＊第4章－2「保育内容等の自己評価」

＊＊幼稚園における学校評価――2002年4月施行の幼稚園設置基準において自己評価の実施と結果の公表が義務づけられた。また，2007年6月に学校教育法，10月に学校教育法施行規則が改正され，新たに自己評価・学校関係者評価の実施・公表，評価結果の設置者への報告に関する規定が設けられた。

を見直して改善を図ること」としている。また外部評価についても，保護者や地域住民への社会的責任と信頼関係構築のために行なうとしている。

表8－1 評価の種類と例

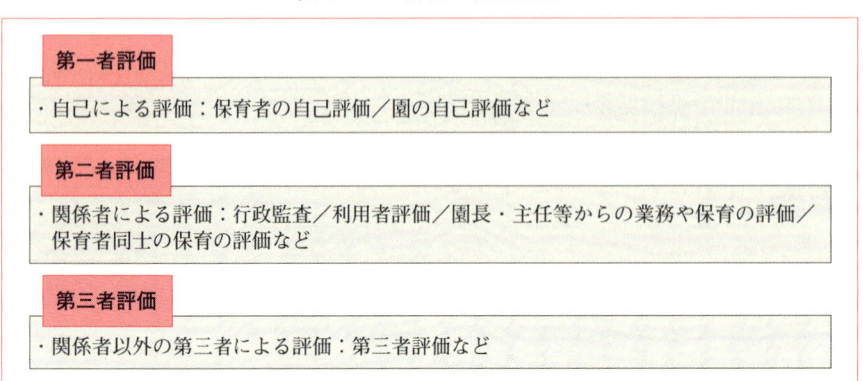

第一者評価
・自己による評価：保育者の自己評価／園の自己評価など

第二者評価
・関係者による評価：行政監査／利用者評価／園長・主任等からの業務や保育の評価／保育者同士の保育の評価など

第三者評価
・関係者以外の第三者による評価：第三者評価など

1日の大半を園で過ごす子どもにとっては，日々の保育が子どもの発達に大きく影響する。子どもの発達をよりよい方向へ向くよう，直接的間接的に援助をする保育者は，子どもの発達の把握や自らの実践・関わり，園全体の保育の質，生活する環境等が子どもの発達にどのように作用したか，常に評価し，次の保育の計画作成に反映させていかなければならない。「①子どもの実態の把握（アセスメント）→②計画作成→③保育の実践→④記録・評価→⑤次の計画の作成→…」といったサイクル（保育の過程）の中で，日々継続的に意識的に評価を行う必要がある。

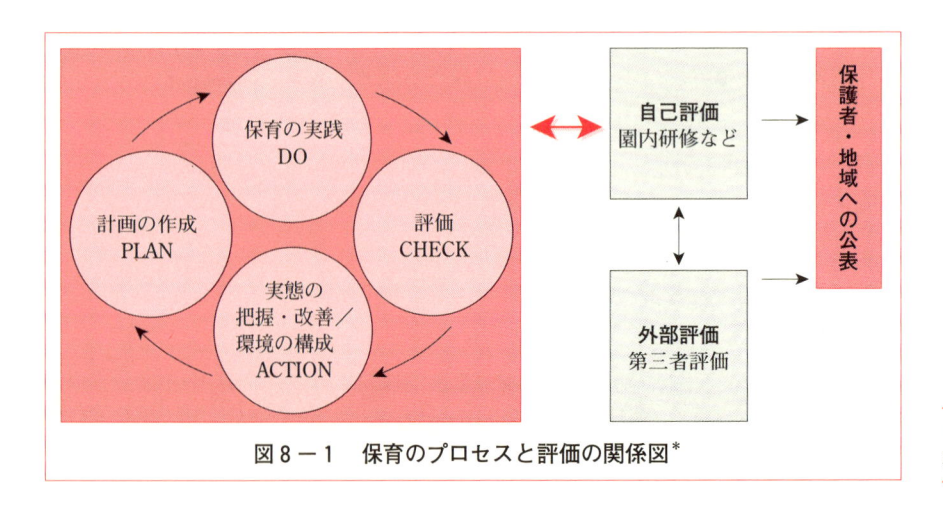

図8－1 保育のプロセスと評価の関係図＊

＊増田らによる保育の過程図を筆者が加筆した。

2 子ども理解と子どもへの評価

（1）子ども理解と評価

　子どもへの評価は，まずその子どもを理解することから始まる。子どもへの評価は，その評価を行う保育者の子ども観や子どもへの理解によっても大きく変わる。そのため，保育者にとって子どもを正しく理解できているかということが重要となる。よって，自らの保育観や価値観，子どもの見方などを吟味することが，子ども理解の出発点となる。

　子どもを理解することはその行動や行為の意味を知ることでもある。同じ行為であっても子どもによって，またその状況によって意味が異なる。その行動や行為は何を表現しているのか，背景はどのようなものか，子どもの気持ちに沿って考えることが求められる。それは，あるべき姿や特定の対象との比較ではなく，子どもをあるがままに受容することからはじまる。また，子ども理解は「関わりの中での理解」であるといえる。表面的な行動の観察ではなく，実際に関わりを持ち，行動をともにし，心に寄り添うことで，内面の理解が可能となる。子どもの生活や活動の姿から，その心の動きを感じとることによって，それまで見えなかった行動や行為の意味を知ることができる。子どもへの理解は，こうした視点から日常生活の様子，興味，取り組み，課題などを正しく理解することである。

　保育所保育指針においては，「子どもの活動内容やその結果だけでなく，子どもの心の育ちや意欲，取り組む過程などにも十分配慮すること」とし，解説書では，第2章の発達の特性を踏まえた上で，「子どもと生活をともにする中で，個々の育ちをしっかりとらえることができる専門性」が重要であると述べられている。子どもへの評価は，子どもの問題点をあげて矯正するものでも，思い通りに子どもを動かしていくためのものでもない。子どもへの評価は，その成長や発達する姿を基本に考えながら，日常の保育における子どもの姿をとらえていく行為である。そのため，子どもをあるがままに受け入れ，子どもの成長を喜びながら，そのよい面を中心に評価する姿勢が保育士には求められる。子どもはおとなに認められ，応答的な関係を築くことによって，周囲のものを探索し，日常生活のさまざまな事柄の意味を知り，自らの行動を意味づけていく。子どもの活動の様子，成長の様子，いきいきとした子どもの笑顔などから，保育士はその成長にふさわしい評価をする必要がある。そうした，日常の生活のさまざまな場面の子どもの様子やエピソードの記録を取り，後にふりかえって評価を行うのである。

（2）子どもへの評価の基本的留意点

　保育所保育指針には，①「子どもの活動内容やその結果だけではなく，子どもの心の育ちや意欲，取り組む過程などに十分配慮すること」と，子どもへの評価のポイントが示されている。子どもへの評価をするためには，以下の点について

留意する必要がある。

①**保育活動・保育環境とのかかわりの中で，1人ひとりが評価されているかどうか**：園の環境や地域とのつながり，家庭との連携，日々の生活，クラス，異年齢児とのかかわり，保育士とのかかわりなど，子どもを取り巻くさまざまな環境や状況からの総合的に評価しているか留意する。

②**子どもの内面を捉えた評価であるかどうか**：日々の生活や活動を記録し，感じたことやかかわりについてのエピソードをまとめることによって，表面的にはわかりにくかった子どもの情緒や，内面の育ちをとらえることができる。そのため，評価が内面の発達を見すえたものであるかどうか留意する。

③**さまざまなかかわりや場面が考慮された多面的な評価であるかどうか**：さまざまな場面やエピソード，担当者だけではなく多くの目からみた評価など，子どもの姿を多面的な視点で評価しているかどうか留意する。

④**1人ひとりの良さをとらえた評価であるかどうか**：子どもを表面的にみると，どうしても他の子どもとの比較や優劣，課題等がみえてくる。しかし評価に際しては，1人ひとりの良さを捉えて評価を行うことが前提となる。課題を明らかにするのではなく，その子の良さを捉え，その育ちの過程を観ているか留意する。

⑤**発達の特性を理解した上で，1人ひとりの発達に配慮した評価であるかどうか**：子どもの発達には個人差があり，道すじは同じであっても，1人ひとりその速度は異なる。保育指針の発達過程区分も「おおむね～歳」と示され，同年齢の均一的な指標や到達度ではないことが強調されている。発達の指標や他児との比較ではなく，その子の育ちを評価する視点が必要となる。

⑥**短期的な視点での評価に終わらず，長い目で見た評価となっているかどうか**：そのときどきの特定の行動や状況のみを取って評価を行うのではなく，それまでの過程や将来的な姿をも合わせみることで評価をする必要がある。

3 保育士の評価

日常の保育に関する評価については，保育所保育指針第4章2「保育内容等の自己評価」(1)「保育士等の自己評価」において，「ア 保育の計画や保育の記録を通して，自らの保育実践を振り返り，自己評価することを通して，その専門性の向上や保育実践の改善に努めなければならない」とされ，❶保育計画の作成のための評価及び，❷保育実践の評価による保育実践の改善が求められている。

また，留意事項として，①「子どもの活動内容やその結果だけではなく，子どもの心の育ちや意欲，取り組む過程などに十分配慮すること」②「自らの保育実践の振り返りや職員相互の話し合い等を通じて，専門性の向上及び保育の質の向

上のための課題を明確にするとともに、保育所全体の保育の内容に関する認識を深めること」とされており、自分の保育実践に留まらず、職員間の連携により園の保育内容全体の質の向上に努めるよう意識を広げることが示されている。

4 保育施設の評価

　1999（平成11）年の保育所保育指針の改訂では、保育サービスの多様化に伴う保育士の質の向上、子育て支援など、新たな専門性の獲得をめざすようになった。また2003（平成15）年から、保育士資格が国家資格化された。このため、2000（平成12）年の社会福祉法の改正では、第三者評価制度、苦情解決制度など、社会福祉施設の情報公開と質の向上のための外部評価等の導入がなされた。つまり、それまでは園内に限定された子どもや保育士への評価が行われてきたが、今後は地域住民やこれから保育所を利用しようとする人に対しても、わかりやすく保育サービスの情報提供をすることや、園の評価結果の公表を行なうことが求められてきている。また、新しい時代にふさわしい園として、子どもと保護者に信頼される園として、また地域の子育て支援の拠点として、質の高い保育実践を目指した事業全体への評価が求められている。

　保育所保育指針第4章2「保育内容等の自己評価」(2)「保育所の自己評価」において、ア「保育の計画の展開や保育士等の自己評価を踏まえ、当該保育所の保育の内容等について、自ら評価を行い、その結果を公表するよう努めなければならない」と示されている。留意事項として、「地域の実情や保育所の事態に則して、適切に評価の観点や項目等を設定し、全職員による共通理解を持って取り組むとともに、評価の結果を踏まえ、当該保育所の保育内容等の改善を図ること」「保育内容等の評価に関し、保護者及び地域住民等の意見を聴くことが望ましいこと」とされている。

2．保育評価の方法

1 省察による評価

　省察は、自らの保育やその日の子どもの様子について振り返る作業である。たとえば、保育室を片づけたり、保育日誌を書いたりしながら、その日の保育の中で印象に残っていることや子どもの気持ち、行為の意味などを考えることである。また、その日の保育を思い返すことによって、自らの実践について、違った角度からも振り返ることもできる。省察による評価は子どもや保育への評価の原点であるといってもよい。

2 記録による評価

　日々の保育を記録に残すことは，子どもの生活の様子，発達の様子，活動の様子などを書きとめる作業である。記録に残すことによって，振り返り，他の職員と情報の共有ができる。記録による評価には，主に保育所児童指導要録や保育日誌，子どもの成長の記録，計画への評価などがある。

　保育や子どもの様子を記録することによって，それまでみえなかった子どもの心の動きに気づいたり，課題がみられたりすることができる。また，実際に文章にすることで，自らの実践等についてあらためて整理して考えることができる。日々の記録による評価は，最終的に保育所児童指導要録などを作成する際の積み重ねとして重要な材料となる。このほか，おたより，育児相談の記録，保護者面談の記録，など多くの場面で，記録による評価は，行われている。

3 カンファレンスを通した評価（職員間の情報交換・検討）

　ケース会議や保育カンファレンスは，個々の子どもの事例についてさまざまな立場から，それぞれのかかわりの状況や考え方などを検討し，子どもへの理解やかかわり方，職員の専門性を深めるものである。この場合，職位や立場に関係なく，どのように考えるか，率直に意見を出すことからはじまる。留意点としては，①決して相手を批判しないこと，②意見の優位性を主張しないこと，③さまざまな意見に耳を傾け，正解を求めないこと，④自分の意見を相手に押しつけないことがあげられる。

　担任や直接関わりある保育者はもちろん，さまざまな立場の職員の見方やさまざまな場面での子どもの情報などから，事例に対してどのように考え，どのように援助するかを率直に出し合うことが必要である。また，職員それぞれの成長を支え合える場とするためにも，発言しやすい雰囲気をつくり，活発な意見を出すことが重要となる。園長や主任がスーパーバイザー*となり，多く意見を引き出すことが求められる。定期的なケース会議に加え，必要に応じて開催されることが望まれる。

*利用者に対する面談や援助の進め方や方向性などについて，援助者に対して指導や助言を行う者。

4 チェックリストによる評価

　チェックリストによる評価は，ある一定の指標や項目で日々のルーティーンワークなどをチェックすることができる。1人ひとりの子どもに柔軟な対応が求められる保育の内容や関わりについては不向きな場合もあるが，たとえば保育への心構えや準備，保育の環境，安全管理，清掃，乳児の呼吸の確認など，日々欠かさずやらなくてはいけない事項やリスクマネジメント等に活用できる。

5 映像機器による評価

　たとえばビデオや写真などの映像機器で保育の様子を撮り，後で視聴することなど，映像によって振り返ることは，自身の保育や子どもの様子をあらためて振り返ることができる。また，直接かかわっていなかった出来事や，ふだん何気なく見過ごしている事柄，環境などについて新たに発見することもできる。さらに，園内研修の資料として，職員間で視聴して意見を出し合うことにも有効である。しかしビデオなどは，撮影する人の見方がそのまま映像に反映しやすいので注意が必要である。

6 次の計画・実践へのフィードバック*・改善

*結果を見て原因を調整・修正すること。

　保育実践は，計画→実践→評価という過程の中で，いかにして次の計画や実践につながる評価ができるかが課題となる。このような，次の保育につなげていくための軌道修正の過程および内容をフィードバックという。フィードバックには，結果からその後の行動を修正するという意がある。保育の場合，評価を次の保育の計画をたてるときの判断材料として生かすことといえる。具体的には，ねらいやかかわり，環境構成，子どもの反応などそれぞれについて，内容や援助が適切であったか，課題はどのような部分かを評価し，次の計画を作成することである。フィードバックすることによって，はじめて保育の計画や日々の実践につながりが生まれ，継続した計画の作成や軌道修正が可能となる。

　フィードバックの結果行われる改善には，計画の作成だけではなく，①改善に向けた意志を持つこと，②改善をする行為，③改善の結果の定着まで含まれる。実践している保育者自らが「評価―改善」のプロセスを理解し，実行する「ボトムアップ型」の改善が求められる。

3．保育評価の内容

1 子どもへの評価の内容

（1）子どもへの日常的な評価

　保育者は日常的に保育の実践の中で，たとえば子どものやさしさを感じたことやできなかったことに挑戦したこと，元気に活動した場合など，ほめるなどして子どもにその評価を伝えている。また，望ましくないと思った場合は，なぜいけないことかを理解できるよう働きかけ，正しい方法を伝えるなどする。何気ない日常的な子どもとのかかわりの中で，子どもは保育者から日常的な評価を受けて自分の価値判断の基準をつくっていく。

（2）取り出し評価＊

　取り出し評価とは，日々の保育記録などから取り出して，期ごとや年間など一定期間の評価をする総合的な評価である。たとえば，「保育所児童保育要録＊＊」は，入所する子どもの在籍の状況や健康の記録，経過の記録などを評価し記録するものである（児童福祉施設最低基準第14条）。心身の発達の状況に加えて，遊びや生活の様子，興味・関心など，保育日誌などの記録を活用しながら記入する。こうした発達の経過を振り返る場合，日々の保育の評価がなければ難しい。
　また，個々の保護者への伝達や面談，育児に関する相談などを行う場合も日々の記録がもととなる。そのためにも日々の記録や評価を大切にしていくことが必要となる。

（3）保育所児童保育要録

　保育所保育指針の改定により，児童票にかわり新たに「保育所児童保育要録」の作成と小学校への送付が義務づけられた。小学校との連携＊＊＊・情報の共有のため「市町村の支援の下に，子どもの育ちを支えるための資料を保育所から小学校へ送付されるようにする」ものであり，子どもの就学に際し，施設長の責任の下で担当保育士が要録を作成し，就学先の小学校の校長に送付することとなったのである。

　保育所児童保育要録には，入所に関する記録及び，保育に関する記録を記載する。入所に関する記録は，❶児童名・性別・生年月日，❷保育所名・所在地，❸児童の保育機関（入所／卒所年月日），❹児童の就学先（小学校名），❺施設長及び担当保育士名である。保育に関する記録は，❶子どもの育ちにかかわる事項，❷養護に関わる事項（ア：生命の保持・情緒の安定にかかわる事項／イ：子どもの健康状態），❸教育（発達援助）に関わる事項（子どもの保育を振り返り，保育士の発達援助の視点等を踏まえた上で，最終年度における心情・意欲・態度等について記載）である。

　従来，幼稚園から小学校へは「幼稚園幼児指導要録」が送付されていたが，保育所の児童票には送付義務はなかった。子どもの発達を一貫した視点でとらえるためにも情報の共有は必要である。

　保育の連携のためにも，今後の有効な活用が期待される。

❷ 保育士への評価の内容

　保育士の保育への評価には，自己評価によるものと他者からの評価によるものがある。他者からの評価には，園長や主任などから評価を受ける場合と保育者間で互いの保育を評価し合う場合がある。

　保育者間での評価は，たとえば，お互いに保育を見たり，また保育の補助をし

＊日常の評価とは違い，意図的・計画的な評価。日常の評価や記録から取り出して評価を行う。

＊＊保育所児童保育要録は，「幼稚園幼児教育要録」と同じように，就学する小学校への送付義務がある。

＊＊＊2008（平成20）年文部科学省告示第27号別添2）に，小学校と保育所の連携が新たに盛り込まれた。これによって小学校・保育所・幼稚園の連携や連絡協議会の設置など一層の連携が図られる。

第 8 章　保育の実際と評価

図8－2　保育所児童保育要録（記入の参考例）

ふりがな		性　別		就学先	
氏　名				生年月日	平成　　年　　月　　日生

保育所名	（保育所名）	（所在地）〒　　－
及び所在地		

保育機関	平成　　年　　月　　日　～　平成　　年　　月　　日　（　　年　　か月）

子どもの育ちに関わる事項

養護（生命の保持及び情緒の安定）に関わる事項	（子どもの健康状態等）

教育（発達援助）に関わる事項

健康	明るく伸び伸びと行動し，充実感を味わう。	
	自分の体を十分動かし，進んで運動しようとする	
	健康，安全な生活に必要な週間や態度を身に付ける	
人間関係	生活を楽しみ，自分の力で行動することの充実感を味わう	
	身近な人と親しみ，関わりを深め，愛情や信頼感を持つ。	
	社会生活における望ましい週間や態度を身に付ける。	
環境	身近な環境に親しみ，自然と触れ合う中で様々な事象に興味や関心を持つ	
	身近な環境に自分から関わり，発見を楽しんだり，考えたりし，それを生活に取り入れようとする。	
	身近な事象を見たり，考えたり，扱ったりする中で，物の性質や数量，文字などに対する感覚を豊かにする。	
言葉	自分の気持ちを言葉で表現する楽しさを味わう。	
	人の言葉や話などをよく聞き，自分の経験したことや考えたことを話し，伝えあう喜びを味わう。	
	日常生活に必要な言葉が分かるようになるとともに，絵本や物語などに親しみ，保育士や友達と心を通わせる。	
表現	いろいろなものの美しさなどに対する豊かな表現を持つ。	
	感じたことや考えたことを自分なりに表現して親しむ。	
	生活の中でイメージを豊かにし，さまざまな表現を楽しむ。	

施設長名	㊞	担当保育士名	㊞

※「子どもの育ちに関わる事項」は，子どもの育ってきた過程を踏まえ，その全体像を捉えて総合的に記載すること。
※「養護（生命の保持及び情緒の安定）に関わる事項」は，子どもの生命の保持及び情緒の安定に関わる事項について記載すること。また，子どもの健康状態等について，特に留意する必要がある場合は記載すること。
※「教育に関わる事項」は，子どもの保育を振り返り，保育士の発達援助の視点等を踏まえた上で，主に最終年度（5，6歳）における子どもの心情・意欲・態度等について記載すること。
※子どもの最善の利益を踏まえ，個人情報保護に留意し，適切に取り扱うこと。
出典）保育所保育指針解説書より

ながら，良さと課題について伝えるなど，互いの保育について学び合う機会となる。

（1）子どもへの直接的な援助への評価

保育士の関わりには，直接的な関わりと間接的な関わりがある。直接的な関わりは，子どもと触れ合ったり，話したり，話を聴いたり，抱いたり，排せつの援助をしたり，食事を介助したりと，直に子どもと関わることがそれにあたる。子どもの主体的な活動や遊びを見守ることも直接的援助といってよいだろう。こうした直接的援助の振り返りは，保育者の評価の中心といってよい。たとえば，子どもが向けている関心や子どもの気持ち，子どもの学びなど，場面ごとにエピソードとして記録するとともに，自らの関わりや援助についても書きとめておく。それを後にふりかえる材料にしたり，他者を共有する資料として振り返り，意見を出し合ったりしながら評価を行うことができる。

（2）特別な配慮を必要とする子どもへの援助の評価

障害を持っていたり，集団生活の中で特別な配慮を要する子どもに対しては，1人ひとりの発達に配慮した計画の立案＊と，評価がともに必要となる。その子ども自身の成長の過程と，育ちの評価を，周りの子どもとの関わりや保育士などおとなとの関わりなどを通して，さまざまな角度から評価することが求められる。また，ケース会議を通して，直接担当する職員だけではなく，幅広い意見や検討を重ね，園全体で取り組めるような体制を取りたい。

＊〈参照〉保育所保育指針等4章（3）指導計画の作成上特に留意すべき事項ウ障害のある子どもの保育

さらに，保護者との相互理解や対応，専門機関との連携や助言などが適切に行われているかどうか評価していきたい。

（3）保育の計画の評価

通常，保育の計画を作成するためには，現状の把握及び前の計画の評価をもとにすることが多い。また保育は，保育の目標を具体化した「ねらい」とそれを達成するための「内容」で構成されるため，保育者が意図していた計画と実際の子どもの姿をみて評価し，次の計画に生かすことが求められる。

保育所保育指針「指導計画の展開」では，「（エ）保育士等は，子どもの実態や子どもを取り巻く状況の変化などに則して保育の過程を記録するとともに，これらを踏まえ，指導計画に基づく保育の内容の見直しを行い，改善を図ること」とされている。保育所保育指針解説書に「保育課程編成の手順について（参考例）」では，「保育課程に基づく保育の経過や結果を省察，評価し，次の編成に生かす」とあり，留意事項においても，「保育課程とこれに基づく指導計画の展開は，保育実践を振り返り，記録等を通して保育を評価し見直すという一連の改善のための組織的な取組」であるとしている。

一般的には，たとえば，年間指導計画・月間指導計画・週案・日案など，各計

画に「評価」の欄を設け，子どもの様子や活動の実際を記し，子どもにとっての意味，保育士の関わり等，振り返り記録する。この場合，計画や活動に無理がなかったか，子どもが見せた生き生きとした姿や発した言葉・表情などをエピソードとして記すことによってもより深い考察が得られる。

　保育所保育指針解説書では，保育課程の編成や指導計画の展開について，「保育実践を振り返り，記録等を通して保育を評価し見直す」，「子どもの姿を捉えながら自らの保育を継続的に省察する」とされており，計画作成における評価の位置づけを明確にしている。

(4) 間接的な援助に関する評価

　間接的援助とは，子どもの遊びが深まるような環境を構成したり，生活しやすいような配置にしたり，その他安全・衛生管理など，日々の生活に必要な環境を整えることである。

①**生活にふさわしい環境となっているか**：保育室その他の環境は，長時間の生活にふさわしいものとなっているか，保育室及び備品・玩具等は安全で衛生的か，使いやすい配置となっているかなど，子どもの生活環境として適切かどうかを評価する。

②**活動の場としてふさわしい環境となっているか**：保育室や園庭などは主体的な活動ができる環境となっているか，十分に遊びや活動ができる時間が確保されているかなど，遊びや活動の場として適切かどうかを評価する。

③**子どもの発達にふさわしい環境であるか**：子どもの発達に応じて興味や関心を引き出す配置や環境が構成されているか，遊具や玩具は発達にふさわしいものとなっているかなど，保育者が子どもの発達を理解して環境構成を行っているかを評価する。

④**自然の感じられる環境であるか**：子どもと自然,動植物とのかかわりを通して，自然への関心が高まるように配慮しているかなど，子どもと自然環境との関わりへの配慮を評価する（たとえば，小動物や周囲の自然環境に十分ふれることのできる環境であるか，自然が感じられる環境構成となっているかなど）。

⑤**特別な配慮を要する子どもへの配慮がなされた環境となっているか**：障害に応じた環境的な配慮（バリアフリーや用具の使いやすさなど）がなされているかなど，特別な配慮を必要とする子どもが生活しやすい配慮がなされているかを評価する。また，外国籍の利用者もスムーズになじめるように，表記や表現，文化・習慣への配慮などがあるかどうかについても評価する。

⑥**保護者が居やすいような環境的配慮があるか**：子どもだけではなく，保護者が落ち着き,入りやすいような雰囲気や環境が整っているか，また秘密が守られ，話しやすい環境が整っているかなど，保護者の居場所や安らぎの場に配慮して

いるかどうかを評価する。

3 保育施設への評価の内容

　保育施設の評価は，①子どもが日常的に安全に安心して生活できる環境やその管理に関する評価，②子どもによりよい保育を提供できているかといった保育に関する評価，③保護者や地域への関わりや子育て支援に関する評価，④職員の管理や処遇，園の運営といった運営管理の評価等が行われる。また，評価の実施については，たとえば，園による自己評価（施設長など管理者による自己評価／職員全体で取り組む自己評価）や監査など監督官庁による外部評価，保護者による評価，さらには，第三者による評価などがある。ここでは，園による安全管理等の評価，園による自己評価および第三者評価について以下に述べていく。

（1）安全・衛生に関する評価

　保育施設においては，子どもが快適にすごせるよう，日々安全・衛生管理は欠かせない。マニュアルや手順，チェックリストなどを作成し，日常的にチェックを行い，組織的に管理している。

　安全に関する評価は，たとえば，①日常的に環境等の安全に関するチェックを行う，②「ヒヤリハット」，子どものけがや事故の状況をまとめ分析する，③子どもに安全に関する教育・指導を行うなどの方法がある。それらを総合的に「リスクマネジメント」として組織的に安全対策をとる。

　衛生に関する評価は，①調理関係の衛生管理，②保育室の内外の子どもの生活するスペースの衛生管理，③トイレや水回りなどの日々の衛生管理，④園庭やテラスなど外のスペースおよび散歩等で利用する近隣公園などの衛生管理などがある。たとえば，砂場の砂の衛生管理のために，カバーをかけたり，定期的に消毒を行ったり，掘り起こしや砂の入れ替えを行ったりする過程で，管理ができていたか，また問題はどのような点かを評価していく。

　安全・衛生等に関する評価は，マニュアルの整備だけでなく，実際に機能していなければ意味がない。またマニュアルの整備とともに，全職員への周知の徹底や訓練，定期的な見直しと改善がなされなければならない。

（2）保育施設の自己評価

　保育所保育指針では，ア「保育所は，保育の質の向上を図るため，保育の計画の展開や保育士等の自己評価を踏まえ，当該保育所の保育の内容等について自ら評価を行い，その結果を公表するよう努めなければならない」と，保育施設での自己評価とその結果の公表が努力義務として規定された。

　また，イ「留意事項」として，（ア）「地域の実情や保育所の実態に即して，適切に評価の観点や項目等を設定し，全職員による共通理解を持って取り組むとと

もに，評価の結果を踏まえ，当該保育所の保育の内容等の改善を図ること」，（イ）「児童福祉施設最低基準第36条の趣旨を踏まえ，保育の内容等の評価に関し，保護者及び地域の住民等の意見を聴くことが望ましいこと」とされた。

　この場合の自己評価とは，園長等の管理者が施設に対して行うものではなく，職員1人ひとりの自己評価を基盤とし，全職員の参画と共通理解が求められている。そして，日々の保育や子どもの姿が反映された，トップダウンされる業務評価だけではなく，自ら自己の保育を評価し，改善の結果として園全体の保育の質がボトムアップされるような自己評価を各園でどのように工夫できるかが今後の課題となってくる*。

　具体的には，1年間のうちで保育の区切りとなるような時期（たとえば，年度の終わりや期の終わりの時期／年に1回～数回）に，日頃の保育実践のまとめを行い，計画や記録，調査などさまざまな題材を使用し，職員間で共有しながら行っていくことが望ましい。職員1人ひとり，クラス単位，園全体と，さまざまな実施の方法が考えられるが，まずは，計画的かつ継続的に実施できるようなシステムで行うことが必要である。

（3）自己評価の公表について

　自己評価の公表は，保育所の社会的責任として，保護者および地域社会に対して行うことが求められている。具体的な内容と方法については，園ごとで検討する必要があるが，ホームページや園だより，または事業報告等を利用して，公表することが考えられる。内容については，運営に関する事項，保育の内容に関する事項，保護者アンケートなど独自に調査した結果など，さまざまな要素が考えられる。また，公表した結果について再度意見を伺うなど，質の向上に努めていきたい。

（4）保育施設の第三者評価

　社会福祉法第78条「福祉サービスの質の向上のための措置等**」では事業主の質の向上のための評価及び国の援助が規定されている。また，同法第75条に利用者のための情報の提供が定められている。「福祉サービスにおける第三者評価事業」は，その質の向上のためのひとつの手段として2003（平成15）年より導入された。保育所においても，都道府県に設置された第三者評価推進機構の認定する評価機関やその他評価機関からの第三者評価を受審することによって，園全体の保育の質の向上と利用者への情報提供が図られている。

①第三者評価事業の目的・特徴

　第三者評価の目的は，①保育の質の向上，②利用者への情報提供，の2つである。前者は，外部からの客観的視点での評価を行なうことにより，質の低下を防ぎ，よりよい保育を目指すことにある。後者については，評価結果をイン

＊2009年度に，厚生労働省より，保育所の自己評価に関するガイドラインが出されるため，それを参照しながら，各園で，自己評価を行うことになる。

**福祉サービスの質の向上のための措置等：社会福祉法第78条1「社会福祉事業の経営者は，自らその提供する福祉サービスの質の評価を行うこととその他の措置を講ずることにより，常に福祉サービスを受ける者の立場に立って，良質かつ適切な福祉サービスを提供するよう努めなければならない」同2「国は，社会福祉事業の経営者が行う福祉サービスの質の向上のための措置を援助するために福祉サービスの質の公正かつ適切な評価の実施に資するための措置を講ずるよう努めなければならない」

ターネットその他によって公表することにより、利用者が入園する保育所を選択する際の、あるいは地域の住民等への情報提供をすることにある。

第三者評価の特徴は、第1に監査とは異なり、園の自己評価や保護者へのアンケートも含めた総合的な評価であること、第2に園の最も中心的な保育内容の評価も盛り込んだ評価であること、第3に研修を受け、かつ保育の内容も熟知した外部の評価調査者による評価であることなどである。

②第三者評価事業の効果・課題

第三者評価の効果は、第1に、園全体で評価に取り組むため、施設長、主任、保育者、調理担当者、保健担当者などがこれまでの実践を振り返ったり、互いに連携を確認したり、日頃の保育を振り返る機会となることにある。第2に、他者からの評価により、普段気づきのなかった課題が明確になる点である。

第三者評価の課題は、第1に評価調査者の質の問題があげられる。これにはいっそうの養成・研修の充実が求められる。第2に評価結果の公表の問題があげられる。現在は、インターネット等により、任意の公表*が行われているが、誰もが手に入れやすく、かつわかりやすいものでなくてはならない。第3に評価項目にないものへの評価をどのように行うかという課題がある。項目にない「園のよさ」をどのように評価するか、またたとえば「ゆるやかさ」「やさしさ」「のびのびしている」など、主観的な部分についてどのように評価するかが課題となる。第4に受審園が評価結果等を今後どのように生かしていくかである。

第5に、コンサルテーション**のあり方の問題である。基本的には評価とコンサルテーションとは別のものであり、実施しない評価機関が多いが、改善のための示唆を望む声も受審園から求められることもある。

4 保護者による評価の方法と内容

（1）保護者による評価

児童福祉施設最低基準第36条では、「保育所の長は、常に入所している乳児又は幼児の保護者と密接な連携をとり、保育の内容等につき、その保護者の理解及び協力を得るよう努めなければならない」とされ、保護者との連携及び保育についての理解と協力が求められている。それを踏まえて、保育所保育指針***では、「児童福祉施設最低基準第36条の趣旨を踏まえ、保育の内容等の評価に関し、保護者及び地域の住民等の意見を聴くことが望ましいこと」とされた。さらには、保育課程作成の際には「地域の実態、子どもや家庭の状況、保育時間等を考慮し…」とあるように、地域や保護者、家庭の状況を勘案して作成されることが求められている。

保護者による評価については、近年アンケートや利用者満足度調査などを実施

---

*第三者評価の結果は「i-子育てネット」「WAMNET」などで公表されている。

**社会福祉援助技術における「関連技術」のひとつ。施設の運営や援助内容等について専門的な指導・助言を行うこと。

***第4章—2保育の内容の自己評価（2）保育所の自己評価イ—（イ）。

するケースが多くなっている。さらに，保護者会等の際の意見交換の機会や個人面談，保育参観や保育参加，行事，苦情解決制度なども保護者による評価の機会のひとつとしてとらえることができる。さまざまな場面で，保護者とともに子どもを育てていくために，あるいは，ともに保育を考えていくパートナーとして情報交換をしていきたい。

（2）保育サービスに対する苦情解決＊

1）苦情解決制度の目的と概要

社会福祉法では，社会福祉事業者は利用者からの苦情に対して適切に解決にあたることとされている。保育所保育指針においても，第1章総則-4「保育所の社会的責任について」において「保育所は，入所する子ども等の個人情報を適切に取り扱うとともに，保護者の苦情などに対し，その解決を図るよう努めなければならない」とされている。これまでは，なるべく苦情を避けたい，また公表したくないと思う園も多くあった。また近年，理不尽な要求をする利用者との関係に戸惑うケースも多い。しかし利用者からの意見や苦情は，日々の保育をいかに完璧に行ったとしても全くなくなるということはない。むしろ苦情や意見を積極的に受け止め，解決の過程を公表するなど，積極的な姿勢が求められる。

実際は苦情を申し立てた人も施設もとても神経質に問題をとらえることになる。また特定の職員が関係する場合，関係しない職員は無関係だと思うこともある。しかし，苦情解決で必要なことは園全体での共有や理解であり，一職員の課題ではなく，園全体の課題としてとらえ改善することで，結果として園の質の向上につながる。

2）苦情解決の内容

園は苦情解決にあたり，苦情解決責任者および苦情受付担当者を園内に設置し，その他，外部に第三者委員を任命し苦情解決にあたることとされている。第三者委員には，園の職員等かかわりのあるものではなく，地域住民や専門家など，第三者が就くことで直接苦情などの相談ができる。園は，苦情解決責任者・苦情解決担当者・第三者委員とその連絡方法を掲示や配布によって利用者に積極的に情報提供することがもとめられている。

また解決に際して，園内で解決が図られない場合は，都道府県社会福祉協議会に設置する運営適正化委員会がその調整にあたる。運営適正化委員会は，苦情に対する申し立てを調査し，苦情の解決をあっせんし，相談を受け，利用者に不当な場合は都道府県知事に通知する。

＊社会福祉法第82条「社会福祉事業の経営者は，常にその提供する福祉サービスについて，利用者等からの苦情の適切な解決に努めなければならない」。

図8－2　苦情解決の仕組み

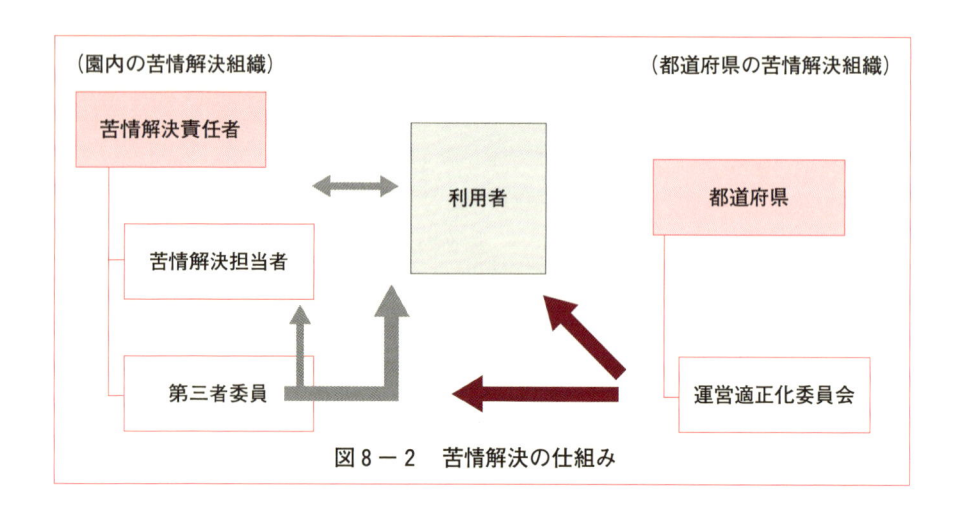

4. 評価と研修

1 研修の意義

　評価によって，課題を見出し，改善し，より得意とする分野を極めていくことは，保育士の実践や意欲の向上に結びつき，結果として園全体の質の向上につながる。そうした職員の資質向上のためには，研修を行うことが必要である。保育所保育指針第7章「職員の質の向上」においても，施設長の責務として，保育の計画や評価を踏まえた研修体制の確立と自己研鑽への援助・助言が求められている。

　研修をする意義は，第1に質の高い保育を行うためである。研修によって，さまざまな保育観や保育実践の方法にふれることで，自身の保育観・保育実践について再確認し，日々の保育に生かすことができる点である。第2に多様な保育ニーズへの対応のためである。現在，さまざまな就労形態や特別な配慮が必要な利用者・家庭など，多様化する保育ニーズへの対応が求められている。そして，第3に子育て支援等，新たなサービスの推進のためである。園が地域の子育ての中心基地として園内外の子育てを支えるためにも，子育て支援（保護者の子育ての支援と子どもの育ちの支援）に関する研修は必須といってよい。

　保育所は施設として，「絶えず1人ひとりの職員についての資質向上及び職員全体の専門性の向上を図るよう努めなければならない＊」とされ，またその基盤となるものは，「職員1人ひとりの倫理観，人間性並びに保育所職員としての職務及び責任の理解と自覚」であるとしている。よって，あらかじめ，①研修に対

＊保育所保育指針第7章「職員の資質向上」

する園の姿勢や基本方針を明確にし，②それに基づく研修計画を立て，③研修を実施し，④研修の成果を評価し，⑤次の研修に生かしていく計画的・組織的な研修の取り組みが必要となる。

2 研修の内容

　保育における研修には，①自己研修，②内部研修，③外部研修の3つの種類がある。それぞれさまざまな形態があるが，どれかに偏るのではなく，それぞれをバランスよく実施していくことが求められる。とくに近年は保育時間が長時間となり，研修や会議の時間をとることも難しくなってきている。複雑な勤務のローテーションの中で，その時間をいかにして確保するかは多くの園で課題となっている。

　保育所保育指針では，「職員は，子どもの保育及び保護者に対する保育に関する指導が適切に行われるように，自己評価に基づく課題等を踏まえ，保育所内外の研修等を通じて，必要な知識及び技術の習得，維持及び向上に努めなければならない」，「職員1人ひとりが課題をもって主体的に学ぶとともに，他の職員や地域の関係機関など，様々な人や場との関わりの中でともに学びあう環境を醸成していくことにより，保育所の活性化を図っていくことが求められる」と，研修への関わりの意義が述べられている。

(1) 自己研修

　自己による研修は，心がけ次第でどのような形でも可能である。保育に関する本を読んだり，自主的に勉強会に参加したり，その他，子育てや育児の話を聞いたり，インターネット，TVや映画等でも可能である。また，他施設の見学に赴いたり，関係機関・関連分野の学習をすることも，保育に生かせるならば自己研鑽・自己研修の機会となる。

(2) 内部研修

　内部研修は，園内において職員および保育者の質の向上のために独自に設ける研修である。たとえば，園内の研修や保育カンファレンス，研究保育，外部講師を招く講習会などさまざまなものがある。内部研修は，園の保育理念の理解や保育内容に関する検討，子どもに関する内容や環境構成，その他安全事故不審者対策など，具体的に園の現状にふさわしいテーマや内容が望まれる。個々の職員が主体的に選択し参加する機会や園の保育の質に関する参画型の自己評価など，一方的に学ぶだけではなく，自身で考え作り出せるような内部研修の機会も必要となる。

(3) 外部研修

　外部研修は，自治体が開催するものや保育団体などが主催するものもある。そ

れぞれ，施設長を対象とするものから主任保育士を対象とするもの，経験年数や学べる専門技術によって保育者を対象とするものまで幅広い。また，栄養士や調理員，看護師，障害児担当者など，職務によって参加するものも異なっている。こうした外部の研修に参加することによって，保育技術，専門技術の向上などが期待できる。また，外部研修に際しては，それぞれ異なる分野であったとしても，園の代表として参加しているため，研修報告や内部研修により他の職員にも伝え，園全体の質の向上を目指さなければならない。

自己研修	内部研修	外部研修
・自主的に学び，研修する ・専門職・園長等によるスーパービジョンを受ける ・地域の行事等に参加する ・研究会等に自主的に参加する ・TVや映画などによって学習する	・園内研修をする（職員相互の学びあい） ・研究保育 ・小グループで学びあう ・映像や資料等を使用する ・外部の講師（専門職等）を招く ・関係機関との協議	・外部の講習会等に園の代表として参加する ・自治体主催の研修会等に参加する ・複数の施設が協力して実施する

図8－3　研修の概要

<引用・参考文献>
森上史朗・高杉自子・野村睦子・柴崎正行編『幼稚園教育と評価』ひかりのくに，1997
全国社会福祉協議会「あなたの園の自己点検「第三者評価」の解釈と運用」，2002
小笠原文孝『保護者の要望をどう受けとめるか』フレーベル館，2002
森上史朗『幼児教育への招待』ミネルヴァ書房，1998
田中哲郎『保育園における事故防止マニュアル―事故・トラブル対策―』日本小児医事出版社，2003
社団法人全国保育士養成協議会児童福祉施設福祉サービス第三者評価機関（HYK）「保育所第三者評価の実際～保育所をよりよく理解するために～」全国保育士養成協議会，2007
田中まさ子・仲野悦子『保育者を支援するより良い研修をめざして―岐阜レポート2007』みらい，2007
テルマハームス・デビィクレア・リチャードMクリフォード著，埋橋玲子訳『保育環境評価スケール①』2004「保育環境評価スケール②』法律文化社，2004
増田まゆみ・石井章仁・高辻千恵「認定こども園と保育所・幼稚園合同保育実施施設における保育の質の評価に関する一考察」目白大学総合科学研究第3号p95-112，2007
「福祉サービス第三者評価基準ガイドラインにおける各評価項目の判断基準に関するガイドライン」について（平成16年雇児総発第0824001号）
i-子育てネット http://www.i-kosodate.net/mhlw/new_move/3rd_party/index.html

「WAM NET」
http://www.wam.go.jp/wamappl/hyoka/003hyoka/hyokanri2.nsf/aHyokaTop?OpenAgent
文部科学省「幼稚園における学校評価ガイドライン」2008
保育・子育て総合研究機構研究委員会『保育園における「子どもの育ちと学びの分かちあい」への招き』社団法人全国私立保育園連盟，2008

第9章 園生活における健康や安全への配慮

〈学習のポイント〉　①子どもの健康・安全を保障するためのさまざまな方法・留意点を理解しよう。
　　　　　　　　②健康診断・予防接種・伝染病の実際について理解しよう。
　　　　　　　　③近年顕著にみられるアレルギー・SIDS・児童虐待などの実態を知り，どのような予防・対応が必要かを理解しよう。
　　　　　　　　④事故の予防，安全管理，環境の改善などの具体的方法を理解しよう。

1．日常の保育のなかでの保健活動

　子どもの健やかな成長と発達を保障していくには，なによりも子どもの心身の健康や安全を保障していくことがまず基本的に求められる。したがって，保育者は，つねに子どもの心身の健康状態について知っておくことがきわめて大切であり，また，子ども1人ひとりの健康に応じた保育と，全体の子どもの健康保持および疾病の予防さらには健康の増進を図る保育を心がけなければならない。

■1 子どもの健康状態の把握

　子どもの健康状態の把握は，日頃の保育のなかでの観察と，登園時の視診，および保護者からの健康状態の報告を通して行われることが基本である。また，降園時も子どもの心身の健康状態を確認し，様子を保護者に伝えることも大切である。

　朝の視診および，保育中の子どもの心身の健康状態を把握するための目安として次の点に留意したい。

＜健康状態の観察の目安＞

①元気：誰しも，心身の健康を害していると元気がなくなる。子どもは本来元気なものであるので，元気のない状態が続くときは，注意して原因を確かめることが必要である。

②顔色：顔色は，個人差があるが日頃の顔色と比べて悪く，その状態が消えないときは，体調に変化があるとみなされるので，注意が必要である。

③皮膚の状態：皮膚の色つや，張り具合も体調の変化の指標となる。

④目：目が輝いているか，トロンとしていないか，充血していないか，あるいはキョロキョロと落ち着きがないかなどをみて，発熱や精神的動揺，不安などがないかを確かめる。

⑤声：声に張りがなかったり，声がかすれていたり，泣き声だったりする場合は，

風邪の引きかけ等疾病の予兆，または精神的に何かあったときであることが察せられる。
⑥排尿・排便の状態：排尿・排便の回数が日頃より，多すぎるあるいは少なすぎる，性状に変化があるかをみる。ことに乳児に関しては注意深く様子をみる。
⑦活動状況：いつもより活発さに欠けないか，動作が鈍くなっていないか様子をみる。
⑧睡眠の状態：寝つき，寝苦しさ，寝起きの様子を観察する。
⑨疾病の兆候：上述の目安のほかに，目やに，鼻汁，せき，熱などにも注意が必要である。朝の登園の際に疾病の兆しがある否かは，連れてきた家族に尋ねるようにする。

　子どもの発達に関する保護者からの情報の入手については，生育歴や市町村等で行われる健康診査の情報を参考にするために母子健康手帳等も活用するとよい。ただし，この場合は，個人情報に関する守秘義務の徹底を図らなければならない。

　また，園の嘱託医や子どものかかりつけの医師との情報交換も必要に応じて行うことが望ましい。

2 体調不良への対応

　子どもに以下の症状が現れたときは，要注意であり，次のような対応をとる必要がある。
①　熱があるとき
- まず熱をはかってみる。
- 水分を与え，ほかの子どもと離し，医務室で静かに休ませる。
- 水枕で冷やす，濡れたタオルで冷やすなど発熱のときの応急処置をして，保護者に連絡をとる。

②　吐き気のあるとき
- 無理に食べさせない。
- 様子をみながら水分を少しずつ与える。
- 吐いた量，内容，臭い，色を注意してみておく。
- 口をすすがせ，衣類が汚れた場合は着替えさせて，静かに医務室で寝かせる。
- 寒がる場合には，保温する。
- 何回も吐きそうな場合は，すぐに吐物を受けられる容器を用意しておく。

③　下痢をしたとき
- 便の性状と回数，色，臭いに注意し，白色便，血便等異常を感じたときには便をとっておき，医師の受診の際に持参してもらう。

・保育者は手をよく洗って応急手当をし，保護者に連絡をとる。保護者の迎えの遅くなるときには，嘱託医に連絡し，適切な処置をとる。
④　咳が出るとき
・強く咳き込んだり，ぜんそく様の咳で苦しそうにしている場合は，子どもを落ち着かせ，水分をとらせる。
・咳がなかなかとまらない場合は，ほかの子どもから離し，嘱託医の応援を頼む。
・発作のときは，子どもを不安がらせないようにする。

3 健康習慣，健康増進

　改定保育所保育指針では，「子どもの健康に関する保健計画を作成し，全職員がねらいや内容を明確にしながら，一人一人の子どもの健康の保持及び増進に努めていくこと」とある。一人一人の子どもの生活リズムや食習慣などを把握するとともに，年間の保健計画を作成し，発育・発達に適した生活を送ることができるように援助することとしている。

　子どもの健康が損なわれていることを発見したときには，それに的確に対応することは必須であるが，日頃から健康を損ねないように疾病の予防や健康の増進を図ることも大切である。そのために，以下のことを健康教育として保育に取り入れたい。

①　虫歯の予防に関心をもたせ，歯磨き，うがいを励行する。
②　感染予防のために，手洗い，うがいを励行し，コップ，歯ブラシ，タオル，ハンカチなどは，各自のものを準備するようにする。
③　子どもの疲労に注意し，適切な休養がとれるように配慮する。夏場や長時間の活動の後などは，積極的に休養をとらせるよう心がける。
④　自らの健康に関心をもたせるように働きかけ，体調の変化や異常に気づいたときには，保育者に知らせるように導く。

4 食育の増進

　2005（平成17）年制定の「食育基本法」を踏まえ，保育の内容の一環として「食育」が新たに保育所保育指針に位置づけられた。本指針では，食育の基本は，「子どもが生活と遊びの中で，意欲を持って食に関する体験を積み重ね，食べることを楽しみ，食事を楽しみ合う子どもに成長していくことを期待するものであること」とし，その実現に向けた環境づくりも大切であるとした。具体的には子どもが自らの感覚や体験を通して，自然の恵みとしての食材や調理する人への感謝の気持ちをもつように，子どもと調理員との関わりや調理室など，食に関わる

保育環境に配慮することとなっている。
　食育の推進にあたっては，食事の提供を含む食育の計画を作成し，保育の計画に位置づけることとしている。

2．健康診断

　保育所では子どもの個人ごとの，心身の状態と健康の程度を正しく把握し，心身の養護と健康を図るための基礎資料を得るために定期的に健康診断を行うことが義務づけられている。児童福祉施設最低基準（第12条）によれば，入所時と年2回以上の定期健康診断および臨時健康診断を，学校保健法に規定する健康診断に準じて行わなければならないとされている。
　学校保健法による定期検査には以下の11項目があげられている。
①身長，体重，胸囲および座高
②栄養状態
③脊柱および胸郭の疾病および異常の有無
④視力，色覚および聴力
⑤眼の疾病および異常の有無
⑥耳鼻咽頭疾患および皮膚疾患の有無
⑦歯および口腔の疾病および異常の有無
⑧心臓の疾病および異常の有無
⑨尿
⑩寄生虫卵の有無
⑪次のような場合で，必要があるときには臨時検査を実施する
　・伝染病または食中毒の発生したとき
　・風水害等により伝染病の発生のおそれがあるとき
　・夏季における休業日の直前または直後
　・結核，寄生虫病，その他疾病の有無について検査を行う必要のあるとき
　健康診断は実施する意義はあるものの，規定による実施回数は，少ない場合で年2回であり，その機会に健康の異常を発見できる確率は低い。また，慢性的な疾患がある場合は，子どものかかりつけの医師が発見する場合が多い。したがって，健康管理は健康診断だけに頼るのではなく，むしろ，日常の保育のなかで，保育者が子どもの心身の健康の変化に気づけるよう，保育者が五感を働かせて子どもからの異常発信を受け止められるようになることが大切である。
　なお，定期健康診断は，職員にも受診が義務づけられている。

3．伝染病と予防接種

１ 伝染病

　子どものかかりやすい伝染病は表9－1に示したが，本人が伝染病にかかった場合は，再登園する際に医師の許可が必要となる。登園の基準は，学校伝染病の登校許可基準に準ずる。

２ 予防接種

　予防接種は，人工的な方法によって，疾病から個体を守ることを目的としている。すなわち，ウイルス，細菌による感染症を予防するため，免疫のない者に対して，抗体を人工的に作り，免疫を与えるのである。これには，個体が伝染性の疾病にかからないようにすることと，疾病が流行しないようにすることの２つの目的がある。

　予防接種には，1994（平成6）年に予防接種法の改正によって，本人や保護者が積極的に接種を受けるよう努力することを国がすすめるようになった勧奨接種と，希望する者に行う任意接種がある。

　予防接種は，市町村あるいは都道府県の首長が主体となって，一種の公共サービスとして集団的に実施されてきたが，ポリオ等一部のものを除いては，近頃では，予防接種の副作用がなるべく出ないようにするために，かかりつけの医師によって，今までの健康状態や当日の体調などをもとにして個別的に接種するようになった（個別接種）。保育園では，個別接種を受けた場合に保護者から報告を受けるようにするのが一般的である。

　予防接種法で定期接種として定められているものは，次のものである。BCGも予防接種として実施されているが，これは，結核予防法によって施行されている。

①ジフテリア・百日咳・破傷風
②ジフテリア・破傷風
③ポリオ
④麻疹
⑤風疹
⑥日本脳炎

　なお，接種を受けることが適当でない者（接種不適当者）や，接種の判断を行うに際し，注意を要する者（接種要注意者）には，予診を行うことにより，健康状態を把握するよう規定されている。

(1) 予防接種実施規則第6条に規定する接種不適当者

①明らかに発熱を呈している者
②重篤な急性疾患にかかっていることが明らかな者
③当該疾患に係わる予防接種の接種液の成分によって，アナフィラキシーを呈したことが明らかな者
③急性灰白質髄炎（ポリオ），麻疹および風疹に係わる予防接種の対象者であって，妊娠していることが明らかな者
④その他，予防接種を行うことが不適当な状態にある者

(2) 予防接種実施要領に規定されている接種要注意者

①心臓血管系疾患，腎疾患，肝臓疾患，血液疾患および発育障害等の基礎疾患を有することが明らかな者
②前回の予防接種で2日以内に発熱のみられた者，または全身性発疹等のアレルギーを疑う症状を呈したことがある者
③過去にけいれんの既往歴がある者
④過去に免疫不全の診断がなされている者
⑤接種しようとする接種液の成分に対して，アレルギーを呈するおそれのある者

以上のように，予診によって不適当者を把握することにはなっているが，万が一，接種後に健康被害にあった場合には，国の責務として救済措置がとられるようになっている。

表9-1　子どものかかりやすい伝染病（巷野ら，1995）

病名	主要症状	潜伏期間	出席停止期間
麻疹（はしか）	咳・くしゃみ・涙目・発熱・コプリック斑・発疹	10日～12日	解熱後，3日を経過するまで
風疹	発疹・頭，頸部のリンパ腺腫脹風邪のような発熱	10日～21日	発疹が消えるまで
水痘	発疹・発熱で始まり。水疱性発疹はしだいに痂皮化（かさぶた）する	10日～21日	すべての発疹が痂皮化するまで（約1週間）
流行性耳下腺炎（おたふくかぜ）	耳下腺の膨張・発熱	14日～21日	耳下腺の腫脹が消えるまで
インフルエンザ	発熱・頭痛・咽頭痛・関節痛・胃腸症状	1日～3日	発熱後，2日を経過するまで（一般的には3～4日）
百日咳	熱がなくけいれん性の咳が続く，咳は夜間に多い	7日～21日	特有の咳が消えるまで
咽頭結膜熱（プール熱）	発熱・咽頭痛結膜炎（充血，目やになど）	3日～7日	主要症状が消えた後2日後経過するまで
流行性角結膜炎	涙目・目やに・異物感・結膜の充血や角膜がにごる	5日～7日	治るまで
手足口病	手，足，口に発疹または水疱ができる	4日～5日	主要症状がとれるまで
伝染性紅斑（りんご病）	両頬に開いた蝶形の紅斑・手足に網状の発疹	5日～14日	主要症状がとれるまで
伝染性痂疹（とびひ）	発赤・水疱・びらん	10日～14日	治るまで
急性灰白髄炎（ポリオ）	発熱・大量の発汗・手足，その他，筋肉の麻痺	5日～20日	急性期の主要症状が消えるまで
ウイルス性肝炎	発熱・吐き気・黄疸（1週間ぐらい後から）	14日～30日	主要症状が消えるまで

＊法定伝染病は伝染病予防法の取り扱いに準じる。

4．アレルギーへの配慮

　アレルギーは免疫と同じ抗原抗体反応であるが，それが人体に不利な影響を与えるものについていう。人体に不利な作用を起こす原因となるもの（抗原）をアレルゲンといい，食品，ハウスダスト，ダニ，花粉，動物の毛，細菌，薬剤その他いろいろある。

　日常の抗原に先天的に過敏で遺伝傾向があるものをアトピーという。気管支ぜんそくやアレルギー性鼻炎などがある。アトピー性皮膚炎という病名もあるが，その本態にはまだ問題がある（今村，1993）。

■1 食物アレルギーとのその対応

　食物成分がアレルゲンとなってアレルギー反応を起こす食物アレルギーの原因となる食物には，卵，牛乳，大豆が多い。その他，肉，魚などの動物性たんぱく質，小麦，そばなどの穀物，トウモロコシ，トマトなどの野菜，ミカン，リンゴ，バナナなどの果物など種類は多い。

　アレルギーの症状としては，
　①消化器症状：嘔吐，腹痛，下痢
　②呼吸器症状：鼻汁，くしゃみ，鼻閉塞，咳，喘鳴（ぜんめい），呼吸困難
　③皮膚症状：皮疹，皮膚のかゆみ
　④その他：たんぱく尿，血尿，頭痛，めまい

などが出ることがある。これらの症状が，食物アレルゲンによって直ちに出る場合は，診断が容易であるが，食事との関係がはっきりしないものも多い。また，摂取しても毎回発症するとは限らないので，診断が困難な場合もある。

　対応としては，まず食事日誌などからアレルゲンを推定し，除去食，誘発試験を行ってアレルゲンを推定する。アレルゲンが特定できた，またはあらかじめわかっている場合は最低6カ月，多くは1年以上アレルゲンを除去する。除去食のために，身長や体重が減少することがないよう注意すること，保育園では，差別感をもたせないよう配慮する必要がある。

■2 気管支ぜんそく

　ぜんそくとは，気管・気管支が狭くなるために息が苦しくなる病気で，気管支粘膜が炎症を起こすことによる。屋内のほこり，花粉，動物の毛，ダニ，タバコ，ヘアースプレー，カビ，薬などで発作が誘発される。気象も関係し，9月から10月ごろ発作を起こす者が多い。初めは，くしゃみや鼻汁などであるが，ひどくなるとゼーゼー，ヒューヒューという呼気性の呼吸困難となる。抱かれるか，

座った姿勢でいると呼吸は楽になる。発作のときには何回かに分けて，水分を十分とらせ，腹式呼吸をさせるようにする。

ふだんから，冷水摩擦や薄着によって，寒冷の刺激に慣らしておくとよい。

3 アレルギー性鼻炎

くしゃみ，鼻汁など鼻かぜの症状が出る。熱は出ない。杉の花粉によるものが多いとされているが，季節によってアレルゲンを異にして発症する。

5．SIDSへの配慮

1 SIDSの定義と問題

厚生労働省の心身障害研究班の定義によれば，乳幼児突然死症候群（SIDS：Sudden Infant Death Syndrome）とは，「それまでの健康状態および既往歴から，その死亡が予想できなかった乳幼児に突然の死をもたらした症候群（広義）」または，「それまでの健康状態および既往歴から全く予想できず，しかも剖検によってもその原因が不詳である乳幼児に突然の死をもたらした症候群（狭義）」とされている。

本疾患は1969年の国際会議で1つの認められた疾患単位としての病名が使用され，1978年に国際疾病分類（ICD）に採用登録された。

感染症や下痢脱水で多くの乳幼児が死亡していた時代には，本症の重要性は少なかったが，乳幼児死亡率が低くなった先進国においてSIDSが新生児期を除いた乳幼児死亡の第1位を占めるようになり，その相対的な重要性が増してきた。本疾患は，小児科の医師にしてみれば，原因不明のまま元気であった子どもが突然死亡し，その予知も予防もできないことが，医師としてさらに科学者としての威信にかかわる問題であり，また，家族にしてみれば，かわいい盛りのわが子が，なんの前ぶれもなく突然死亡するという悲しみと精神的ストレスに加え，自分が過失を犯したのではないかとの自責の念にかられることが少なくない。これらのことから，本疾患は医学的，社会的に重要な意味がある。

また，今後，母親が社会の一員として社会的活動に参加するようになって母子分離の育児環境が一般化し，SIDSの発生頻度が増す可能性が高まることが予想されるばかりでなく，若い母親の知識としてのSIDSが育児不安の中で大きな位置を占めつつあることから，社会的にSIDSの正しい知識を伝達することが急務となっている（仁志田，1993）。

表9-2 乳幼児突然死症候群（SIDS）に関するガイドライン（厚生労働省）

2005年4月，厚生労働科学研究（子ども家庭総合研究事業）「乳幼児突然死症候群（SIDS）の診断のためのガイドライン作成およびその予防と発症率軽減に関する研究」（主任研究者：坂上正道北里大学名誉教授）において，乳幼児突然死症候群（SIDS）の定義および診断に際しての留意事項を明確にした「乳幼児突然死症候群（SIDS）に関するガイドライン」を公表した。
http://www.mhlw.go.jp/houdou/2005/04/h0418-1.html

参考「乳幼児突然死症候群（SIDS）に関するガイドライン（2005年4月公表）概要

Ⅰ　乳幼児突然死症候群（SIDS）の定義
それまでの健康状態および既往歴からその死亡が予測できず，しかも死亡状況調査および解剖検査によってもその原因が同定されない，原則として1歳未満の児に突然の死をもたらした症候群。

Ⅱ　診断に際しての留意事項
1) 乳幼児突然死症候群（SIDS）の診断は原則として新生児期を含めて1歳未満とする。
2) 乳幼児突然死症候群（SIDS）の診断は剖検に基づいて行い，解剖がなされない場合および死亡状況調査が実施されない場合は，死亡診断書（死体検案書）の分類は「不詳」とする。
3) 乳幼児突然死症候群（SIDS）は一つの疾患単位であり，その診断のためには，乳幼児突然死症候群（SIDS）以外の疾患および窒息や虐待などの外因死との鑑別診断が必要である。
4) 外因死の診断には死亡現場の状況および法医学的な証拠を必要とする。また，虐待等意図的な窒息死は鑑別が困難な場合があり，慎重に診断する必要がある。

2 SIDSの現状と危険因子

SIDSの発生件数は，わが国では，2004（平成16）年における本症による死亡数が232人であり，その約9割が1歳未満の乳児期に亡くなっている。その発生原因は，不明ではあるが，発症に関連ある因子についての研究が重ねられ，次のようないくつかの危険因子が指摘されている。

子ども側の因子としては，①第2子である，②子宮内発育障害（低体重出生，未熟出生など）がある，③新生児期に多呼吸，頻脈，チアノーゼ，嘔吐があった，④哺乳力低下，体重増加不良，⑤異常な泣きが多い，おとなしすぎる，⑥ヘルニア，母斑，憩室などの小さな奇形などがあげられ，母側の因子としては，①若年（21歳未満）であること，②不適切な出生前ケア，③妊娠中の喫煙歴がある，④麻薬などの非合法な薬物の常用，⑤妊娠間隔が短いことがあげられる。

3 うつぶせ寝とSIDSとの関係

うつぶせ寝とSIDSの関連が最近の話題の1つになり，多くの論文が発表され，その関連が指摘された。オランダではうつぶせ寝を止めるキャンペーンを行っ

てからSIDSの発生頻度が減少している。なぜうつぶせ寝がSIDSに関連するのかは，実際のところは明らかにはなっていないが，うつぶせ寝にすると高体温になりやすいこと，REM（Rapid Eye Movement）睡眠時の無呼吸，上気道の狭窄，吐物や柔らかいマットによる窒息などが原因としてあげられている。うつぶせ寝では，子どもの顔が見えず，異常が発見しにくいことと，子どもがよく眠るので母親が子どもの側を離れがちになることなどが関与していると考えられる。日本の場合は，添い寝，あるいは同室での就寝が多いので，母親が常に子どもに接していることがSIDS発生予防につながっているという説もある。

保育園でもSIDSは十分起こりうるため，子どもを寝かせるときには次の点に注意したい。

- ・子どもは，仰向け寝にする。
- ・敷き布団は硬めのものを使う。
- ・掛け布団は軽めのものを使う。
- ・掛け物が顔にかからないようにする。
- ・よだれかけは外す。
- ・枕や枕代わりに折ったタオルなどは使用しない。
- ・布団と壁，布団とベッドの棚などの間に顔が入らないようにする。
- ・午睡室は子どもの顔色が見える程度の光源を確保する。
- ・午睡室には，必ず正規職員が在室して子どもの変化に対応できるようにする。

4 SIDSの家族への対応と一般市民への啓蒙活動

SIDSを経験した家族は，元気であった子どもが突然に死亡するという激しい心傷を負うにとどまらず，過失ではなかったかという自責の念とともに周囲から精神的圧迫を受ける傾向にあり，専門家によるサポートが必要とされている。

諸外国では，親用のパンフレットや定期的なニュースレターの発行などファミリーサポートシステムが機能しているが，わが国では，「SIDS家族の会」や「日本SIDS学会」が存在するものの，残念ながら諸外国ほど活発な支援活動が確立していない。

今後さらに，本症に対する正しい理解と支援のためのシステムづくりが求められる。

6．児童虐待の予防

1 児童虐待の実態

　児童虐待の問題は，今や大きな社会問題としてわが国でも認識されるようになり，2000（平成12）年11月には，児童虐待防止法が施行され，すべての国民に通報の義務が課せられるまでに至った。全国の児童相談所に寄せられる児童虐待相談件数は2007（平成19）年度の段階で4万618件（速報値）と急増している。

　虐待の内容別相談件数のうち最も多いのは，身体的虐待で，次いでネグレクト（保護の怠慢ないし拒否），心理的虐待，性的虐待となっている。悲惨な例では，子どもが死に至る例も報道されているが，通報されるまでに至らなくても，子どもが苦しんでいる例は水面下に多数あると推定される。

2 園での児童虐待の発見

　子どもはもちろん，保護者自身も自ら虐待を訴えることはまずない。そのため，周囲の者が虐待に気づく努力をしないと虐待は放置されたままになってしまう。

　虐待を疑わせるサインとしては，次のようなものが指摘されている。

（1）子どもの状態

乳児　① 表情や反応が乏しく笑顔が少ない。
　　　② 特別の病気がないのに体重の増えが悪い。
　　　③ おびえた泣き方をする。
　　　④ 不自然な傷や内出血の痕がある。
　　　⑤ 時折意識レベルが低下する。
　　　⑥ 予防接種や健診を受けていない，など。

幼児　① 表情に深みがない。
　　　② 他者とうまく関われない。
　　　③ かんしゃくが激しい。
　　　④ 不自然な傷や頻繁に傷を負っている。
　　　⑤ 傷に対する親の説明が不自然である。
　　　⑥ 他児に対して乱暴である。
　　　⑦ 言葉の発達が遅れている。
　　　⑧ 身長や体重の増加が悪い。
　　　⑨ 衣服や身体がつねに不潔である。
　　　⑩ 年齢不相応の性的な言葉や性的な行為がみられる。
　　　⑪ 他者との身体接触を異常に怖がる。
　　　⑫ 給食やおやつをむさぼるように食べる。

⑬ 親が迎えに来ても親と帰りたがらない，など。

（2）親の特徴

① 教師との面談を拒む。独特の育児観をもち，助言を受け入れない。
② 孤立している。
③ 被害者意識が強い。
④ 苛立ちが非常に強い。
⑤ 夫婦仲が悪い。
⑥ 酒や覚せい剤，麻薬の乱用がある。
⑦ 子どもの扱いが乱暴または冷たい。
⑧ 親の都合で，勝手に園を休むことが多い。
⑨ 子どもを家においたまま頻繁に外出している，など。

3 虐待を受けた児童と親への対応

　子どもへの虐待を発見したら，児童相談所に通告する。児童相談所は，通告や相談に応じて調査・診断を行い，ケアの体制へとつないでいく。

　図9－1は，虐待を受けた場合の関連機関の対応を示したものであるが，発見から対応までスムーズにいくとは限らない。虐待する親のなかには，自分自身も子どもの頃に虐待を受けて育った場合もあり，心に深い傷跡を残し，人を信頼できなくなっている人もいる。そのため，周囲の働きかけを受け入れにくく，信頼関係が構築しにくい場合が多い。また，親のなかには，虐待ではなく正当なしつけであると思い込み，問題の認識をしていないこともある。虐待が発生する家族には，虐待以外にも，夫婦関係や近隣関係のトラブル，経済的問題，疾病など同時に多くの問題を抱えている場合が少なくない。このような場合は，1つの機関だけで対応するのは難しく，関係機関がネットワークを組んでいく必要がある。

　また，子どもについてもさまざまな問題行動を示すことが少なくない。いちばん愛してもらいたい親から虐待を受けているために，暖かく受け止めてもらったり，自分を十分に発揮する機会を失ってしまっている。そのため，なかには「自分が悪いから」と思い込み，自信をもてなくなり，周囲の人も信頼できなくなっていることがある。そのため，人がどう反応するか試しに行動をしてみたりする。園では，自分の感情を表出してもよいこと，保育士との信頼関係のもとに，自信を回復させ，安心して生活できるように援助していくことが園でできる支援であろう。

4 児童虐待の予防

　虐待もこじれてしまうと解決が非常に難しくなる。虐待に至る手前の支援が大切である。

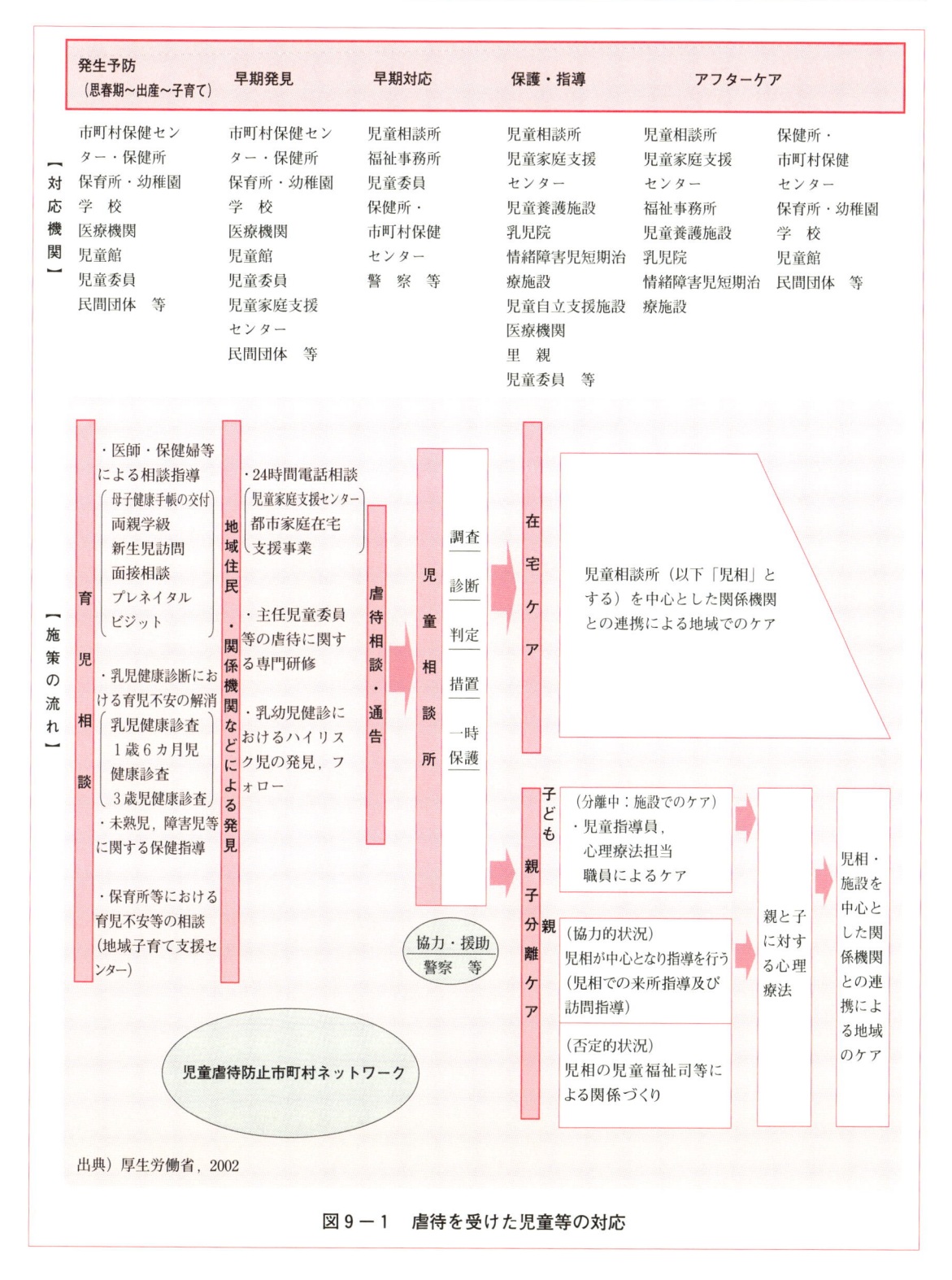

第9章　園生活における健康や安全への配慮

発生予防 (思春期～出産～子育て)	早期発見	早期対応	保護・指導		アフターケア
市町村保健セン ター・保健所 保育所・幼稚園 学　校 医療機関 児童館 児童委員 民間団体　等	市町村保健セン ター・保健所 保育所・幼稚園 学　校 医療機関 児童館 児童委員 児童家庭支援 センター 民間団体　等	児童相談所 福祉事務所 児童委員 保健所・ 市町村保健 センター 警察　等	児童相談所 児童家庭支援 センター 児童養護施設 乳児院 情緒障害児短期治 療施設 児童自立支援施設 医療機関 里　親 児童委員　等	児童相談所 児童家庭支援 センター 福祉事務所 児童養護施設 乳児院 情緒障害児短期治 療施設	保健所・ 市町村保健 センター 保育所・幼稚園 学　校 児童館 民間団体　等

【対応機関】（表左側）
【施策の流れ】

育児相談：
・医師・保健婦等による相談指導
 （母子健康手帳の交付／両親学級／新生児訪問／面接相談／プレネイタルビジット）
・乳児健康診断における育児不安の解消
 （乳児健康診査／1歳6カ月児健康診査／3歳児健康診査）
・未熟児、障害児等に関する保健指導
・保育所等における育児不安等の相談
 （地域子育て支援センター）

地域住民・関係機関などによる発見：
・24時間電話相談（児童家庭支援センター／都市家庭在宅支援事業）
・主任児童委員等の虐待に関する専門研修
・乳幼児健診におけるハイリスク児の発見、フォロー

虐待相談・通告 → 児童相談所（調査／診断／判定／措置／一時保護）

→ 在宅ケア → 児童相談所（以下「児相」とする）を中心とした関係機関との連携による地域でのケア

→ 子ども 親子分離ケア 親
　（分離中：施設でのケア）
　・児童指導員、心理療法担当職員によるケア
　（協力的状況）
　児相が中心となり指導を行う（児相での来所指導及び訪問指導）
　（否定的状況）
　児相の児童福祉司等による関係づくり
→ 親と子に対する心理療法
→ 児相・施設を中心とした関係機関との連携による地域のケア

協力・援助　警察　等

児童虐待防止市町村ネットワーク

出典）厚生労働省，2002

図9－1　虐待を受けた児童等の対応

虐待を予防するための保育園でできる親への支援には，①預かり時間を工夫して育児負担の軽減を図ること，②親の養育態度を責めたり，保育士の価値観を押し付けるのではなく，受容と共感を示すこと，③別な育児や家事の方法があることを知らせ，やり方をアドバイスすること，④保健所や福祉事務所，ファミリーサポートセンター等社会資源の利用の仕方を知らせること，⑤他の保護者への協力を要請して虐待傾向のある親の孤立化を防ぐことなどがあげられる。保育園ならではのメリットを生かしながら，積極的な虐待防止に努めていくことが園に望まれている。

7．事故の予防と安全指導

1 危機管理

　園の子どもと職員の生命を天災や人災から守るためには，日頃の危機管理を怠らないようにすることである。危機管理には，①危機の予知，予測，②未然防止に向けた取り組み，③危機発生時の対応，④対応の評価と再発防止に向けた取り組みの4つの段階がある。

　天災の場合や，近頃では不審者の侵入など不測の事態もあるが，それでも最悪の場合を想定して，できるかぎり被害を食い止める方策を考えておくことが肝要である。また，園に通う段階の乳幼児は判断力や安全に対する認識が未熟なため，さまざまなリスクを抱えている。そのため，緊急事故・突発事故はいつでもどこでも起こりうることを忘れてはならない。そして保育所で起きた，防げたはずの事故が，防げなかった人災である，とならないように安全管理を徹底したいものである。

　子どもの事故には，誤飲，けが，日射病（熱中症）など保健に関するもの，アレルギー，異物混入など食事に関するもの，転倒・転落，子ども同士のトラブルや無断外出など子どもの行為によるもの，保育中の対応ミスによるけがなど保育者によるもの，施設・設備の不備によるもの，危険物・障害物の存在によるものなど，さまざまなケースが過去に報告されている（上尾市，2005）。

　こうした過去の事例を参考に原因や経過を検討することも，危機の予知につながる。また，園がおかれている地域の生活環境や自然環境も変化していることを考慮して，今後新たに発生しそうな危機についても想定して対策を立てるとよい。

　万が一，事故や災害が起きてしまった場合，二次的な被害を出さないために，発生時の対応もあらかじめ考えておく必要がある。発生時はとにかく「生命を守る」ことを第一優先に考え，全職員が一致協力して対応することが肝要である。

日頃の協力体制がこうした危機に遭遇したときに生きるのである。日頃から，どのように職員が動くべきか危機対策マニュアルを作成し，打ち合わせと訓練をしておくことが望まれる（上尾市，2007）。

日常の人的対応の点検のほかに，施設・設備の危険個所の点検も怠らないようにしたい。戸や窓に破損はないか，机や椅子がぐらついていないか，大型遊具が滑りやすくなっていないか，大型積み木の保管状況に危険はないか，園庭にガラスなど危険物が落ちてないか，遊具が破損または汚れたままになっていないかなど毎日使用する場所や物は保育後，あるいは保育中にも点検を行うよう心がける。

防災設備，非常用品も定期的に点検しておく必要がある。安全点検・保管点検リストを作って定期的に点検できるようにしておくとよい。

2 安全教育

子どもの周囲から危険を取り除くよう保育環境を整える努力を保育者がしても，子どもの周囲から危険を100％取り除くことは不可能であり，子どもは日頃危険のなかで生活しているといっても過言ではない。そこで，子どもにも危険に対して自分の身を守る力を育てていくことが大切である。危険を予知し，危険を避ける，あるいは危険にあっても被害を最小限に抑える力の習得は，日常生活のしつけのなかで行われる部分が大きい。

日常のしつけのなかで，きまりを守る姿勢，注意力，自制心，判断力，情緒の安定などを培っておくことが，事故を防止する力につながる。

毎日の登園時，降園時などや園外保育の折に道路の歩き方，わたり方，交差点や踏み切りのわたり方などを指導し，また交通安全週間などの行事を通して交通安全教育も行う。

避難訓練も安全教育の1つである。避難訓練は，①地域の特性を考慮して火災，地震，風水害，豪雪などの災害を想定する，②災害にあわせて避難場所を想定する，③重点目標をたてる，④指導上の留意点を決めるなどの点を考慮して避難計画をたてる。職員の役割分担や避難の手順，保護者との連絡，消防署など関係機関との連絡も計画のなかに組み入れて日頃から訓練を繰り返しておくことが重要である。

8. 環境の改善と保護者との協力

1 環境衛生の維持

事故の防止のための安全管理は先に述べたが，病気の予防のための保健衛生上の

管理も怠ってはならない。そのためには、次の事項に留意することが重要である。
① 採光と照明
　採光照明は、左側か左後方からとることが望ましい。壁面の彩色も考慮して、50ルクス程度の室内照度で、拡散よく、強い陰影やまぶしさのないようにする。
② 防塵と清掃
　ほこりをたてないようにして、室内清掃、遊具などの清掃をこまめに行う。
③ 暖房、通風、換気
　保育室の温度は18～20℃、湿度は50～60％程度が適当である。暖房については炭酸ガス中毒を起こさないように留意し、換気と通風を行う。
④ 消毒
　薬で滅菌することだけでなく、流水や石鹸で洗う、日光に当てる、ふく、除くなどの自然的方法で消毒することも心がける。
⑤ 食事の衛生管理
　常時給食を行う保育園では、特に給食設備、食品の衛生管理が重要である。調理室、調乳室、調理器具、食器等の清潔、消毒に留意し、食中毒や細菌の混入による伝染病の発生防止に努めなければならない。調理従事者は、身体、衣服の清潔に注意し、定期的に検便、健康診断を実施する。

2 人的環境の改善

　子どもの保健、保安のためには、物理的環境を整えるばかりでなく、人的環境も整えていく必要がある。園の理念がしっかりしていて、園長をはじめ、親和的な保育者集団であれば、保護者からの信頼と協力も得られる。
　保護者とは保育園の守備範囲と家庭の責任範囲の相互確認をしておく必要がある。たとえば、登園後に起きた事故や急病の処置の際の連絡の取り方、保護者や家族が迎えに来られない場合の処置の仕方等についてである。園での子どもの安全と健康を守るためには、こうした保護者の理解と協力なしには立ちゆかないのである。
　保護者の考え方も十分尊重しながら、保護者の信頼と協力を得て、日々、子どもの最善の利益を尊重できるような保育を目指していくことが保育士の役割であろう。

<引用・参考文献>
上尾市立上尾保育所事故調査委員会『上尾保育所事故調査委員会報告書』、2005
上尾市保育所事故防止委員会『上尾市保育所事故防止委員会報告書』、2007
今村榮一・巷野悟郎編著『新・小児保健』診断と治療社、1999
鹿児島県児童総合センター『子ども虐待防止ハンドブック』2002

厚生労働省「乳幼児突然死症候群（SIDS）に関するガイドラインの公表について」インターネットホームページ，2005
厚生労働省『保育所保育指針』，2008
厚生労働省「児童虐待問題について」，2002
仁志田博司『SIDSの手引き』東京医学社，1993
全国社会福祉協議会・全国民生委員児童委員連合会『子ども虐待防止の手引き』トライ，2000
山口規容子・水野清子『育児にかかわる人のための小児栄養学』診断と治療社，1999
巷野悟郎・鈴木政次郎・日名子太郎編『保育のための救急傷病看護ハンドブック』同文書院，1995
柏女霊峰『子ども虐待　教師のための手引き』時事通信社，2001
保育と虐待対応事例研究会『子ども虐待と保育園』ひとなる書房，2004
世田谷区『保育安全マニュアル』，2005
松戸市教育委員会『緊急対応マニュアル』，2005
増田隆男『保育所・幼稚園で事故が起きたとき』かもかわ出版，2005

第10章 特別保育の理念と実際

〈学習のポイント〉
①なぜ特別保育が必要となるのか，その背景とこれまでの制度的な動きを理解しよう。
②具体的な特別保育の保育内容と課題について理解しよう。
③保育者として特別保育をどのようにとらえるかについて自分なりの考えをまとめよう。

1．特別保育の背景

1 特別保育はなぜ必要とされるのか

　特別保育が必要とされる背景にはさまざまな要素があるが，そのもっとも大きなものは「少子化」と「女性の意識変化」であろう。
　「少子化」は，現在の日本が抱える大きな問題の1つであり，図10－1をみてもわかるように，子どもの出生数は2回のベビーブームを経た後，急激な減少傾向にある。ここ数年わずかながら持ち直しているようにもみえるが，人口を維持

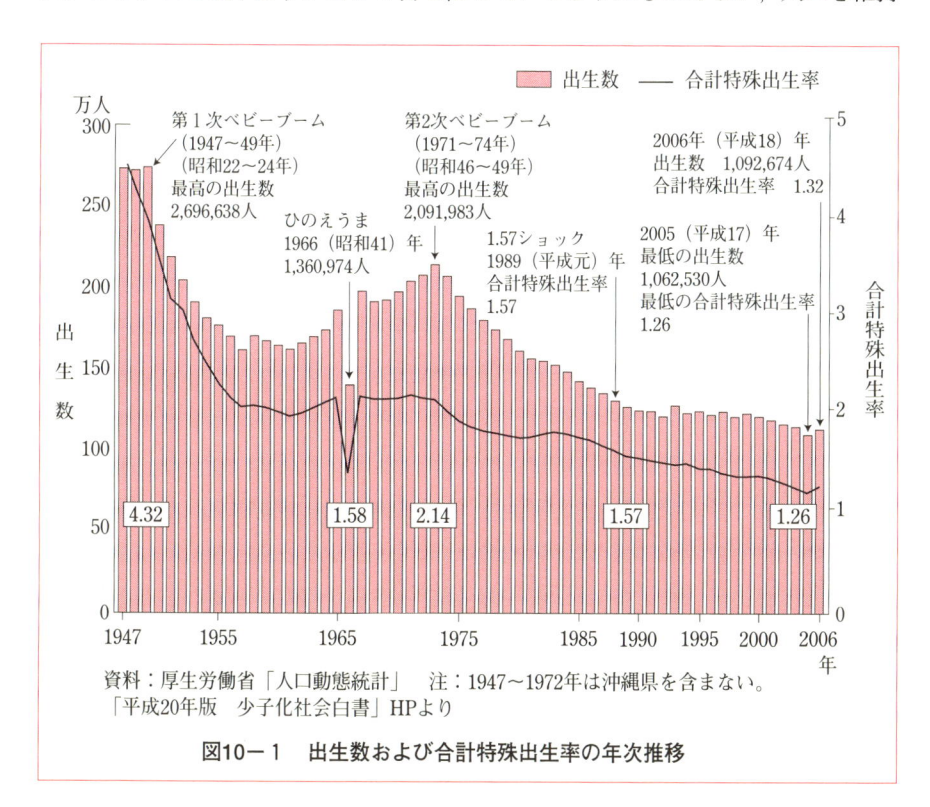

図10－1　出生数および合計特殊出生率の年次推移

資料：厚生労働省「人口動態統計」　注：1947～1972年は沖縄県を含まない。
「平成20年版　少子化社会白書」HPより

するためには合計特殊出生率＊は2.08人必要といわれるのに，2006（平成18）年で1.32人は，まだ減少傾向は改善されたとはいえない。

＊1人の女性が一生のうち出産する子どもの数を平均したもの

　人口が維持できない，それどころか減少傾向にあることは，社会が存続するためには危機的な状況にあるということである。では，なぜ「少子化」が進むのであろうか。その理由のひとつが「女性の意識変化」といえるであろう。

　「女性の意識変化」とは，女性の結婚・子育てに関する意識の変化である。女性が仕事面においても男性並みの仕事量・内容を行うことができるようになった現在では，精神的・経済的に自立することが可能であり，自身の生き方として仕事を持ち，それを継続したいと望む気持ちが強くなればなるほど，結婚によってその安定したライフスタイルを変えることには大きな覚悟が必要となる。結婚したとしても，子どもを産み育てるとなれば生活はまたしても一変することになり，その変化による負担は女性が背負うことが多い。まして，結婚後も働きながら子育てをするとなれば，女性は家事と子育て，そして場合によっては夫（父親）育てまでしなければならなくなる。もちろん，夫婦で助け合い役割分担をして育児にあたれば，女性の負担は軽減され，それ以上に，夫婦で「子育て」というかけがえのない共通の喜びを得られることにもなるのだが，実際に育児を手伝ってくれる男性（父親）はまだまだ少なく，また，女性の意識もそこまで割り切れたものにはなっていないようである。

　図10－2の「子どもが小さいうちは母親は仕事を持たずに家にいるのが望ま

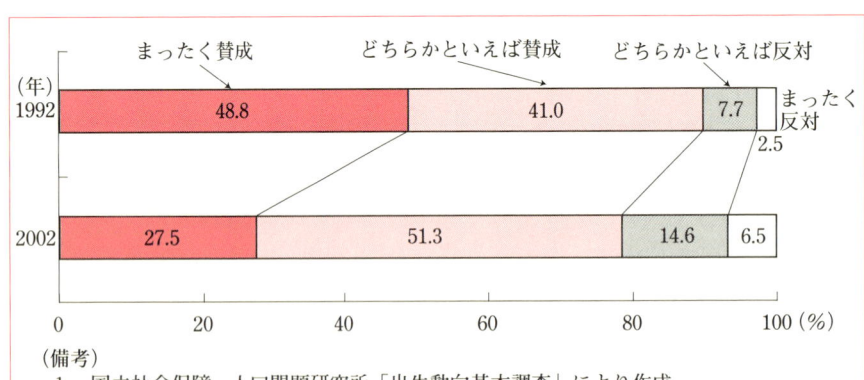

(年)	まったく賛成	どちらかといえば賛成	どちらかといえば反対	まったく反対
1992	48.8	41.0	7.7	2.5
2002	27.5	51.3	14.6	6.5

（備考）
1. 国立社会保障・人口問題研究所「出生動向基本調査」により作成。
2. 「次のような考え方に対して，あなたはどのようにお考えでしょうか。下のa～iのそれぞれについて，あてはまる番号に○を付けてください。h少なくとも子どもが小さいうちは，母親は仕事を持たずに家にいるのが望ましい」と尋ねた問に対して回答した人の割合。
3. 回答した人は，全国の50歳未満，初婚同士の夫婦の妻で，1992年8,675人，2002年6,738人（いずれも不詳は除く）。

出典）内閣府編『国民生活白書 平成17年版』国立印刷局，2005，p.45

図10－2　子どもが小さいうちは母親は仕事を持たずに家にいるのが望ましいか

しいか」という質問に対するアンケート結果を見てみると、既婚女性の意識の中で「母親は仕事よりも子どもを優先し自分で子育てするべき」という意識をもっている人が依然として多いことがわかる。結婚し、妻となることはスムーズに選択できたとしても、子どもを産み育てる母となって、そこで求められる古典的な規範・意識が自分の考える生き方と大きくズレると、それはかなり大きな精神的負担になるであろう。さらに、図10－3の「母親の就業状況別子育てで負担に思うこと」という質問に対するアンケート結果を見てみると、子育てでいちばん負担に感じているのは「自分の自由な時間がもてない」という時間的な拘束による精神的負担であり、次いで「身体的負担」「経済的負担」があげられている。

　しかし、子どもを産み育てるという行為は現代になって急に始まったものではなく、生物としては当然の営みであり、人間が太古の昔から当たり前に繰り返されてきたことである。それがなぜ、女性の意識が変化したからといって、これほどまで負担と感じられてしまうのであろうか。

　池田祥子は次のように述べている。

「子育てとは、一面では、身動きのままならない子どもの世話全般を含む肉体労働である。しかし、都市の核家族化が一般化する以前の社会では、この肉体労働の側面はあえて問題にされることはなかった。なぜなら<u>複数の人間の手によって、共同（協同）的に担われていた</u>からである。（中略）ところが、都会の核家族になると、子どもの世話をするのは真実、『母』一人となる。介護や看護の場面でも同様であるが、ただ一人だけによる世話とは、24時間まるまるの拘束となり、毎日毎日365日、休日なしの重労働と化してしまう。『母』あるいは『母性』という麗しい観念の下で、『子育て』が実は肉体的重労働であり、また、時間の拘束を考慮すれば、それは精神的苦役にも等しいという事実は、当事者にとっても自覚化されにくかったため、社会的には無視されてきたのである。（下線引用者）」＊

　このように「女性の意識変化」だけでなく「核家族化」という現代の状況が、女性の子育てに対する負担感をさらに強くしていると考えられる。これまで「複数の人間の手によって共同（協同）的に担われてきた」子育てができない、ということは、つまり子育てという営みには複数の人間の手が必要だということである。

　結婚・子育ては個人的なことであり、出生率増加のために強制するべきものではもちろんない。しかし、2005（平成17）年の内閣府『国民生活白書』の調査結果によれば、多くの未婚者がいずれは結婚して子どもを持ちたいと考えており、また、夫婦が理想とする子どもの数はここ20年あまり約2.5人と変化していない。つまり、結婚や出産に対するさまざまなデメリットを感じつつも、その意欲は衰えていないにもかかわらず、子育てに対する負担感が出生率の低下に結びついて

＊池田祥子「「子育て支援」という社会理念の検討―現代の「子育て・教育」の閉塞感を拓くために―」『保育の実践と研究』Vol. 6 No. 3、p.33、2001

いるというのである＊。

　子どもを育てるのはその親，まして母親1人でできるものではない。以前であれば家族や地域の人々によって自然になされてきた子育ての援助・支援が困難な

＊内閣府編『国民生活白書 平成17年度版』国立印刷局，p.183，2005

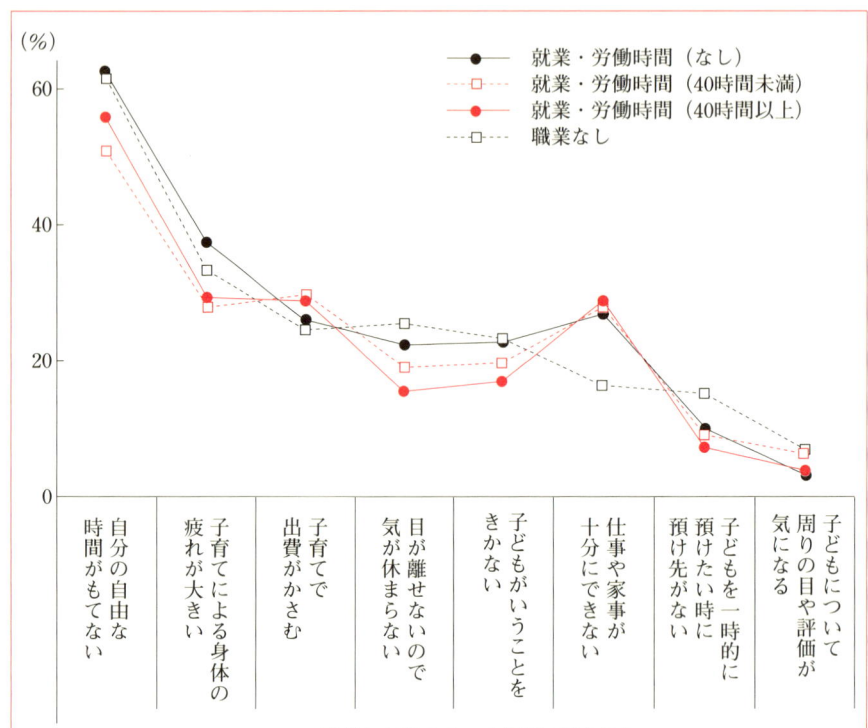

凡例：
- 就業・労働時間（なし）
- 就業・労働時間（40時間未満）
- 就業・労働時間（40時間以上）
- 職業なし

子どもを育てていて負担に思うこと（横軸項目）：
- 自分の自由な時間がもてない
- 子育てによる身体の疲れが大きい
- 子育てで出費がかさむ
- 目が離せないので気が休まらない
- 子どもがいうことをきかない
- 仕事や家事が十分にできない
- 子どもを一時的に預けたい時に預け先がない
- 子どもについて周りの目や評価が気になる

（備考）
1．厚生労働省「21世紀出生児縦断調査」（2003年度）により作成。
2．2歳6カ月の子どもについて，「平成13年1月／7月生まれのお子さんを育てていて負担に思うことや悩みについておたずねします。あてはまる番号すべてに○をつけてください。」と尋ねた問に対して回答した割合。その子どもの母の就業状況ごとに集計（なお，上記の項目は，全体での平均値で見たときの割合の高い順に示した）。
3．選択肢はほかに，「配偶者が育児に参加してくれない」，「しつけの仕方が家庭内で一致していない」，「子どもをもつ親同士の関係がうまくいかない」，「子どもが病気がちである」，「子どもが急病のとき診てくれる医者が近くにいない」，「子どもの成長の度合いが気になる」，「しつけの仕方がわからない」，「子どもを好きになれない」，「その他」および「負担に思うことや悩みは特にない」。
4．全国の2001年1月10～17日および7月10～17日の間に出生した子のすべてを調査対象とし，その子どもが2歳6カ月となった2003年8月1日（1月生まれの子ども）および2004年2月1日（7月生まれの子ども）における状況について調査しており，回答したのは母と同居している41,918人の子の親など（負担に思うことや悩み，労働時間，就業の有無の不詳はそれぞれ除く）。ほかの選択肢への回答状況については記載を省略。

出典）内閣府編『国民生活白書 平成17年版』国立印刷局，p.44，2005

図10－3　母親の就業状況別子育てで負担に思うこと

状況にある現在，国としての対応，そして社会的な援助・支援が必要とされる。特別保育とは，こうした流れの一環として生み出されたのである。

2 制度的な動き

少子化という深刻な社会現象により，社会保障をはじめとする日本の将来の社会全体に対する大打撃になることを危惧した政府は，女性が感じているさまざまな子育ての負担感を軽減するような対策を打ち出した。その流れを示したのが図10－4である。

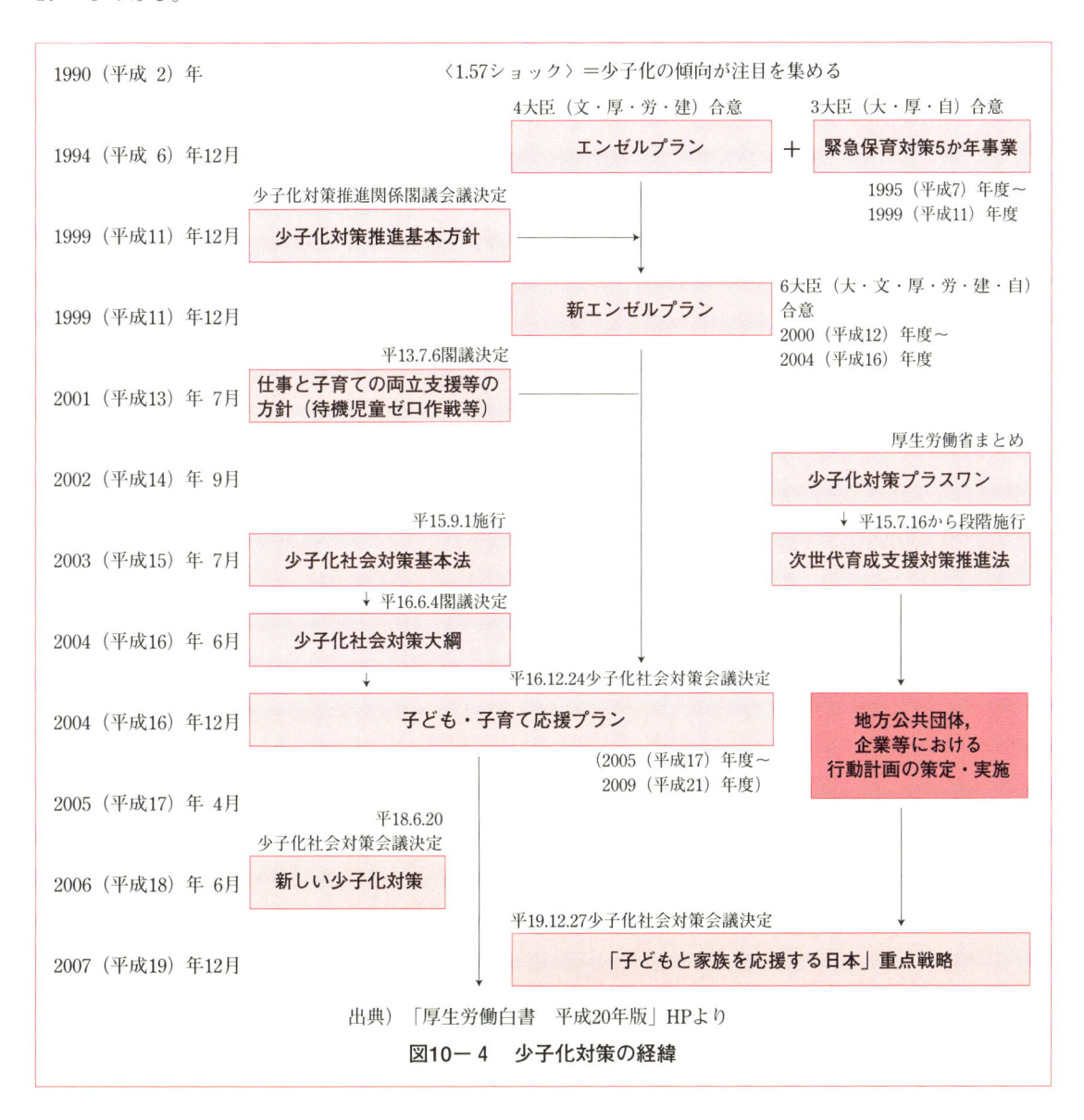

1990（平成2）年	〈1.57ショック〉＝少子化の傾向が注目を集める	
	4大臣（文・厚・労・建）合意	3大臣（大・厚・自）合意
1994（平成6）年12月	エンゼルプラン ＋	緊急保育対策5か年事業
		1995（平成7）年度～ 1999（平成11）年度
	少子化対策推進関係閣議会議決定	
1999（平成11）年12月	少子化対策推進基本方針	
1999（平成11）年12月	新エンゼルプラン	6大臣（大・文・厚・労・建・自）合意 2000（平成12）年度～ 2004（平成16）年度
	平13.7.6閣議決定	
2001（平成13）年7月	仕事と子育ての両立支援等の方針（待機児童ゼロ作戦等）	
		厚生労働省まとめ
2002（平成14）年9月		少子化対策プラスワン
	平15.9.1施行	↓平15.7.16から段階施行
2003（平成15）年7月	少子化社会対策基本法	次世代育成支援対策推進法
	↓平16.6.4閣議決定	
2004（平成16）年6月	少子化社会対策大綱	
	平16.12.24少子化社会対策会議決定	
2004（平成16）年12月	子ども・子育て応援プラン	地方公共団体，企業等における行動計画の策定・実施
2005（平成17）年4月	（2005（平成17）年度～ 2009（平成21）年度）	
	平18.6.20 少子化社会対策会議決定	
2006（平成18）年6月	新しい少子化対策	
	平19.12.27少子化社会対策会議決定	
2007（平成19）年12月	「子どもと家族を応援する日本」重点戦略	

出典）「厚生労働白書 平成20年版」HPより

図10－4 少子化対策の経緯

表10−1　エンゼルプランの概要

1）基本的方法

①子育てと仕事の両立支援の推進　②家庭における子育ての支援
③子育てのための住宅および生活環境の整備
④ゆとりある教育の実現と健全育成の推進　⑤子育てコストの軽減

2）重点施策

（特に子ども家庭福祉に関連の深い施策のみピックアップ）
（1）仕事と育児との両立のための雇用環境の整備
○保育サービス等に関する情報提供や育児相互援助活動への支援，両立支援設備の設置等地域における支援体制の整備
（2）多様な保育サービスの充実
○保育システムの多様化・弾力化の促進
　・保育所制度の改善・見直しを含めた保育システムの多様化・弾力化
○低年齢児保育，延長保育，一時保育事業の拡充
　・入所を必要とする低年齢児を受け入れる低年齢児保育の充実
　・都市部を中心として保育時間の延長を行う保育所を整備
　・母親が病気等のときに緊急に児童を預けられる一時保育事業を普及整備
○保育所の多機能化のための整備
　・多様なサービスを提供するための保母配置の充実等
　・多様な保育ニーズに対応できる施設・設備の整備
○放課後児童対策の充実
　・児童館，児童センターや実情に応じ学校の余裕教室などにおける放課後児童クラブの充実
（3）安心して子どもを生み育てることができる母子保健医療体制の充実
○地域における母子保健医療体制の整備
　・母子保健サービスを市町村で一貫して受けられる母子保健医療体制の整備
　・周産期・新生児の医療の充実のための施設・設備の整備推進
○乳幼児健康支援デイサービス事業の推進
　・病気回復期の乳幼児がデイサービスを受けられる乳幼児健康支援デイサービス事業の推進
（4）住居および生活環境の整備
（5）ゆとりある学校教育の推進と学校外活動・家庭教育の充実
（6）子育てに伴う経済的負担の軽減
　・乳児や多子世帯の保育料の軽減および共働きの中間所得層の負担軽減等の保育料負担の公平化
　・税制上の措置や児童手当，年金等の社会保障制度等を含め子育てコストへの社会的支援のあり方について検討
（7）子育て支援のための基盤整備
○地域子育て支援センターの整備
　・地域の子育てネットワークを中心に保育所等に地域子育て支援センターを整備
○地方自治体における取組み
　・都道府県および市町村において，国の方針に対応し，計画的な子育て支援策の推進をはかるなど地域の特性に応じた子育て支援策を推進するための基盤整備

出典）才村純「エンゼルプラン」柴崎正行・網野武博・川合貞子監修『新しい保育の基本用語辞典』明治図書，p.43，2000

(1)「エンゼルプラン(今後の子育て支援のための施策の基本方向について)」1994(平成6)年

　厚生・文部・労働・建設の4大臣合意によって出されたプランで,子育て支援に関する1995(平成7)年度以降10年間の国の計画を示したもの。その概要は表10－1に示すとおりである。このプランの具体化の一環として,同年「緊急保育対策5カ年事業」が出され,各種保育事業についての具体的な数値目標を定めた。

(2)「新エンゼルプラン(重点的に推進すべき少子化対策の具体的計画)」1999(平成11)年

　少子化対策推進関係閣僚会議において決定された「少子化対策推進基本方針」に基づいて,大蔵・文部・厚生・労働・建設・自治の6大臣合意によって出された少子化対策の具体的な実施プランで,2000(平成12)年度以降5年間の具体的な整備目標を定めたものであり,その概要は表10－2に示すとおりである。

表10－2　新エンゼルプランの概要

1　保育サービス等子育て支援サービスの充実

事　項	平成11年度	平成16年度
①低年齢児の受入れ枠の拡大	58万人	68万人
②多様な需要に応える保育サービスの推進		
・延長保育の推進	7,000カ所	10,000カ所
・休日保育の推進	100カ所	300カ所
・乳幼児健康支援一時預りの推進	450カ所	500市町村
	7～11年度の5カ年で	16年度までに
・多機能保育所等の整備	1,600カ所	2,000カ所
③在宅児も含めた子育て支援の推進		
・地域子育て支援センターの整備	1,500カ所	3,000カ所
・一時保育の推進	1,500カ所	3,000カ所
・放課後児童クラブの推進	9,000カ所	11,500カ所

2　母子保健医療体制の整備

事　項	平成11年度	平成16年度
・国立成育医療センター(仮称)の整備等		13年度開設
・周産期医療ネットワークの整備	10都道府県	47都道府県
		13年度までに
・小児緊急医療支援の推進	118地区	360地区
		(2次医療圏)
・不妊専門相談センターの整備	24カ所	47カ所

出典)才村純「エンゼルプラン」柴崎正行・網野武博・川合貞子監修『新しい保育の基本用語辞典』明治図書,p.43,2000

(3)「次世代育成支援対策推進法」2003（平成15）年

　新エンゼルプラン等により保育施策を中心に行われてきた少子化の波が依然止まらない現状を踏まえて，少子化の流れを変えるためにもう一段踏み込んだ対策が必要であるとして，2002（平成14）年に「少子化対策プラスワン」が策定された。この趣旨を踏まえ，少子化対策推進関係閣僚会議において決定されたのが，2003年（平成15）年の「次世代育成支援に関する当面の取組方針」であり，その目的・基本的な考え方は図10－5に示すとおりである。「次世代育成支援対策推進法」は，その取組方針の基本的な施策として成立したもので，2005（平成17）年度から10年間の国や地方公共団体及び企業が次世代育成支援対策推進のための行動計画を策定する枠組みを定めるものである。また，同じく基本的な施策として児童福祉法の一部改正も行われた。

目的・基本的な考え方

○「夫婦の出生力の低下」という新たな現象と急速な少子化の進行を踏まえ，少子化の流れを変えるため，従来の取組に加え，もう一段の対策を推進することが必要。

○このため，政府として「次世代育成支援に関する当面の取組方針」を策定。
○政府・地方公共団体・企業等が一体となって，国の基本政策として次世代育成支援を進め，家庭や地域社会における「子育て機能の再生」を実現。

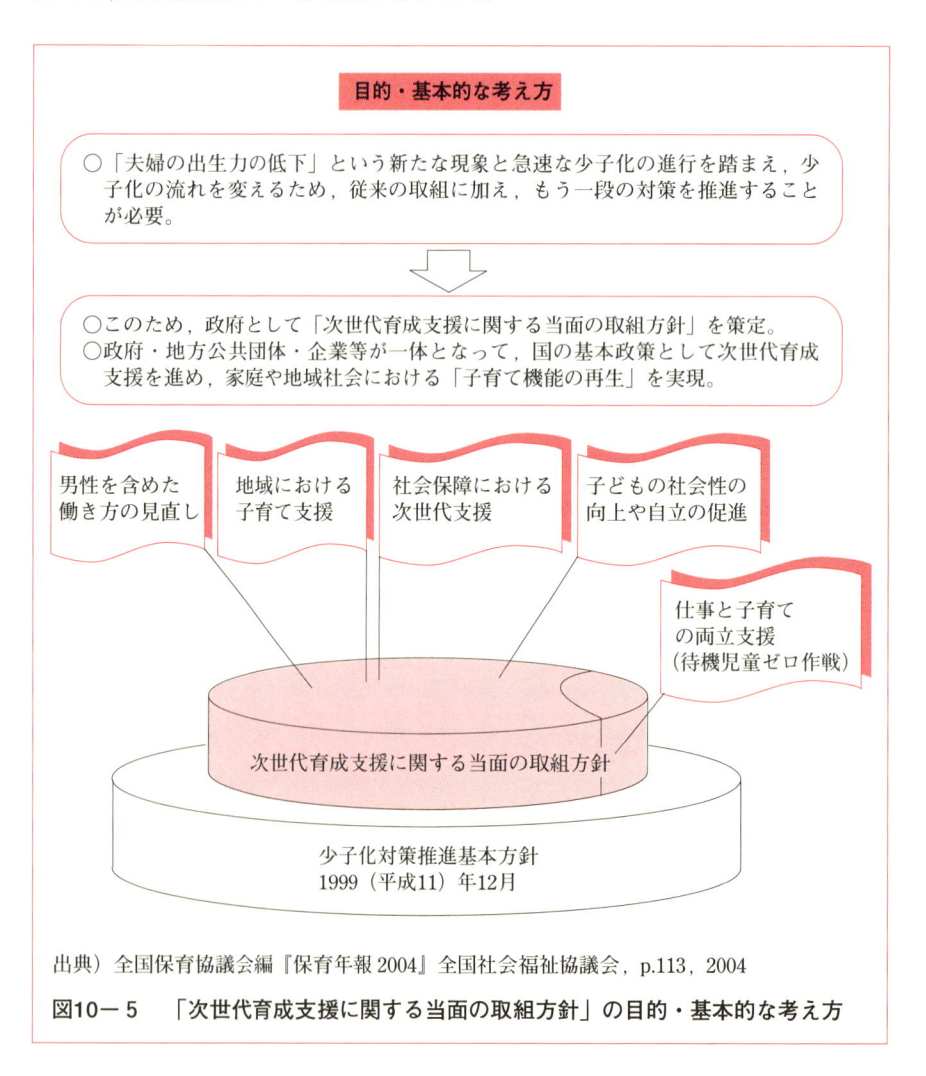

- 男性を含めた働き方の見直し
- 地域における子育て支援
- 社会保障における次世代支援
- 子どもの社会性の向上や自立の促進
- 仕事と子育ての両立支援（待機児童ゼロ作戦）

次世代育成支援に関する当面の取組方針

少子化対策推進基本方針
1999（平成11）年12月

出典）全国保育協議会編『保育年報2004』全国社会福祉協議会，p.113，2004

図10－5　「次世代育成支援に関する当面の取組方針」の目的・基本的な考え方

(4)「少子化社会対策基本法」2003（平成15）年

　少子化社会において講ぜられる施策の基本理念を明らかにし、少子化に的確に対処するための施策を総合的に推進するために制定されたもの。基本施策として「雇用環境の整備」「保育サービスの充実」「地域社会における子育て支援体制の整備」「母子保健医療体制の充実等」「ゆとりある教育の推進等」「生活環境の整備」「経済的負担の軽減」「教育及び啓発」が示されている。少子化社会対策全般について、基本となる事項を定めたものが「少子化社会対策基本法」であり、それに基づく施策の指針として閣議決定されたのが2004（平成16）年の「少子化社会対策大綱」である。その視点と重点課題は表10－3に示すとおりである。

(5)「子ども・子育て応援プラン（少子化社会対策大綱に基づく重点施策の具体的実施計画について）」2004（平成16）年

　基本的にはエンゼルプラン・新エンゼルプランの流れを引き継ぐものであるが、これらの対策が少子化の解消につながらなかったとして、これまでの保育事業中心から、若者の自立・教育・働き方の見直し等を含めた幅広いプランへと転換が図られた。そして、「少子化社会対策大綱」に掲げる4つの重点課題にそって、2009（平成21）年度までの5年間に重点的・計画的に講ずる具体的な施策と

表10－3　「少子化社会対策大綱」の視点と重点課題

3つの視点
Ⅰ　自立への希望と力（若者の自立が難しくなっている状況を変えていく）
Ⅱ　不安と障壁の除去（子育ての不安や負担を軽減し、職場優先の風土を変えていく）
Ⅲ　子育ての新たな支え合いと連帯　―家族のきずなと地域のきずな―
　（生命を次代に伝え育んでいくことや家庭を築くことの大切さの理解を深めていく。
　　子育て・親育て支援社会をつくり、地域や社会全体で変えていく。）

↓

4つの重点課題
Ⅰ　若者の自立とたくましい子どもの育ち
　　・就業困難を解消するための取り組み、豊かな体験活動の機会の提供
Ⅱ　仕事と家庭の両立支援と働き方の見直し
　　・企業の行動計画の策定、目標達成の取り組み
　　・勤務時間の短縮等の措置、再就職支援
Ⅲ　生命の大切さ、家庭の役割等についての理解
　　・生命の尊さを実感し、社会とのかかわりなどを大切にすることへの理解を深める
Ⅳ　子育ての新たな支え合いと連帯
　　・子育て支援施策の効果的な実施、身近な地域でのきめ細かな子育て支援の取り組み、児童虐待など特に支援を必要とする子どもとその家庭に対する支援
　　・妊娠、出産、子どもの育ちにかかわる保健医療

資料）『少子化社会白書 平成17年版』HP
　　　http://www8.cao.go.jp/shoushi/taikou/t-mokuji.html

目標をあげている。その具体的な数値目標は表10－4に示すとおりである。

(6) 「「子どもと家族を応援する日本」重点戦略」2007（平成19）年

依然として少子化傾向が改善されない現状を踏まえ，「子どもと家族を応援する日本」重点戦略検討会議が発足し，まとめたもの。夫婦が望む子ども数と現実の出生率の間にズレがあるという調査結果や，妊娠・出産によって女性の7割が離職するという現状を踏まえ，「少子化の原因は「就労」と「結婚・出産・子育て」の二者択一的な構造にある」としたうえで，今後の少子化対策は「①働き方の見直しによる「仕事と生活の調和」の実現」「②就労と子育ての両立，家庭における子育てを包括的に支援する枠組みの構築」という2つの取組を車の両輪として進める必要があるとしている。そのために，「仕事と生活の調和に関する「憲章」及び「行動指針」に基づき取組を推進すること」，同時に，「当面の課題（子育て支援事業の制度化等）について2008（平成20）年度に実施するとともに，包括的な次世代育成支援の枠組みについて，具体的制度設計の検討に直ちに着手し，税制改正の動向を踏まえつつ速やかに進めること」としている。

保育事業を中心として行われてきた少子化対策は，近年，その対象及び内容がより拡大され「次世代育成」という総合的な支援へと変わってきているが，その中でも保育事業が担う役割は大きく，また重要であることに変わりはない。とくに子育て支援のための保育サービスは特別保育と呼ばれ，常に少子化対策の内容に組み込まれ，積極的な推進が図られているのである

表10－4　「子ども・子育て応援プラン」における保育・子育て支援関連事業の数値目標

具体的施策	2004（平成16）年度	2009（平成21）年度
保育所の受け入れ児童数の拡大	203万人	215万人
放課後児童クラブの推進	15,133ヵ所	17,500ヵ所
地域における子育て支援拠点の整備	2,954ヵ所	6,000ヵ所
・つどいの広場事業	171ヵ所	1,600ヵ所
・地域子育て支援センター事業	2,783ヵ所	4,400ヵ所
ファミリー・サポート・センターの推進	368ヵ所	710ヵ所
一時・特定保育の推進	5,935ヵ所	9,500ヵ所
子育て短期支援事業の推進		
・ショートステイ事業の推進	569ヵ所	870ヵ所
・トワイライトステイ事業の推進	310ヵ所	560ヵ所
病後児保育の推進	507ヵ所	1,500ヵ所
延長保育の推進	12,783ヵ所	16,200ヵ所
休日保育の推進	666ヵ所	2,200ヵ所
夜間保育の推進	66ヵ所	140ヵ所

出典）全国保育団体連絡会・保育研究所編『保育白書2005』ちいさななかま社，p.9, 2005

2．特別保育とは

　では，具体的な特別保育とはどのようなものであろうか。

　1998（平成10）年，厚生省から特別保育対策として「特別保育事業の実施について」という通知文書が出された。その内容は，1999（平成11）年の新エンゼルプランを受けて「必要な時に利用できる多様な保育サービスの整備及び在宅の乳幼児を含めた子育て支援の充実等の施策の総合的な展開を図る観点」*から改訂され，2000（平成12）年に施行された。その目的は次のように記されている。

　「仕事等の社会的活動と子育て等の家庭生活との両立を容易にするとともに子育ての負担感を緩和し，安心して子育てができるような環境整備を総合的に推進するために，延長保育，一時保育，地域の子育て支援等を実施することにより，児童の福祉の向上を図ることを目的とする。」**

　この通知文書によって定められた特別保育事業は「特別保育事業実施要項」に記され，その内容は表10－5に示すとおりである。これらの中から，「障害児保育」「延長保育」「駅型保育」について見ていきたい。また，「特別保育事業実施要項」には含まれていないが，「少子化社会対策基本法」などにおいて「保育サービスの充実等」の具体的保育内容としてあげられている「病後児保育」についても取り上げる。

＊「特別保育事業の実施について」全国保育団体連絡会・保育研究所：編『保育白書2004年版』草土文化，p.153，2004

＊＊「特別保育事業実施要項」全国保育団体連絡会・保育研究所：編『保育白書2004年版』草土文化，p.153，2004

3．障害児保育の理念と実際

１ 障害児保育の理念

　障害児保育とは，場所や施設を問わず心身に障害をもつ子どもの保育全般を意味するが，狭義では健常児と障害児の混合保育，つまり「統合保育」のことをさす。

　子どもたちは心身ともに日々発達しており，それは障害児であっても同様である。障害に対しての治療や訓練は，これから生きていくために必要なことであるが，その結果身につけたことが，彼らがこれから生きていく場所，すなわち社会（集団生活）の中で活かされなければ，それらは障害児にとって真に必要な「生きる力，生きていく力」とはなりえない。たとえば，耳の聞こえない子どもが治療や訓練によって発話法や相手の言葉を理解する方法を身につけたとする。しかし，それを自分1人の達成課題で終えてしまうのではなく，それらを使って実際に他者と関わり，相手の言葉を理解し，自分の気持ちを伝えるコミュニケーショ

ン技術として活用し，社会で生きていくための人間関係につなげていくことが
重要であり，それが生きていく力につながるのである。保育の場で，専門機関

表10－5　特別保育事業の内容

	事業名	趣　旨
1	延長保育促進事業及び長時間延長保育促進基盤整備事業	延長保育に対する需要に対応するため，保育所が自主的に延長保育に取り組む場合に補助を行うことにより児童の福祉の増進を図ることを目的とする。
2	一時保育促進事業	専業主婦家庭等の育児疲れ解消，急病や断続的勤務・短時間勤務等の勤務形態の多様化等に伴う一時的な保育に対する需要に対応するため，保育所が自主的に一時的な保育に取り組む場合に補助を行うことにより児童の福祉の増進を図ることを目的とする。
3	乳幼児保育促進事業	乳児の入所については年間を通じた入所児童数の変動があることから，各々の保育所において安定的に乳児保育を実施できるよう，乳児保育を担当する保育士を確保しやすくすることにより，年度途中入所の需要等に対応するとともに，乳児の受け入れのための環境整備を行い，乳児保育の一層の促進を図ることを目的とする。
4	地域子育て支援センター事業	地域全体で子育てを支援する基盤の形成を図るため，子育て家庭の支援活動の企画，調整，実施を担当する職員を配置し，子育て家庭等に対する育児不安等についての相談指導，子育てサークル等への支援，地域の保育需要に応じた特別保育事業等の積極的な実施・普及促進及びベビーシッターなどの地域の保育資源の情報提供等，並びに家庭的保育を行う者への支援などを実施することにより，地域の子育て家庭に対する育児支援を行うことを目的とする。
5	保育所地域活動事業	保育所は，多様化する保育需要に積極的に対応するとともに，地域に開かれた社会資源として，保育所の有する専門的機能を地域住民のために活用することが要請されていることに鑑み，保育所において特に障害児保育，夜間保育の推進及び保育所等における地域の需要に応じた幅広い活動を推進することにより，児童の福祉の向上を図ることを目的とする。
6	障害児保育環境改善事業	障害児の保育に必要な環境整備を行うことにより，障害児の処遇の向上を図るとともに障害児を受け入れる保育所の拡大を図る。
7	家庭支援推進保育事業	日常生活における基本的な習慣や態度のかん養等について，家庭環境に対する配慮など保育を行う上で特に配慮が必要とされる児童が多数入所している保育所に対し，保育士の加配を行うことにより入所児童の処遇の向上を図ることを目的とする。
8	休日保育事業	日曜・祝日等の保護者の勤務等により児童が保育に欠けている場合の休日保育の需要に対応するため，休日の保育を行う事業に対し，補助を行うことにより休日に保育に欠ける乳幼児の福祉の向上を図ることを目的とする。
9	送迎保育ステーション試行事業	保育需要の地域的偏在や夜間の保育需要に対応するため，駅前等利便性の高い場所に設置した総合保育ステーションにおいて，郊外の保育所等への送迎およびそれに伴う保育（以下「送迎保育」という。）を実施することにより，保育所入所待機児童の解消及び夜間の保育需要への対応を図ることを目的とする。
10	駅前保育サービス提供施設等設置促進事業	駅前等利便性の高い場所における保育サービス提供施設の設置に必要な準備経費等を助成することにより，広く住民が利用しやすい保育サービス提供施設の設置を促進することを目的とする。
11	家庭的保育等事業	地域によっては，増大する低年齢児の保育需要に対し，保育所の受け入れの運用拡大や保育所の増設・新設だけでは追いつかない等の場合があることから，応急的入所待機対策として，保育者の居室で少人数の低年齢児の保育を行う事業及び保育所等が保育者に対し相談・指導を行う等の連携を図る事業からなる家庭的保育等事業を行うものである。
12	認可化移行促進事業	良質な許可外保育施設の認可化について支援することにより，都市部を中心とした保育サービスの供給増を図るものである。
13	特定保育事業	多様化した保育需要に対応するため，必要な日時について児童の保育を行う事業を推進することにより，児童の福祉の向上を図ることを目的とする。

出典）厚生労働省「特別保育事業の実施について」2000（平成12）年3月29日／2002（平成14）年5月21日改正

のような治療・訓練を行う環境や整備を十分整えることは困難である。それでも統合保育を通して，小さいけれど確かな第1歩となる集団生活の中で，他者（他児）と生活をともにし，真に自分に必要な生きる力を身につけることが可能となる。

統合保育の意義は，障害児だけでなく，健常児にとっても「ともに育ち合う」体験となり，「生きる力，生きていく力」を得られることである。これから彼らが生きていく社会には，自分とまったく同じ風貌，まったく同じ考え方を持つ人はまずいない。多かれ少なかれ，自分とは異なる部分をもつたくさんの人と接すること，それが社会で生きていくことである。健常児には，障害児は自分とは何かはっきり異なる部分をもつ存在としてうつる。他の健常児の友達だけでなく，障害児とともに生活することを通して，さらに多様な自分とは異なった相手との関係のあり方，つまり相手を理解し認め合うという幅広い人間関係力を身につけることができ，それが障害児と同様「生きる力，生きていく力」に結びついていくのである。

しかし，健常児と障害児がただ一緒の場所にいるだけでは，統合保育の意義は十分に得られない。ともに育ち合い，ともに生きていく力を育てる場となるためには，両者をつなげ，その関係を援助する保育の専門家，つまり保育者の存在が大きな要素となる。ともに育つ相手，そしてそれを支えてくれる保育者の存在がある保育現場だからこそ，統合保育の意義はさらに深いものとなるのである。

2 障害児保育の実際

障害児保育は，障害児をもつ保護者たちの草の根的運動から始まり，それに呼応して保育所における障害児保育も進められた。そして1974（昭和49）年に制度化され，厚生省（現・厚生労働省）が指定保育園で試行的に始め，その後，1989（昭和64）年以降は特別保育事業のひとつとして位置づけられている。

(1) 対象

保育所における障害児保育の対象には，「日々通園が可能であること」「集団保育が可能であること」「保育に欠ける状況であること」「中程度の障害であること」という規定がある。このうち「日々通園が可能であること」については，保育所に通う障害児にとっても，障害児通園施設における専門的治療・訓練を受けることの重要性が認識され，1998（平成10）年の通達*によって，保育所に入所している障害児の通園施設への通所が可能となった。また，国の施策を反映して，これらの規定全体がかなり柔軟になり，障害児の保育所への入所はゆるやかなものになっているのが現状である。

*「保育所に入所している障害をもつ児童の専門的な治療・訓練を障害児通園施設で実施する場合の取り扱いについて」

(2) 実施状況

　図10－6をみてもわかるとおり，障害の早期発見・早期治療によって保育対象となる障害児は年々増加傾向にある。その受け入れ体制は，前述の入所規定の柔軟さをみてもわかるように，国のさまざまな施策の推進により，2006（平成18）年には約8割の保育所で障害児保育を実施しているとの調査結果がある*。

　ただ，障害児保育が増えているといっても，それを行うにあたっての困難さは変わらない。そのために重要なのは物的環境・人的環境の整備である。物的環境については，特別保育事業の「障害児保育環境改善事業」において「障害児保育に必要となる障害児用の便所等の設備の整備，軽微な回収や障害児用の遊具・器具等の設置又は更新等の環境改善を実施すること」**とされ，受け入れ支援が図られている。また，人的環境については，全国の保育所に対する調査の結果，「障害児加配保育士を配置している」と答えた園は全体の78.5％※***であり，数としては以前に比べて向上したように思われる。そこで次に問われるのは，その保育の質の向上である。障害といってもその幅は広く，多くの障害児が入所してくるということは，受け入れ側にとってもそのさまざまな障害に対する知識と理解が必要となる。そうした障害児の保育について，保育所保育指針****には次のように示されている。

*社会福祉施設等調査報告によれば2006年10月の「障害児保育を実施している保育所数」は 22,720園中17,961園で79.0％である。公立は87.4％，私立は70.5％である。「障害児保育・休日保育・特定保育を実施している保育所数」全国保育団体連絡会・保育研究所編『保育白書2008年版』ちいさななかま社，p.245, 2008

**「特別保育事業実施要項」別添6「障害児保育環境改善事業実施要項」の「4.事業の実施」より

***「全国の保育所実態調査 概要」全国保育協議会編『保育年報2008』全国社会福祉協議会，p.148, 2008

****保育所保育指針 第4章 保育の計画及び評価 1 保育の計画 （3）指導計画の作成上，特に留意すべき事項 ウ 障害のある子どもの保育

年	人数
昭和60年(1985)	3,993
62(1987)	4,870
平成元年(1989)	4,920
3(1991)	5,249
5(1993)	5,496
7(1995)	6,621
9(1997)	7,961
11(1999)	8,727
13(2001)	9,674

資料）厚生労働省保育課調べ
出典）『最新保育資料集2008』子どもと保育総合研究所編，ミネルヴァ書房，p.36, 2008

図10－6　障害児保育対象児童数

（ア）障害のある子どもの保育については，一人一人の子どもの発達過程や障害の状況を把握し，適切な環境の下で，障害のある子どもが他の子どもとの生活を通して共に成長できるよう，指導計画の中に位置付けること。また，子どもの状況に応じた保育を実施する観点から，家庭や関係機関と連携した支援のための計画を個別に作成するなど適切な対応を図ること。

（イ）保育の展開に当たっては，その子どもの発達の状況や日々の状態によっては，指導計画にとらわれず，柔軟に保育したり，職員の連携体制の中で個別の関わりが十分行えるようにすること。

（ウ）家庭との連携を密にしながら，保護者との相互理解を図りながら，適切に対応すること。

（エ）専門機関との連携を図り，必要に応じて助言等を得ること。

3 これからの課題

物的・人的環境の整備が進むなか，もっとも重要となる保育そのものの質を向上させるためには，つぎの3つの課題が重要となる。

（1）園全体のサポート体制

保育所における障害児保育においては，健常児と障害児がともに育ち合う関係が成立するような保育を展開していかなくてはならない。保育の専門家としてそれらを総合的に考えていくのが保育者である。しかし，障害児がその障害ゆえに，よりきめ細かな配慮を必要とすることが多く，保育者は精神的だけでなく身体的負担をも負うことになる。健常児の保育であっても常に子どもたちの心と身体の把握と援助が必要となるが，障害児の場合，それ以上のエネルギーをもって保育者自身の心と身体を向けて取り組むことも多い。保育者が心身ともに安定して子どもと接することは，子どもたちにとっても落ち着いた環境を作り出す。そして，後に述べる保育者の専門性の向上や他機関との連携を通して，より積極的に障害児保育を進めていくには，その保育者への負担をどのようにサポートするか，園全体の協力による受け入れ体制を整えることが重要となる。

（2）幅広い専門性の習得

障害といっても，その種類や程度は幅広く，一般的な保育者の専門性だけでは補いきれない部分が多い。しかし，障害に対する理解を深めることは，その子どもの心身の発達の予測を可能にし，よりより保育のあり方を考える大切な資料になる。また，障害に対してはある程度の医学的・看護的アプローチも必要であり，そうした分野の知識や技術を習得することでより的確な障害児への援助が可能となる。よって，障害児保育を行うにあたっては，積極的な研修により保育者はその専門性を広げていくことが求められるのである。しかし，そのためには担当保

育者にとって少なからず負担となることが考えられるので，それを軽減するための園全体のサポート体制も必要となる。

（3）専門機関との連携

　子どもは親1人が育てるものではないのと同様，保育者1人が育てるものでもない。子どもに関わるさまざまな人がともに育てていくのである。保育所は家庭と連携をとり，その子どもを取り巻く環境，おとなたちが一体となって子どもに関わることが大切であり，それは障害児の場合も同じである。障害児を理解するために必要な知識と技術をもった専門機関が，保育者とともに接することにより，その子どもはより多くの可能性を手に入れることができる。同時に，保育者にとっても専門機関と連携をとることで，ともにその子どもを育てるという意識をもって，より的確な多くの保育内容を展開できるであろうし，また，連携を通して保育者が専門的な知識や技術を身につけることも可能である。専門機関との連携に際しても保育者の負担が考えられるが，ここでも園全体のサポート体制が求められる。

4．延長保育の理念と実際

1 延長保育の理念

　延長保育とは，その名の通り，通常の保育時間を延長して行われる保育のことである。その保育時間については，児童福祉施設最低基準*において，次のように定められている。

　「第34条　1日8時間を原則とし，その地方における乳児または幼児の保護者の終了時間，その他家庭の状況を考慮して保育所の長がこれを定める。」

　しかし，この8時間という原則時間は現代の多様化する就労形態とはかなりズレたものであり，以前は市町村によって管理されていたため柔軟な対応がとれず，保護者はその保育時間の前後を別の場所（ベビーホテルや24時間託児所など）に預けるといった二重保育を余儀なくされていた。そのようななか，1970年代末から1980年代にかけて，ベビーホテルにおける乳幼児死亡事故が多発し社会問題になると，国も対応にのり出し，ベビーホテルなどの無認可保育施設の規制強化とともに，認可施設，いわゆる保育所における対応策を考え始めた。そして1981（昭和56）年「延長保育特別対策の実施について」によって制度化され，延長保育が実施されたのである。現在は保育時間の延長については保育所の自主事業となったことから，入所児の保護者の状況に合わせて，各保育所ごとに設定が可能となっている。

*保育所を始めとする児童福祉施設の設備や運営に関する基準が定められている。

2 延長保育の実際

（1）対象

特別保育事業の「延長保育促進事業及び長時間延長保育促進基盤整備事業」では，次のような対象に対して補助を行うとしている。

「原則として延長保育実施保育所に対して利用を申し込み，かつ，実際に延長保育を利用した児童を対象児童とすること。なお，事業の支障が生じない範囲内で放課後児童（保護者が労働等により昼間家庭にいない小学校1年生から3年生程度の児童をいう。）を対象とすることができるものとすること。」

つまり，延長保育の対象は，本来保育所入所の対象となる乳幼児だけでなく小学校低学年までの児童をも対象に行われる場合もあるということである。こうした点をみても，延長保育を行う保育者の幅広い受容力が必要とされることがわかる。

（2）内容

1998（平成10）年に「延長保育等促進基盤整備事業」が創設されると，それまでの市町村による事業ではなく，各保育所ごとの自主事業となり，2000（平成12）年の改訂後は，次のように定められている。

①延長保育促進事業

11時間の開所時間の前後の時間において，さらにおおむね30分，1時間の延長保育を行う。

②長時間園長保育促進基盤整備事業

11時間の開所時間の前後の時間において，おおむね2時間以上の延長保育を行う。

児童福祉施設最低基準では「原則の保育時間」は1日8時間と記されているが，厚生労働省は上記のように「通常の保育時間（開所時間）」を11時間としてそれを超える保育を延長保育として補助事業の対象としているため，ほとんどの保育所は11時間を通常の保育時間としている。

（3）実施状況

図10－7を見てもわかるように，延長保育を実施する保育所は急増し，国の施策として動き出した当初と比較すると，その数は10倍以上にもなる。また，図10－8の「開所時間別保育所数の割合」をみると，11時間以上開所している保育所は2006（平成18）年には6割以上にもなっている。就労形態が多様化する現在，それに合わせた柔軟な保育時間は，働く保護者にとってもっとも強い願いの1つであることが見てとれるのである。

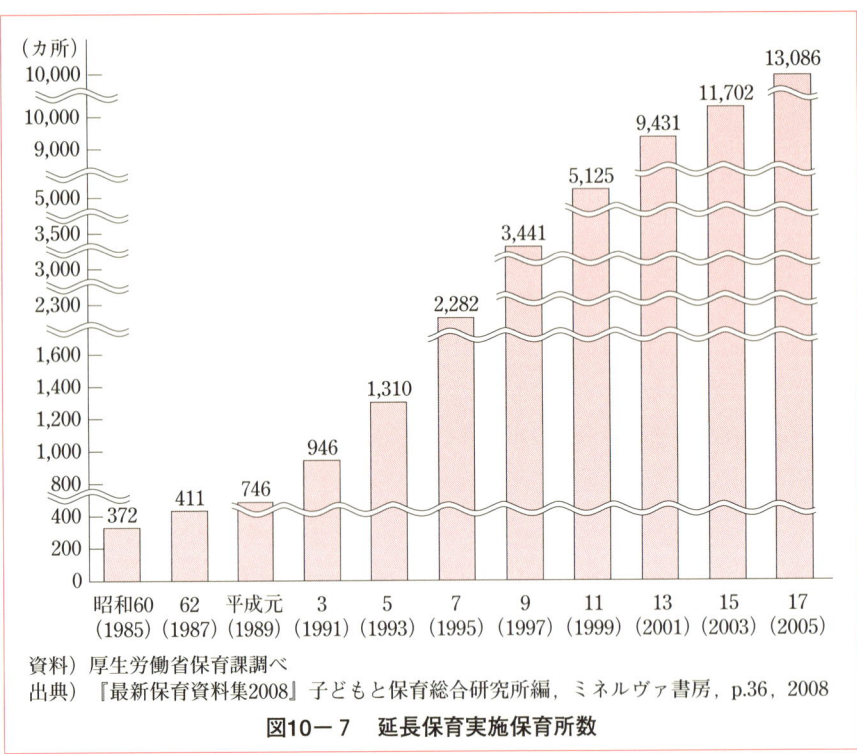

```
(カ所)
10,000                                                    13,086
10,000                                             11,702
 9,000                                      9,431
 5,000
 3,500                               5,125
 2,300                        3,441
 1,700                 2,282
 1,400          1,310
 1,200     946
 1,000
   800  746
   400 372 411
   200
     0
     昭和60  62  平成元  3    5    7    9   11   13   15   17
    (1985)(1987)(1989)(1991)(1993)(1995)(1997)(1999)(2001)(2003)(2005)
```

資料）厚生労働省保育課調べ
出典）『最新保育資料集2008』子どもと保育総合研究所編, ミネルヴァ書房, p.36, 2008

図10－7　延長保育実施保育所数

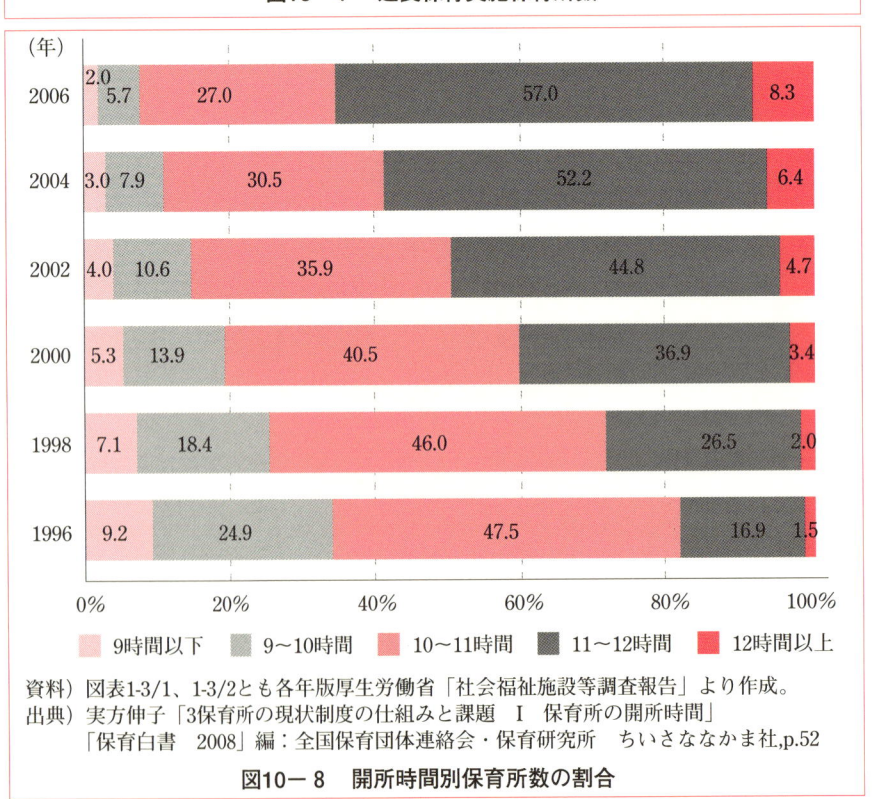

年	9時間以下	9〜10時間	10〜11時間	11〜12時間	12時間以上
2006	2.0	5.7	27.0	57.0	8.3
2004	3.0	7.9	30.5	52.2	6.4
2002	4.0	10.6	35.9	44.8	4.7
2000	5.3	13.9	40.5	36.9	3.4
1998	7.1	18.4	46.0	26.5	2.0
1996	9.2	24.9	47.5	16.9	1.5

資料）図表1-3/1、1-3/2とも各年版厚生労働省「社会福祉施設等調査報告」より作成。
出典）実方伸子「3保育所の現状制度の仕組みと課題　I　保育所の開所時間」
　　　「保育白書　2008」編：全国保育団体連絡会・保育研究所　ちいさななかま社, p.52

図10－8　開所時間別保育所数の割合

3 これからの課題

　延長保育に関して，保育所保育指針では次のように記されている。

　「長時間にわたる保育については，子どもの発達過程，生活のリズム及び心身の状態に十分配慮して，保育の内容や方法，職員の協力体制，家庭との連携などを指導計画に位置付けること。」＊

　「保育所において，保護者の仕事と子育ての両立等を支援するため，通常の保育に加えて，保育時間の延長，休日，夜間の保育，病児・病後児に対する保育など多様な保育を実施する場合には，保護者の状況に配慮するとともに，子どもの福祉が尊重されるよう務めること。」＊＊

　子どもにとって長時間化する保育時間は，その心身の負担も大きく，保護者のニーズがあるからといって，安易に保育時間を延長することに対して警鐘をならす人もいる。しかし，今目の前にそれを必要とする保護者がいて，そうした変えがたい状況において子どもの心身の安全と安定を保障しなければならないという差し迫った問題がある以上，こうした延長保育を否定ばかりしていられないだろう。延長保育という状況であっても，保育所は「入所する子どもの最善の利益を考慮し，その福祉を積極的に増進することにもっともふさわしい生活の場」であり，「入所する子どもの保護者に対する支援等を行う役割を担う」ものなのである。＊＊＊

＊保育所保育指針 第4章 保育の計画及び評価 1保育の計画 (3) 指導計画の作成上，特に留意すべき事項 イ 長時間にわたる保育

＊＊保育所保育指針 第6章 保護者に対する支援 2保育所に入所している子どもの保護者に対する支援 (3)

＊＊＊保育所保育指針 第1章 総則 2保育所の役割 (2) (3)

5．病後児保育の理念と実際

1 病後児保育の理念

　働く保護者にとって，子どもの病気はもっとも悩み苦しむ状況である。図10-9をみてもわかるように，保育時間の延長以上に，子どもの病気のときの対応を求めている。「子どもが病気のときぐらいはそばにいてあげたい」という親としての偽りのない気持ち。その一方で，そんなに安易に長い日数，また何度も休むことができない職場での現状がある。特に乳幼児という年齢も病気になりやすい時期なのであるが，それだけでなく，保育所という集団生活の場では，子ども同士うつし合い病気にかかることが多い。図10-10をみると，子どもが病気になった場合，親・兄弟姉妹など親族に子どもを預けることがもっとも多いようであるが，核家族でそうした人たちの手を借りることができなければ，親のどちらかが休むしか対応するすべがないのである。

　このような差し迫った状況でのニーズがあるにもかかわらず，これまで病気の子どもの保育に対して積極的な動きが起こせなかった。その要因のひとつは，

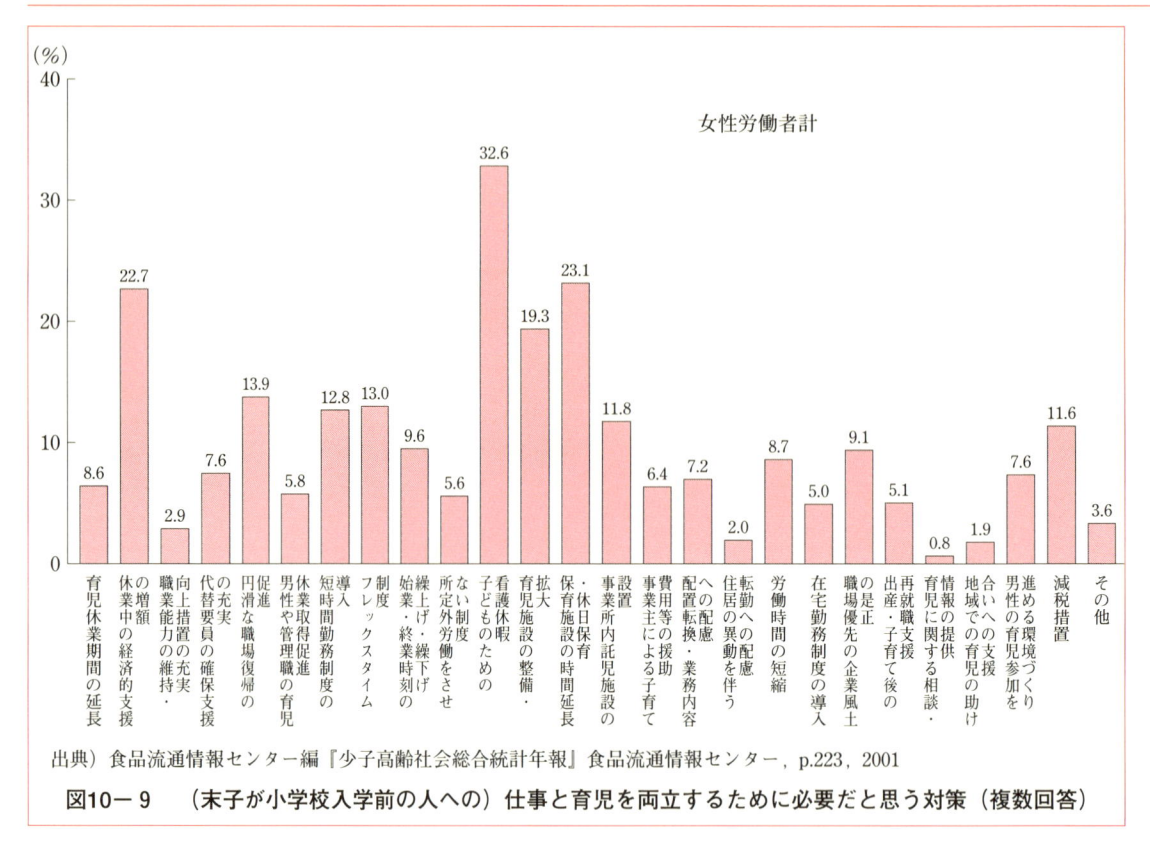

図10-9 (末子が小学校入学前の人への) 仕事と育児を両立するために必要だと思う対策 (複数回答)

出典) 食品流通情報センター編『少子高齢社会総合統計年報』食品流通情報センター, p.223, 2001

「病気の子どもを置いて自分が仕事にいく」という保護者自身が抱える後ろめたさ、そしてもうひとつは、保育者側に病気という日常とは異なる状態の子どもを預かることに対する不安があったためと考えられる。しかし、保護者の就労と子育ての両立を支援するためには、この病(後)児保育への対応は不可欠なのである。

そのようななか、病気回復期または病気明けの子どもの保育、いわゆる病後児保育については、1994(平成6)年から「病後児デイサービスモデル事業」が1年間行われ、1995(平成7)年から実施された「エンゼルプラン」の中で「乳幼児健康支援デイサービス事業」として行われた。その後「乳幼児健康支援一時預かり事業」として実施され、2000(平成

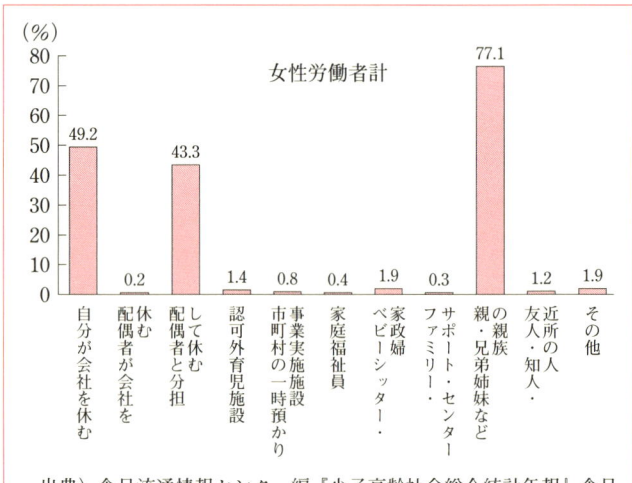

図10-10 (末子が小学校入学前の人への) 子どもの急な病気の対応 (複数回答)

出典) 食品流通情報センター編『少子高齢社会総合統計年報』食品流通情報センター, p.222, 2001

12）年からの新エンゼルプランでは，保育所も事業実施対象として関わることになったのである。1998（平成10）年からは医療機関併設施設では急性期の病児の対応も可能となった。2005（平成17）年からは子ども・子育て応援プランに引き継がれ，2007（平成19）年からは保育所における体調不良児に対応する病児・病後児保育（自園型）が保育対策等促進事業として始まったのである。

2 病後児保育の実際

（1）実施状況

病児・病後児保育の実施状況は，図10－11に示すように年々増加している。しかし，2004（平成16）年度の実績496カ所を，子ども・子育て応援プランでは2009（平成21）年度末までに1,500カ所という目標値を設定しているにもかかわらず，2006（平成18）年度の実績は682カ所，約19％しか達成していない。そこで2008（平成20）年からは，これまでの施設形態別の対応から子どもの状態に応じた対応をもとに図10－12のように再編され，保育所では「病後児」と

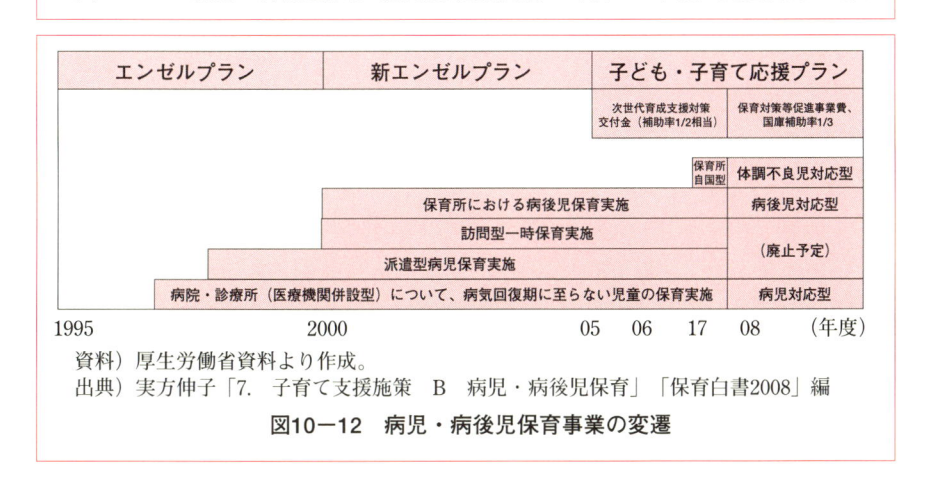

資料）厚生労働省資料より作成。
出典）実方伸子「7．子育て支援施策　B　病児・病後児保育」「保育白書2008」編

図10－11　病児・病後児保育（乳幼児健康支援一時預かり事業）実施状況か所数

資料）厚生労働省資料より作成。
出典）実方伸子「7．子育て支援施策　B　病児・病後児保育」「保育白書2008」編

図10－12　病児・病後児保育事業の変遷

「体調不良児」がその対象となる。
（2）内容
　病後児保育には，その病気という特殊な状況から，次の2点の特徴がある。
①多種多様な子ども
　病後児保育では，年齢，病気の種類，病状などが異なる多種多様な子どもを対象に保育をする。それぞれの子どもに合わせた保育を行うことは，通常の保育における異年齢保育であっても同様であるが，病気の種類や病状などによっては，隔離する部屋や安静にする部屋など物的環境の整備が必要であり，その子どもの病状に合わせた保育も考慮しなければならない。
②季節的変動が大きい
　病気の流行によって季節的変動が大きく，定員を超えることもあれば，時期によっては0人が続くこともある。子どもの数が何人になろうと，その子ども1人ひとりの状態に合わせた保育を行うことのできる力量と専門性が保育者に求められる。

❸これからの課題
　病後児保育は，その高いニーズと国による受け入れ体制の拡充によって，今後も増加していくであろう。しかし，その病後児保育を行うにあたっては，次のような課題も抱えているのである。
（1）「病後」という基準
　病後児保育は病気明けまたは病気回復期の子どもを対象とする。しかし，病後とはどのような状態のことなのか。子ども1人ひとりによってその状況は異なるため，「病後」に対する見極めが困難である。
（2）保育看護という専門性
　病後とはいえ病気の子どもを対象とする以上，病後児保育を行うにあたっては，保育だけでなく看護の視点も持った「保育看護」という新たな専門性も身につけなければならない。保育士としての専門性だけでなく，乳幼児の発育発達や病気，看護についてのより深い知識と理解が必要となる。
（3）かかりつけの医師と連携
　病気という医学的な分野を理解する十分な時間が得られないという現状を補うためにも，対象となる子どもの病状をもっともよく把握しているかかりつけ医師と連携をとることが必要となる。これは保育の面からも看護の面からも有益なことになろう。

6．駅型保育の理念と実際

1 駅型保育の理念

　駅型保育施設は，駅ビルやその周辺の建物の一部を借りて設置された保育施設であり，ベビーホテル同様，児童福祉法に規定されていない認可外保育施設のひとつである。駅型保育施設は，1994（平成6）年に厚生省のモデル事業として実施され，「育児および児童の健全な育成」等を支援する事業の振興を目的とする（財）こども未来財団を通じて助成を受けた。また，2000（平成12）年に改正となった「特別保育事業」においても「駅前保育サービス提供施設等設置促進事業」の中に含まれており，その実施要項には，次のように記されている。

　「本事業の対象となる保育サービス提供施設は，保育サービスの需要が高い地域において，最寄りの駅の改札口又は主なバスターミナルから徒歩で概ね5分以内に通えるなど利便性の高い場所や，地域の拠点となる場所など効果的な事業実施が可能と判断される場所に設置する保育所，保育所分園又は送迎保育，育児相談・育児サークル支援，一時保育又は特定保育等，地域の需要に応じた保育サービスの提供を行う施設であること。」＊

　1970年代末にベビーホテルで乳幼児死亡事故が起こり，認可外保育施設における保育の質の低下も懸念された。こうした事態に対して国も立ち入り検査・報告聴取権限を規定するなどの規制強化も行われたが，何よりも法的規制がないために，認可外保育施設は時間的にも場所的にも多様な勤務形態で働く保護者のニーズに柔軟に対応できる。また，通勤時間の長時間化がいわれるなか，駅型保育の備えた立地条件は，働く保護者にとって利便性が高く，送り迎えに便利なだけでなく，その時間の分だけ親子で一緒に過ごす時間を増やすことが可能になるなどの利点もある。つまり，必要なときに利用できる多様な保育サービスであり，広く人々が利用しやすい保育サービスのひとつなのである。

　一方で駅型保育施設を含む認可外保育施設における保育の質の低下への対応も進められ，2001（平成12）年の児童福祉法一部改正により，認可外保育施設に対する監督強化が盛り込まれ，「届出制の導入」「サービス内容の情報公開」などを規定している。

＊「特別保育事業実施要項」「駅前保育サービス提供施設等設置促進事業実施要項」の「4.事業の実施」より

2 駅型保育の実際

　国の補助対象となった駅型保育施設の数は，1999（平成11）年では38カ所であったが，廃園や認可化が進み，2005（平成17）年度には19カ所にまで減少している。しかし，今後ますます多様化していくであろう就労形態に認可保育所だ

けで十分な対応ができなければ，このような保育サービスを利用する保護者は増えていくものと思われる。

3 これからの課題

　送り迎えの時間の短縮によって親子で過ごす時間が多少なりとも増える可能性があるとはいえ，子どもにとっての保育環境を考えたとき，駅型保育の物的環境が必ずしも望ましいものであるとはいいきれない。たとえば，保護者にとって利便性の高い駅周辺という立地条件は，保育を行う上で十分な園庭の広さが確保できないなど，保育環境の整備に問題が出てくるのである。保護者のニーズに応える保育であっても，その中心は子どもであり，その子どもにとって適切な環境における適切な保育が保障されなければならない。この大原則にそった人的・物的環境の整備が求められる。

7．おわりに

　子育てとは本来，複数の人の手によって営まれてきたもの。核家族化等により家族や地域の人々による子育てに対する援助や支援が困難となっている現在，それに代わる社会的な援助・支援が必要とされ，さまざまな特別保育もその流れの上にある。そして，そのほとんどの特別保育は保護者のニーズに対応する形で始まり進められている。そこで生まれる当然の想い，それは「保育の中心は保護者ではなく，子どもなのでは?」という疑問である。もちろん保育の中心は子どもである。保護者の都合によって子どもがどんな状況に置かれても，その子どもに対するどのような保育も，常に子どもの最善の利益を考慮したものでなければならない。

　吉村真理子は次のように述べている。

　「改めていうまでもなく保育者の任務は子どもの最善の利益を目指して保育を進めていくということです。それをしっかり認識していないと，特別保育事業に取り組んでも母親の態度をなじり，国の場当たり的政策に不満を唱え「これでは子どもがかわいそう」「母親から育児の喜びを奪ってしまい，堕落させる手伝いをするのではないか」と中途半端な気持ちで仕方なく保育をすることになってしまいます。しかしその時点で止まっていていいのでしょうか。そこから前進するためには不平不満のエネルギーをプラスの方向に転換することが必要です。「子どもがかわいそう」と思うなら，かわいそうでない保育内容を追求し，母親と育児の喜びを共有できる方法も探っていかなければなりません。」＊

＊「特別保育事業，特殊保育と保育内容」『発達』No.94, Vol.24, p.26, 2003

子育て，保育とは「子どもを育てること」でありその中心は子どもである。ただ，それはたった1人の人によって行わなければならないことなのであろうか。もともと子育てが複数の人によって営まれてきたことを考えれば，大切なのは「誰が行うか」ではなく「何ができるか」であろう。特別保育が子どもにとって「最善の利益」となるかどうかは，保育者の意識にかかっているのである。

＜引用・参考文献＞
池田祥子「「子育て支援」という社会理念の検討-現代の「子育て・教育」の閉塞感を拓くために」『保育の実践と研究』Vol.6, No.3, 2001
吉村真理子「特別保育事業，特殊保育と保育内容」『発達』No.94, Vol.24, 2003
帆足英一監修『必携 新・病児保育マニュアル』全国病児保育協議会，2005
柴崎正行・網野武博・川合貞子編『新しい保育の基本用語辞典』明治図書，2000
宍戸健夫・金田利子・茂木俊彦監修『保育小辞典』大月書店，2006
『少子高齢社会 総合統計年報2002』食品流通情報センター，2001
内閣府編『国民生活白書 平成17年版』国立印刷局，2005
全国保育所団体連絡会・保育研究所編『保育白書2008』ちいさいなかま社，2008
全国保育協議会編『保育年報2008』全国社会福祉協議会，2008
子どもと保育総合研究所編『最新保育資料集2008』ミネルヴァ書房，2008

第11章 親支援の理念と実際

〈学習のポイント〉 ①なぜ親の支援が必要なのか，その社会的な背景を理解しよう。
②親を支援するために保育者はどのような配慮が必要なのかを考え理解しよう。
③現在の制度には，どのような親支援のシステムがあるのか理解しよう。

1．はじめに

研司のこと

　入所して8ヶ月，その間の成長ぶりは，親の私でさえ，はっとさせられるものがあります。これも先生方の苦労と，集団の中で育ったものと思いますと感謝の気持ちでいっぱいです。

　入所当時を思い出したとき，同職者（保母）である私から見て，甘えん坊で，わがまま，そのくせ口だけは一人前で，行動と一致していない子ども。もし私の担任であったら，この子の保育に対して困りきったはづ（ママ），先生方もきっと大変だったことと思います。

　しかし私の方は，今度は父兄であり，母親になったのです。そして　親の悩みや苦しみが自分のものとなって来たのでした。毎晩，明日は熱を出さないで，元気であります様に，とか，早く起きてくれればよいがと考えるようになってきました。

　入所3ヶ月目，発熱そして風邪のこじらせで入院一歩までいってしまったとき，子どもに対して「研ちゃん，ごめんなさいね」と思わずにいられませんでした。でも，意外にも快復が早く，ほっと致しました。その時の苦しみは，共働きの方に共通しているものですが…。本人はケロッとして「オカアチャン，ホイクエンニイッテモイイノケンチャン」とうれしそうに云って　先生方の名前や友達の名前を次々と云って保育園を忘れておらず，ほっとさせられました。

　そして8ヶ月すぎ，今年に入ってからは急に丈夫になり，ちょっとの風邪はひきますが，発熱することなく，保育園でも自分を出し切って活発に遊んでいるとの事。生活習慣の自立性は他の子どもより一歩遅れている様ですが，それでも少しづつやっている様です。風呂やさんに行っても，一人で得意になって脱衣をやり，同年齢の子どもの親からほめられて嬉しそうにしている姿を見て，もし家庭にいたら神経質で，甘えん坊で，自立のない子で居たであろうと思いますと，これからの子どもに対しても，集団生活のすばらしさを身につけて行き，元気な子どもに育ってくれることを，願わずにはいられません。……後略

　れんらく帳，先生方，本当に大変なことでしたと思いますが，私，子どもが成人になったときに，一緒に読み，記念に致したいと思います。本当にありがとうございました[1]。

研司の母

この文章は、筆者が2歳のとき、母が保育所にわが子を預けたときの親の気持ちをつづったものだ。私がこの仕事を始めようとするとき、そっと手渡してくれた。そうそう、そんな子だったなと、気恥ずかしい気持ちもある。同時に、当時の子育てをする親の苦しさがよくわかる。そして、苦しみながら子育てをする親の傍らに保育者の支えがあったことを実感する。「大丈夫、あなたの子どもは私たちが守るから!!」と無言で支えてくれた保育者たち。今も昔も親の苦労に寄り添うことが保育所の役割であることはかわらないのだな……と心から思う。

　保育士や幼稚園の教師になると、それまで思ってもみなかったさまざまな苦労にぶちあたる。子どもをもつ親への支援はその1つだろう。1999年から2000年にかけ、幼稚園教育要領・保育所保育指針が改訂され、保育所・幼稚園が果たす役割として「親支援・地域支援」が付け加えられた。これからの保育所や幼稚園は子どもだけに責任をもっていればいい、ではすまなくなった。「私は子どもがかわいいから、子どもが好きだからこの仕事をしたいの！　親の支援をしたいためではない!!」、そう思う人もいるだろう。しかし、親をサポートしていかなければ、子どもたちの生命さえ脅かすことになりかねない現状がある、とすればどうだろう。あなたは親を支援せずにはいられないだろう。

　この章では、「親を支援する」ことが求められる現代社会の背景を探りながら、保育所・幼稚園でどのような親支援が可能なのか、保育士として、あるいは幼稚園の教師として親をどのように支援していけばいいのかを考えていくことにしよう。

2．「親支援」の背景を探る

　まず資料をみていただきたい（資料11−1）。この図は厚生労働省が、「小学校入学以前の子どもたちが日中過ごしている場所」がどこであるかを調査したものだが、乳幼児期の子どもたちのほぼ半数（49.6％）が「家庭」で過ごしているということがわかる。保育所は25.7％と全体の約4分の1、続いて幼稚園の24.7％、これも約4分の1だ。保育所と幼稚園で子どもを分け合っているのだが、圧倒的に乳幼児期は家庭で過ごす子どもたちが多い。

　年齢別にみてみよう。これは東京都武蔵野市の子どもたちが幼稚園や保育所に通っている割合（就園率）を調べたものだ（図11−1）。これをみると、3歳で7割、4、5歳児はほぼどちらかに就園しているが、0歳では9割、2歳では8割の子どもたちが家庭で過ごしている。ほとんどの乳児は家庭の中で育てられている。

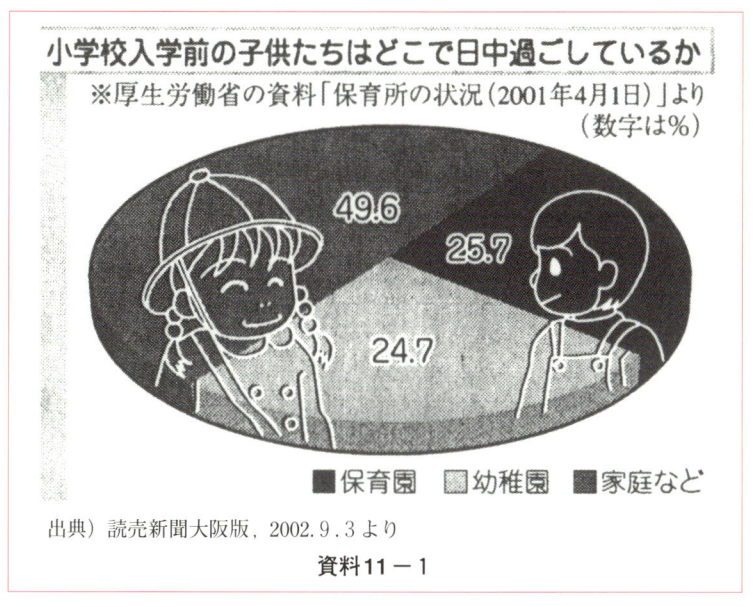

小学校入学前の子供たちはどこで日中過ごしているか

※厚生労働省の資料「保育所の状況（2001年4月1日）」より
（数字は％）

- 保育園　24.7
- 幼稚園　25.7
- 家庭など　49.6

出典）読売新聞大阪版，2002.9.3 より

資料11-1

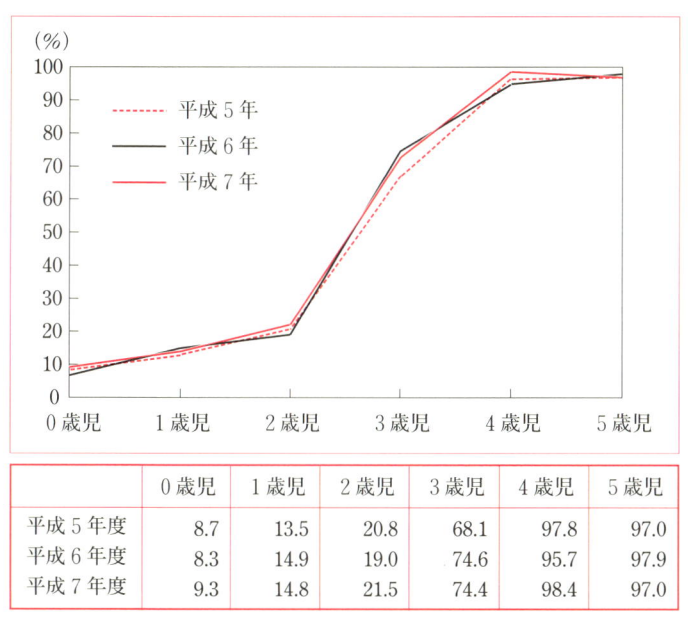

	0歳児	1歳児	2歳児	3歳児	4歳児	5歳児
平成5年度	8.7	13.5	20.8	68.1	97.8	97.0
平成6年度	8.3	14.9	19.0	74.6	95.7	97.9
平成7年度	9.3	14.8	21.5	74.4	98.4	97.0

出典）柏木直子・森下久美子『子育て広場武蔵野市0123吉祥寺地域　子育て支援への挑戦』ミネルヴァ書房，1997

図11-1　武蔵野市0～5歳児の就園状況（平成5～7年）

　家庭での子育てが順調にいっていれば問題がない。しかし，社会が変化する中で，家庭での子育てに異変が起きており，この異変に保育所や幼稚園が新たな対応に迫られているのだ。

1 かわいい子どもがかわいく思えない

　ここで，少し長くなるが，ある母親の手記を紹介しよう。

>"私の心の中に悪魔が住みついている"
>　私は自分がイヤでしかたがありません。心の中に悪魔が住みついているようなのです。私は外づらがとてもよく，人に対してハッキリ言えないのです。すごくお人好しです。だけど夫と子どもに対しては，心にも思わないことを平気で言ってしまうのです。
>　私はもともと子どもは嫌いでした。うるさくて，汚らしくて，すぐに泣く。だから長男が1歳過ぎたころから泣けばひっぱたいていました。そのせいか，声を殺して泣くようになったのです。子どもは泣くのが当たり前，と知っていてもダメなのです。
>　寒い冬に生後4カ月の赤ん坊を車の中に閉じ込めたこともありました。そのようなことがどんどんエスカレートし，お風呂で泣かれたときなど，湯船に沈めたこともあります。
>　歯を磨くのがイヤだといって泣かれたとき，水道の水を全開にして顔にひっかけて，けっ飛ばしたり踏んづけたりして，数分後，我に戻ったことがあります。あのとき子どもは，よく死ななかったなぁとも思いました。そのとき子どもは恐怖感で泣こうともせず，ブルブル震えながらコタツの中に身を縮めていました。わずか2歳のときでした。
>　子どもにまとわりつかれるのは嫌いで，子どもも私に近寄って来なくなりました。だから夫が帰ってくると，子どもは急に緊張感がほどけるのか泣くのです。夫は子どもをかばいます。そのことが気に食わず，子どものももなどを手加減なしにつねって，黒アザだらけでした。
>　子どもと2人っきりになるのがイヤで，3年保育に入園させました。ほかの子はお母さんにダッコされたりして。私は子どもをダッコした記憶が1歳の終わりまでのような気がしました。息子はかわいそうな子だと思いました。
>　（中略）
>　なぜ優しくしてあげられないのか，自分でもわからない。心の中では，かわいそうだ，ごめんねと言っている。いつもイライラしていて，ストレス解消みたいに息子をけっ飛ばしたり，ひっぱたいたり，1日10回は手加減なしにやってしまう。
>　（中略）
>　私は毎日ムスッとしています。私の歩くところに子どもがいると，けっとばしてよけます。
>　いったい私はどうしたのか，誰か助けてほしい。本当は今とても幸せなのに。優しい夫に，何にでもできる息子。このままじゃダメになってしまう。
>　私なんてこの世にいなければいいのに……[2]。

　この手記は『プチタンファン』という育児雑誌の投稿欄に寄せられたものだ。「なんて親だ！」と憤りを感じた人がいるかもしれない。そしてこのような親は例外であり，多くの親たちは子どもとともに過ごすことに何不自由なく暮らして

資料11－2

育児の自信がなくなる　内閣府「国民生活選好度調査」より
■よくある　□時々ある　■あまりない　□全くない　■無回答

専業主婦：0.8／22.8／54.3／15.7／6.3
共働き主婦：1.4／38.9／40.3／9.7／9.7

なんとなくイライラする

専業主婦：0.8／18.1／47.2／31.5／2.4
共働き主婦：1.4／12.5／65.3／19.4／1.4

自分のやりたいことができなくてあせる

専業主婦：0.8／22.0／54.3／19.7／3.1
共働き主婦：1.4／23.6／54.2／15.3／5.6

出典）読売新聞大阪版，2002.9.3より

資料11－2

いる、と思うだろう。ところが実際には、上に記した母親の嘆きに「わたしもそうだ」と共感する投稿が育児雑誌に数多く寄せられているのだ。

　上図を見てほしい（資料11－2）。この図は日々の子育てに何らかのストレスを感じているかどうか、という子育ての意識を「共働き」の母親と、「専業主婦」とで比較調査したものだ。この結果、「共働き」の母親よりも「専業主婦」のほうが育児によるストレスを感じていることが明らかになった。

　たとえば、「育児の自信がなくなる」ことが「よくある」のは「共働き」では9.7％になるのに対し、「専業主婦」では15.7％、「なんとなくイライラする」ことがよくあるのは「共働き」19.4％、「専業主婦」31.5％とここでは12ポイントも差が開いている。これをみると「共働き」よりも「専業主婦」のほうが子育て期にストレスをため込むことがかなり多いという意外な実態が鮮明になってくる。

専業主婦とは,「わが子を自分で育てる」ためにこれまでの仕事を辞めて「子育てに専念する」ことを選んだ女性たちだ。つまり，人生の選択肢として「子どもを産み育てる」ことを意識的に選んだ親（女性）たちのほうが「子どもがかわいく思えない」「子育てが苦痛でしょうがない」と感じる割合が高いということになる。この実態こそ，幼稚園や保育所が地域の親を支援する大きな要因なのだが，ではなぜ専業主婦層に育児ストレスがたまる傾向が高いのだろうか。

❷子育ての相談をできる仲間がいない

　10年ほど前に，厚生省（現，厚生労働省）は日本の子育ての状況を「深刻で静かなる危機」と呼び，この「危機」は「子育ての孤立化」と「人間関係の希薄化」によって助長されていると指摘した[3]。この実態を次の手記からみてみよう。

　"友達ができず，地獄のような毎日"
　うつうつとした毎日から脱出したいのですが，どうしたらよいかわからず，苦しんでいます。
　私は，3歳の子どもをもつ母ですが，親子を通じての友達がひとりもいないのです。もともと人づきあいが苦手で，口下手なうえ，出不精な私は，今まであまり子どもを外で遊ばせることがありませんでした。
　これではダメだと，去年の春頃から，公園へ連れていくことにしました。そこでは数人の親子が楽しそうに遊んでいました。思いきって挨拶をしたのですが，「誰？この人……」といった，よそ者を見る視線。大勢の中の孤独に，胸が押しつぶされそうになりながらも，仕方がないので二人で遊んでいました。
　　（中略）
　今度は少しのお話しだけでもと，公園に向かうのですが，毎回状況は変わらず，それどころか，私と関わりたくないといった素振りも見られ，ますます孤立化していきました。
　　（中略）
　毎日深刻に悩んでいるうち，友達のひとりもできない自分の情けなさに腹が立ち，子どもに当たるようになりました。だんだんエスカレートし，ヒステリックに声を上げ，暴力を振るい包丁を振りかざしたこともあります。子どもはおびえて泣きます。すると，よけいに腹立たしくて自分を抑えることができなくなるのです。
　自分に対して憎悪の念が湧き，死んでしまいたいと思いますが，その勇気さえないのです。主人は，ここまで異常な光景を知りません。子どもの寝顔を見ながら「こんな親でかわいそうに，ごめんね」とつぶやくことしかできません。
　　（中略）
　このまま，誰とも友達になれず，寂しい日々を送るしかないのでしょうか。やめようと思いながらも，子どもを虐待する日々が続き，人間らしい生活ができなくなりそうです。
　将来は子どもに殺されてしまうのではないか，と不安になります。恐いのです。

どうしたら，地獄から抜け出せますか。
　（中略）
　私のように悩んでいる人なんているのでしょうか。私はどうしたらよいかわかりません。友達は，どうやって作るのでしょうか？そしてこのまま，まともに子どもと接することができないで，本当に気が変になりそうです。誰か教えてください。どうしたらいいですか[4]。

　この手記には，まわりの人間関係から孤立する中で子育てに悩むお母さんの苛立ちがにじみ出ている。
　子育ては親になれば自然にできるものではない。近所の子どもや兄弟の子育ての様子を見たり，実際に子守りを手伝わされたりという経験によって引き継がれていくものなのだ。自然に覚えたような気がするのは，誰かが子育てをしているという環境が自分たちの傍らにつねにあり，それを見る機会があったからだ。
　ところが，高度経済成長期とよばれる1960年代を境にして子育てを身近に見ることができなくなった。この時期人口が急激に都市部に集中し，祖父母や叔父叔母と一つ屋根の下で暮らす大家族から，親とその子どものみが家族を構成する核家族へと家族の形態が変化した。都市部に集中した核家族は住み慣れた近隣の関係を断ち切りながら都会での生活をはじめる。このような家族の増大は，都市の地域づきあいを消滅させ，家族の外ではお互いが孤立する地域をつくりはじめた。
　それでも，最初の「親」はまだよかった。幼い頃の地域や家族内で育んだ子育て経験を生かすことができたからだ。しかし，ここで育った子どもたちはどうだろう。近隣との関係は希薄で子育てを見ることも子守りをまかされることもない。とすれば家庭の中での子育てを参考にしていくしかない。他方で，この時期に「受験競争」が激化する。高校・大学への進学率が急騰し，よりよい学校に行くためには子どもたちに勉強をやらせておく必要がある。家事や子守りを手伝うよりも勉強をすることのほうが子どもたちの大事な仕事となった。これから親になる上での大事な「伝承の場」を奪われてしまったのだ。
　人間関係が希薄で子育て経験をもたないまま幼少期を過ごした子どもたちが親になる，まさにこの親が，そしてこの親から育った子どもたちが（これが悲しいかな"私"であり"みなさん"である）親になり子どもを育てなければならない時代になった。
　子育て経験もなく人間関係が希薄で孤立した中で子育てに悩みをもつと，その悩みは解決にいたらず，ストレスへと変化し，場合によってはノイローゼになる。慢性的なイライラは続き，ぎりぎりのところまで追いつめられて近くのモノにあ

たる。それがもし子どもであれば，虐待という悲惨な結果を生む危険性があるのだ。

❸「私は愛されたことのない子どもだった」子どものときの経験が繰り返される

　先にも述べたように，現代の親たちは自分以外の子どもが育てられる現場を目の当たりすることがないまま親になる。したがって，現代の親たちが子育てをする上で唯一の手がかりとするものが自分自身の子ども時代の経験だ。この経験が"よかったな！"と思えるものであれば問題はない。しかし，"私は親に愛されなかった"と思わずにはいられないものであったとすればどうであろうか。次の手記を読んでほしい。

>　"女ゆえに両親から愛されなかった私。いま，我が娘を愛せない"
>　　（前略）……
>　　私が生まれたとき父親は開口一番「なんだ女か」と言ったそうです。そして，5年後に弟が生まれたときの周囲の喜びよう。跡取り意識の強い家で，何かにつけ弟を特別扱いしていた両親。いまでも忘れられないのは，母親の言った「もし，あんたが男の子だったら弟は産んでいなかった」という言葉。私は女の子だったために，両親にとって，全く存在価値のない子どもということになってしまうではないですか。
>　　こういう育ち方のせいなのか，どうしても「女の子なんか，誰からも喜ばれない。かわいがってもらえない」という気持ちが，私の中から消えないのです。
>　　とは言え，我が娘を受け入れられないなんて，私はやっぱりおかしいのかもしれません。
>　　私には，下の子が生まれたときの上の子の複雑な思いが，身をもってわかるので，娘ができてからは，より一層息子をかわいがるようになりました。
>　　主人はもともと子ども好きだし，女の子をほしがっていたので，娘をとても愛しています。彼が少しでも娘のほうをかばうような態度をとると，私は我慢できず，「A美（娘）ばかりひいきしないでよ！」と叫んでしまうのです。主人が子どもたちを愛しているのは，この私がよくわかっているのに…。
>　　私自身が，父親から望まれもせず，愛してももらえなかった少女だったので，娘に嫉妬しているのかもしれません。娘は悔しいほど，私の幼い頃にそっくりなのです。
>　　いつもいじいじして，母親に「ハッキリしなさい！」と叱られた陰気な子ども。娘の中に，もう忘れてしまいたい過去の自分の姿が見え隠れしていることが，耐えきれません。そんな部分を感じるたび，イライラして娘のほおをつねったりひっぱたいたりしてしまう自分が怖いのです[5]。

　幼いときに受けた子育ての体験が受け継がれていくことを「世代間伝達」というが，体験にともなって湧き上がってきたさまざまな感情も無意識のうちに伝達

されていく。子どものときの「楽しかった」体験や「涙が出るほど悲しい」体験をその感情を含めて受け継いでいくのだ。この感情はふだんはあらわれることはないが，結婚をし，子どもが誕生すると，その子どもの姿から突然湧き上がってくる。このとき，悲しい体験や恐怖の体験が湧き上がってきたとすれば，そしてこのとき，周りに支えてくれる人，親身に相談できる人がいなければどうであろうか。不快な感情を湧き上がらせる子どもと2人きりであるがゆえに，そのイライラの解消は子どもに向けられてしまう。"しつけ"という名の下に子どもに手をあげてしまうのはこのようなときかもしれない。

4 追いつめられる「(母)親」たち

今日の親，とりわけ母親の現状を手記を通じてみてきたが，一言でいえば人間関係が薄く，孤立し，ギリギリのところまで追いつめられた状態の中で，子育てを行っている，というのが現代の親（母親）の子育て状況なのである。

そして，追いつめられた母親は共通して自分が生きている存在価値を見いだすことができず，自分自身に対して否定的な感情をもちながら子育てをしている。「自分はダメな母親なんだ」……と。子育てはできて当たり前という風潮はちょっとした悩みをもつことも「(母)親として失格」という烙印を押してしまう。また，「両親にとって全く存在の価値のない子」という過去の思いは親になった現在でも心から離れない。そしてそれは暴力という形を通してわが子に引き継がれる。「おまえは存在の価値のない子なのだ」と……。ここに現代の子育て環境の貧しさゆえに「追いつめられた母親」と，そのもとで育てられる「追いつめられた子ども」という二重の被害者を見てとることができるのだ。

親の子どもへの虐待が問題となっているが，親を加害者扱いするのでは，虐待問題を根本的に解決することはできない。そうではなく，子どもの傍らであえいでいるもう1人の被害者である「追いつめられた母親」，この母親が追いつめられる前に支えていく必要がある。この役割を保育所や幼稚園が担っていく必要が生じてきたのだ。

3．親支援の方法　親の声なき声に耳を傾ける

人間がひとりぼっちになりがち，そして子育てを支えてくれる人を探すことが難しい現代社会の中で，保育所や幼稚園が親を支えていく必要があることを述べてきた。それでは，どのように親を支えていけばいいだろうか。この支え方を考えてみよう。

1 保健師に傷つけられて……

　ここに興味深い資料がある（図11－2）。

　これは，首都圏における「子どもへの虐待」調査の中で，「悩みを相談」したり，実際に「援助を求める」相手は誰であるかを尋ねたものだ。この結果をみると，①「相談」や「援助を求める」相手を「保健師（旧保健婦）」，つまり公的な制度の中での援助者と答えた人がきわめて少ないこと（1125人中16人），②「保健師」と答える人たちは「虐待傾向」がきわめて高い。つまり追いつめられる以前に相談するというよりも，追いつめられどこにも相談するあてがなくやむなく「保健所」に来た，と考えられる。公的機関が助けになっていないといえそうだ。

　なぜこのような状況を生むのであろうか。それは，「保健所」や「児童相談所」と呼ばれる公的機関の支援の中身が親を支えることができないばかりか，逆に親を傷つけているという現状があるからだ。この現状を如実に表す親の手記を紹介しよう。

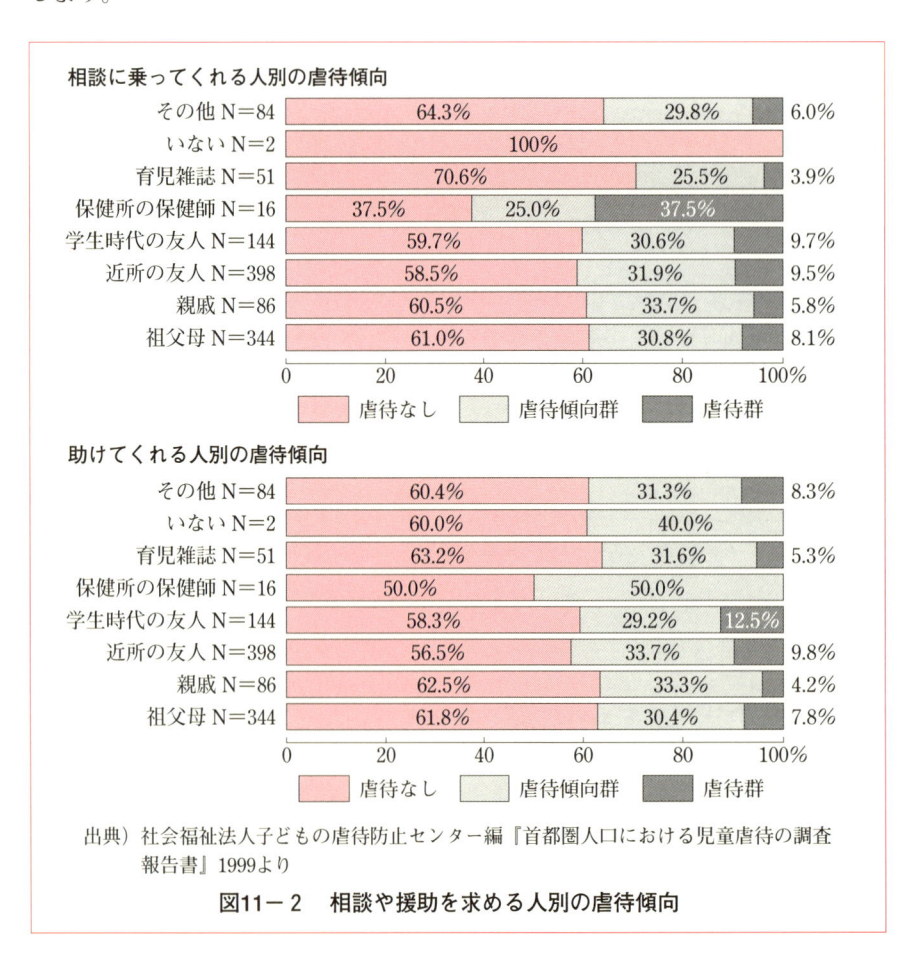

相談に乗ってくれる人別の虐待傾向

相手	虐待なし	虐待傾向群	虐待群
その他 N=84	64.3%	29.8%	6.0%
いない N=2	100%		
育児雑誌 N=51	70.6%	25.5%	3.9%
保健所の保健師 N=16	37.5%	25.0%	37.5%
学生時代の友人 N=144	59.7%	30.6%	9.7%
近所の友人 N=398	58.5%	31.9%	9.5%
親戚 N=86	60.5%	33.7%	5.8%
祖父母 N=344	61.0%	30.8%	8.1%

助けてくれる人別の虐待傾向

相手	虐待なし	虐待傾向群	虐待群
その他 N=84	60.4%	31.3%	8.3%
いない N=2	60.0%	40.0%	
育児雑誌 N=51	63.2%	31.6%	5.3%
保健所の保健師 N=16	50.0%	50.0%	
学生時代の友人 N=144	58.3%	29.2%	12.5%
近所の友人 N=398	56.5%	33.7%	9.8%
親戚 N=86	62.5%	33.3%	4.2%
祖父母 N=344	61.8%	30.4%	7.8%

出典）社会福祉法人子どもの虐待防止センター編『首都圏人口における児童虐待の調査報告書』1999より

図11－2　相談や援助を求める人別の虐待傾向

"マニュアル通りを押しつける保健師さんに傷つけられて"
　（前略）……
　先日，区の1歳半健診を受けた際，保健師さんに「言葉をいくつしゃべりますか？」と聞かれ，「10個ぐらいです」と答えたところ，ひと言「少ないですね」と言われました。そして，娘のカルテの欄に大きく－（マイナス）の丸をつけられてしまいました。ショックでした。それまで，娘の一つ一つの成長の過程を楽しみに喜んできたのに，急に自分の子どもが他の子どもより劣っている気がして……。
　（中略）
　保健師さんが，マニュアル通りのことをすべての子どもに押しつけるだけでなく，もっとその子なりに柔軟に対応してくれたら……。無神経なひと言で，こんな思いをすることがなかったのに……。たまたま，周りのお友達や，話し相手になる方に相談できたからよかったものの，もしそんな環境になかったら，私はそのことでふさぎ込み，娘に対して偏見さえ持っていたかもしれません。
　（中略）
　子育てって，毎日が体当たりで，真剣ですよね。子どものちょっとしたことにも一喜一憂して……。ほかとちょっと違うからといって，マニュアル通りのことを押しつけたりしていいのでしょうか。
　あの保健師さんも私を傷つけたとは思っていないと思います。でも，私にはどうも母親の気持ち，心配にさほど配慮のない保健師さんが多いような気がして……。それとも区の保健師さんにそこまで求めるのが間違っているのでしょうか……[6]。

　この手記から，私たちは何を学ぶことができるだろう。考えてほしいことは，このお母さんが求めていることと，保健師が仕事としてこなそうとしていることに大きなズレが生じている点である。保健師は仕事上，子どもの平均的な発達という数値からみて，その子の状態を計ろうとした。その結果，平均値からみて多少の遅れがあるということが示唆されるので，マニュアル通りに"マイナス"をつけた。しかし，お母さんは，平均化することができない。この世で唯一のわが子が元気に育っているのかを知りたかった。そのときの「マイナス」という記号の意味が専門家でもないお母さんにわかるわけがない。「遅れている」「マイナス」という言葉によって，「この子は問題があるとレッテルを貼られた」とお母さんは思いこんでしまった。もしこの保健師が少しの気遣いがあったなら。そして，一言でも「心配いりませんよ，この時期は個人差がありますから，お子さんは元気ですよ！」と添えることができたなら，子どものことで母親を不安にさせたり，母親を傷つけたりせずにすんだだろう。この保健師は母親の側にたって気遣うということを忘れていたのだ。
　保育や幼児教育の専門家として子どもの様子から親に考えてほしいこと，伝えたいことはある。しかし，それをどのように伝えるかは，親の立場に立ち，考えることが必要なのだ。

❷ 子どもと親と保育者が「ともに育ちあう」保育と保育カウンセリング

　このために，心の相談を仕事とするカウンセラーの方法を用いながら親との信頼関係を築いていくことが必要である。

　親愛保育園の園長であり，現在，東京家政大学で子育て支援を教えておられる新澤誠治さんが，これからの保育の中で必要となるカウンセリングには12の大切なことがあり，これを「保育カウンセリング12の原理」[7]としてまとめておられる。

① 保育は人間関係そのものをつくる仕事である
② 親の見方を変えてみる
③ 閉じた心を開いていく
④ 受容と共感
⑤ 問題を解決するのは親自身であることを忘れない
⑥ 「ねばならない」からの解放
⑦ 心を傾けて聞く
⑧ 「ありのままのあなたでよい」というメッセージを送ること
⑨ 言葉によらない豊かなふれあいのメッセージを
⑩ 抱きとめる心
⑪ 弱さを開示する
⑫ 保育者自身も「ありのままの保育者でいい」と自分を認められるように

　この「12の原理」を参考にしながら保育にとって必要なカウンセリングの考え方，カウンセリングマインドとは何かを考えてみよう。

（1）保育は人間関係そのものをつくる仕事である

　保育のなかでもっとも大切なことは，保育所や幼稚園をどんな子でも安心して生活を送ることができる場にすることである。そのためには「保育者と子ども，保育者と親との人間関係」をどのようにつくるかが大切だ。

　新澤さんは次のように述べている。

　「子どもの姿が生き生きしているのは，なにより『先生が大好き』という心の絆が深く，自分が保育者に深く受け入れられ，愛され，見守られているという自覚と安心感の上に，園生活が快適に感じるからです」[8]。

　子どもが安心感をもちながら生き生きと生活する姿，「保育者が優しくわが子を抱きとめた保育をし，子どもの成長を共感を」もって見守る姿は，親にとっても「自分を理解し，朝夕に笑顔で挨拶し合い，子どもの話から，仕事，生活での出来事や愚痴を語り合」いたいと心から思える場だろう[9]。

　そのためにも保育所や幼稚園が，子どもを育てることを通じて，子どもと親と保育者の間に豊かな人間関係，コミュニケーションがつくられる場とならなけれ

ばならない。このコミュニケーションの中で親と子どもが人と出会い，人との関係の中で暖かくホッとでき，安心感を実感する居場所とならなければならない。

(2) 閉じた心を開く

信頼関係づくりというのはなまやさしいものではない。なぜなら多くの親たちが人間関係のなかで傷つきながら育ってきたために，人との関係に不安を抱き，心を閉ざしてしまっているからだ。しかし，子育てそのものが人間関係づくりなのだ。子育てに悩む親たちにもその閉じた心を開いてもらう必要がある。

しかし閉じた心を開くことは容易ではない。「心のドアは内側に鍵がある。」という言葉がある。心の鍵を解いてその扉を開けるためには外の人たちが無理矢理こじ開けようとしてもそのドアを開けることはできない。その人が自ら開きたいと思うようになるのを待つしかないのだ。この作業を行わなければ親支援はできないのだ。

(3) 受容と共感　－「指導」ではなく「耳を傾ける」ことの大切さ－

閉じた心を開くために必要なのは，親の状況をありのまま受け入れ（受容），その追いつめられた状況に共感することである。この受容と共感にはいくつかのポイントがある。

① 親の見方を変える

親がホッとできる場とは，子育てに悪戦苦闘している親の思いを理解し，その思いに寄り添う場でなければならない。

しかし，保育の現場はそうはなっていないようだ。

「『お迎えが遅くなる親がいて困ったものだ』とか，『子どもをみていると親のしつけがなっていないと思う。第一，親の生活そのものがだらしない』『自分がだらしないくせに，保育の注文や園の運営に文句を言う。だから親には隙をみせたり，心を許してはいけない』……」[10]

たしかにそういう親の現状はある。しかし，考えてほしい。現在の親たちはさまざまな困難を抱えながら誰にも相談ができずにいるのだ。そこに保育者からの厳しい一言が浴びせられたら，あなたならその注意を素直に聞くだろうか。むしろ，保育者の一言一言に身体を硬直させ，あるいは聞こえないようにして自分を防衛してしまうのではないだろうか。結局親が安心できる場，信頼できる人間関係は生まれず保育者と親の溝は深まるばかりである。

まず，「追いつめられた親たち」の現状を理解し共感することが必要である。「お迎えが遅い親」ではなく「子育てへの配慮のない職場で長時間労働を強いられている親（女性）」と見方を変えるだけでその親の見方は180度変わるはずである（その状況は働く仲間として同じだから）。

② 言葉によらない豊かなふれあいのメッセージを

　私たちは「言葉」だけではなく「表情」や「しぐさ」を用いて人とのやりとりをしている。この，「言葉によらないメッセージ」から相手の喜怒哀楽といった感情，気持ちを私たちは推し量っている。

　実習にいくと自分では周りの親や保育者に挨拶をしたつもりでいるのに，挨拶をしていないといわれる。これは「言葉によらないメッセージ」が豊かに相手に届いていないからだ。子どもや親は，保育士や幼稚園の教師に対して「温か」な「言葉によらないメッセージ」を届けてくれることを期待しているのだ。

③ あるがままを認めていく

　私たちはいつの間にか，自分や他人に「あるべき姿」を求めるようになってきた。もちろん理想や夢，自分の成長を描くのが悪いというわけではない。しかし，「こうありたい」「こうあるべき」だと思うあまりに，「あるべき姿にあっていない」から「この子はだめなのだ」や，「あの親はだめなのだ」となると，「子どもが"今ある姿"」や「親が"今ある姿"」を，つまり，子どもや親が生きているという存在価値を否定してしまうことになる。

　「あるべき姿」のみを備えている「パーフェクトな人」などいるだろうか。むしろ，1つや2つの弱点や課題があるから成長しようと思えるのではないだろうか。そうだとすれば，私たちの子育て支援は生きることが難しい世の中で必死に生きようとしている「子どもの今ある姿」を，そしてこれほど子育てが大変な社会の中で子どもを育てながら生きようとする「親の今ある姿」を共感し受け入れていくことからはじめていく必要があるのではないか。

　カナダのトロントでは子育てをしている親に向けたパンフレットがある[11]。そのパンフレットのタイトルは「完璧な親はいない」だ。私たちもカナダに学んで言ってみよう"そう！そこから一緒にやっていきましょう！　完璧な親などこの世にはいないのですから！"。

④ 弱さを開示する勇気

　「完璧な親」がいないとすれば「完璧な保育者」もいない。まして大学を出て，1年から3年，子育ての経験もない，とすれば「完璧」どころの騒ぎではないだろう。大事なのは保育者自身も，自分が「完璧な人間ではない」ということを自覚することだ。

　このことを考える上で参考になるエピソードを紹介しよう。

　……お母さんたちとの小グループでの話し合いのときのことです。お母さんたちが「子どもが言うことを聞かないのでかっとなって手を上げてしまった」などと，自分の母親としての未熟さを口々に話していました。そんなとき，保育歴20年の保育

者が,「私もね, 初めての子どもが40度近い熱が出たときに"どうしよう"と泣きながら夫に電話したことあったわ」とか, 優しい笑顔を絶やさない保育者が「私もね, イライラして子どもを叩いたことがあるの, 今でもその手が痛く感じる」と話します。

すると堅かったお母さんの顔がパーッと明るくなった感じで, ベテランの先生でもそんなことあったのかとこの先生が急に親しくなったように感ずるのをみて, 保育者が失敗や弱さを表したときにお母さんの堅い心が解けていくのを感じました。

親の堅い心が解けたのは, どんなに保育のベテランであっても, 失敗やさまざまな困難を経験して今がある, ということを実感したからだろう。この弱さに保育者への親しみを感じ, 気が許せるようになったからだ。親の前で自分の弱さを語りながら, 子育てのことを親とともに考えていこうとすることも親との関係づくりでは大切なことなのだ。

(4) 決定するのは親である

親を支援する上で忘れてはならないのは, 最終的にどのようなやり方を選び取るかの判断をするのは親自身が決めるということだ。この判断が最良のものとなるためにも肩の力を抜き, 心が落ち着くような環境を用意することはいうまでもない。その上で重要なことを付け加えておく。

① 判断する上で必要な情報を提供する

保育者は親がどのようなことに悩んでいるのかを把握し, 悩みを解決する上で必要な情報を提供していくことが望ましい。これは担当保育者がつねに情報をもっていなければならない, というわけではない。園全体が情報の宝庫になっており, 必要なときに必要な情報を保育者の中で提供しあい, それを親のもとに届けていく。このような体制が整っていることが重要だろう。

② 専門家としての指摘は責任をもって

親が与えられた状況の中で最善の判断ができるようにするためにも, 保育者からのアドバイスは欠かせない。もちろん, 親を否定するようなアドバイスではあってはならないが, 専門家としてその場に応じ最善の方法をアドバイスすることも必要である。なによりも「子どもの最善の利益」を考えた上でのアドバイスをすることが保育者の役割だということを忘れてはならないだろう。

(5) 保育者も1人で悩まない, "園の子どもたちは園全体で守る"という発想を

子育ては1人ではできない, これは保育者も同じである。にもかかわらず, 保育現場はクラスのことは担任が1人で責任をもち, 何かあれば, 担任の力量不足だけで片づけられてしまうことが多い。親の孤立が問題であれば, 保育現場での保育者の孤立も大問題である。筆者はある自治体の保育事例の検討会にかかわっているが, その中での感想の多くが"1人で悩んでいることから解放された",

である。"子育ては1人で悩むな"，が育児の大原則であれば，「園の子どもは園全体で守り考える」という発想を，保育所や幼稚園ももつべきではないのか。その意味でクラスでの子どもや親の状況を率直に話し合う場，「保育カンファレンス」を園の中で設け，保育者自身が自分の弱さをさらけ出しながら保育の課題を明確にする必要がある。親支援の中身をまず保育者の中で実践することが必要なのだ。

4．保育現場での親支援の実際

では，実際に保育現場でどのような親支援が行われているかをみることにしよう。

なお，ここで紹介するさまざまな「親支援」の事業は，2008（平成20）年に改訂された幼稚園教育要領や保育所保育指針にもとづいたものであるが，1990年代より政府が省庁を越えて取り組んでいる少子化対策の中にも位置づけられている。1994（平成6）年に，文部省・厚生省・労働省・建設省（いずれも当時）によって出された「今後の子育て支援のための施策の基本方向について」（通称，エンゼルプラン），および，1999（平成11）年，文部・厚生・労働・自治・大蔵・建設の6大臣の合意で出された「重点的に推進すべき少子化対策の具体的実施計画について」（通称：新エンゼルプラン），さらに，2005（平成17）年にだされた「子ども・子育て応援プラン」（通称，新々エンゼルプラン）にもとづいて具体化された施策であることも付け加えておく。

1 親子登園

「親子登園」事業とは，幼稚園で行われている「親支援」の取り組みで，3歳未満の"未就園児（まだ幼稚園に通う年齢に達していない子ども）"を対象に行われているもので，月に1回から2回，幼稚園に通い，幼稚園でのさまざまな実践を親子で楽しむというものだ。たとえば，親子で子ども向けの歌をうたって楽しむ，絵を描いて楽しむ，絵本を読んで親子で楽しむ，などである。幼稚園に通っていない親子にこのような場を提供することは次のような意味をもっているといえるだろう。

（1）豊かな遊びと仲間づくりができる

子どもたちの生活環境，とりわけ遊び環境は貧しくなっている。ましてや密室の中で親と子ども2人きりでは遊ぶ中身も限られてしまう。

親子登園では，親子2人だけでは体験することのないさまざまな遊びを子ども

たちが体験することができる。また、親と子どもだけでなく子ども同士で遊ぶことができ、仲間とのやりとりの中で育つことができる。

また、親にとっても、1人では知ることのできなかった、遊びや絵本、子どもとのかかわり方を保育者の子どもとのやりとりを通して学ぶことが可能となる。

(2) 子育ての悩みを相談することができる

親にとっては、幼児教育の専門家である幼稚園の先生に日常的な子育ての不安を打ち明ける機会となる。

(3) 親同士がつながる機会となる

そして、同じ年齢の子どもをもつ親同士が集まる場であるから地域の中での親同士をつなげる機会ともなる。

現在、幼稚園における「親子登園」事業は文部科学省からの補助金事業ともなっており、多くの幼稚園で行われている。ベネッセ次世代育成研究所の調査[13]によれば、2歳児で国公立の幼稚園で4割、私立で約6割、3歳では国公立で5割、私立で6割の幼稚園が親子登園を実施していることがわかる（図11－3、図11－4参照）。

また、親子登園の内容も多岐にわたっている。先の調査によれば、「園庭を開放している」ものから、独自の「親子で参加するプログラムがある」ものまであり、独自のプログラムを作成している園が多いことがわかる（図11－5、図11－6参照）。幼稚園が地域の親の子育て支援に重要な役割を果たしていることがうかがえる。

2 育児相談事業

「育児相談」事業は保育所・幼稚園で取り組まれており、育児に関する悩みや相談に保育士や幼稚園教諭が専門家という立場から応じている。基本的には電話で応じる形をとるが、自治体によっては、市民センターなどに保育士などが出向き、そこで直接相談に応じるという形態をとるところも出てきている。

相談内容は子どもの病気のことや発達・言葉・しつけなど日常的な子育てのことが大半であるが、なかには虐待で悩む親がやむにやまれず電話をかけてくることもある。この場合、相談業務だけにとどまらず地域の児童相談所や保健所と連携をとり、子どもを救済する橋渡しとなる。「育児相談事業」は単なる相談業務ではないのだ。

3 地域子育て支援センター事業

今、「地域の子育て支援」を主な業務とする総合的な子育て支援施設が各地でつくられはじめている。それが「地域子育て支援センター事業」だ。

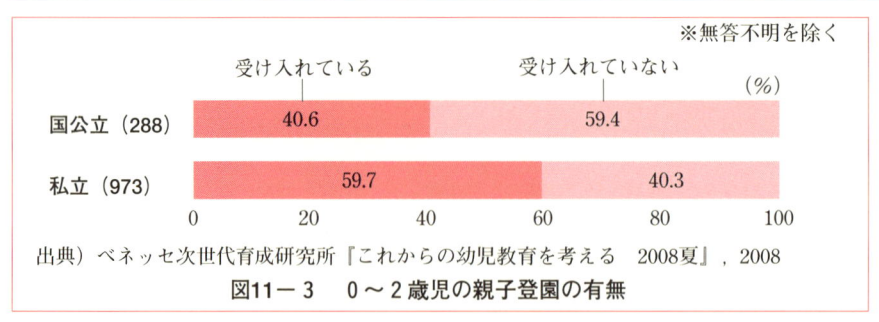

図11－3　0～2歳児の親子登園の有無

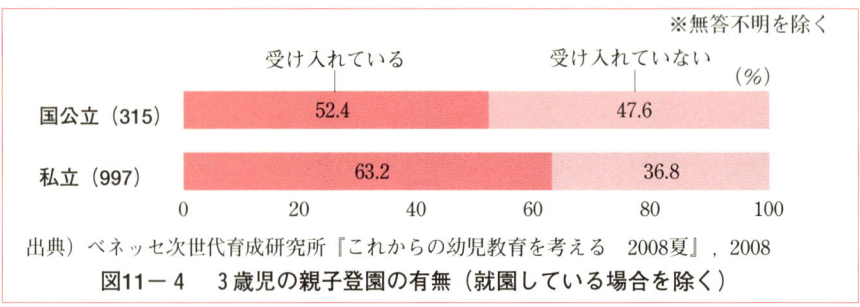

※無答不明を除く

	受け入れている	受け入れていない
国公立（288）	40.6	59.4
私立（973）	59.7	40.3

出典）ベネッセ次世代育成研究所『これからの幼児教育を考える　2008夏』，2008

図11－4　3歳児の親子登園の有無（就園している場合を除く）

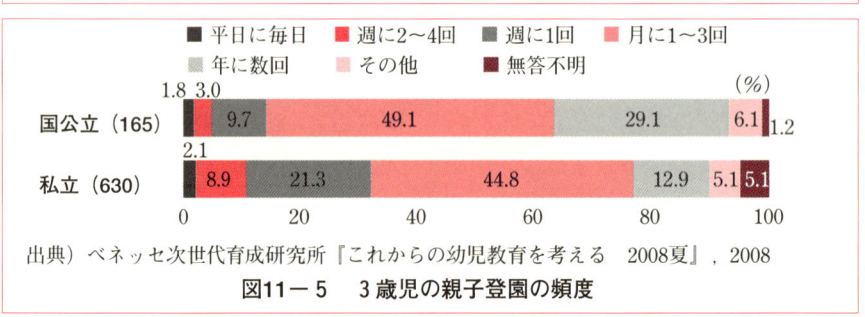

※無答不明を除く

	受け入れている	受け入れていない
国公立（315）	52.4	47.6
私立（997）	63.2	36.8

出典）ベネッセ次世代育成研究所『これからの幼児教育を考える　2008夏』，2008

図11－5　3歳児の親子登園の頻度

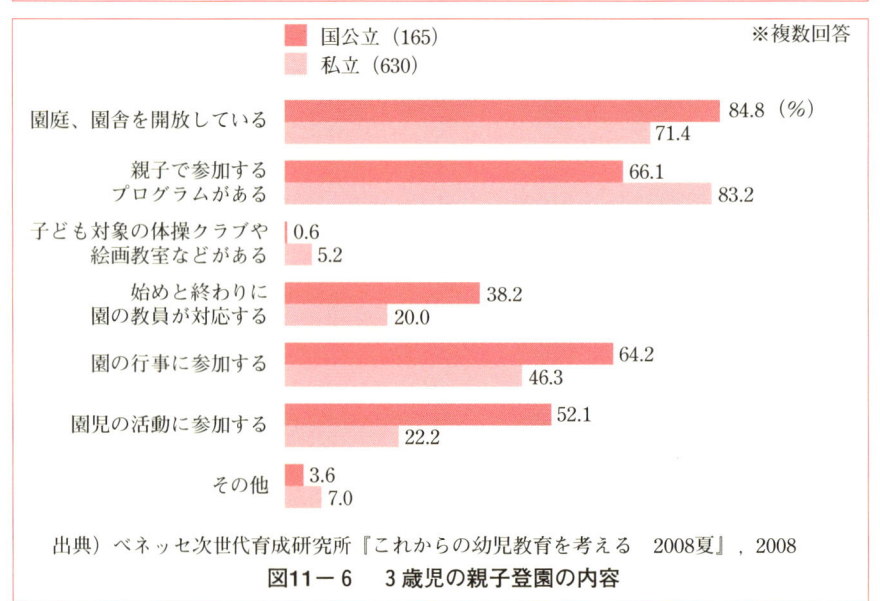

凡例：平日に毎日／週に2～4回／週に1回／月に1～3回／年に数回／その他／無答不明

	平日に毎日	週に2～4回	週に1回	月に1～3回	年に数回	その他	無答不明
国公立（165）	1.8	3.0	9.7	49.1	29.1	6.1	1.2
私立（630）	2.1	8.9	21.3	44.8	12.9	5.1	5.1

出典）ベネッセ次世代育成研究所『これからの幼児教育を考える　2008夏』，2008

図11－6　3歳児の親子登園の内容

※複数回答

	国公立（165）	私立（630）
園庭、園舎を開放している	84.8（%）	71.4
親子で参加するプログラムがある	66.1	83.2
子ども対象の体操クラブや絵画教室などがある	0.6	5.2
始めと終わりに園の教員が対応する	38.2	20.0
園の行事に参加する	64.2	46.3
園児の活動に参加する	52.1	22.2
その他	3.6	7.0

出典）ベネッセ次世代育成研究所『これからの幼児教育を考える　2008夏』，2008

これは,「地域全体で子育てを支援する基盤の形成を図るため,子育て家庭の支援活動の企画,調整,実施を担当する職員を配置し,子育て家庭等に対する育児不安等についての指導,子育てサークル等への支援などを通して,地域の子育て家庭に対する育児支援を行うこと」を目的とし,
①育児不安等についての相談指導
②子育てサークル等の育成・支援
③特別保育事業等の積極的実施・普及促進の努力
④ベビーシッターなど地域の保育資源の情報提供等
⑤家庭的保育を行う者への支援

を具体的な事業としておこなっている。これらは保育所や幼稚園に併設されたり,保育所・幼稚園とは独立して設立されたりしている。1993(平成5)年からはじまり,新エンゼルプランにより全国に広がり,2003(平成15)年現在,全国に2500カ所で実施されている。

ここでは1992(平成4)年に設立された,子育て支援センターのさきがけともいえる武蔵野市立"吉祥寺0123"の機能をみながら子育て支援センターがどのような役割を担っているかみてみよう[14]。

"吉祥寺0123"はこれまでの保育理論・発達理論をもとにしながら,0,1,2,3歳児を対象にした保育所でもなく,幼稚園でもない子育てを支援する地域のセンターをめざすことを目標に設立された。

このため,"吉祥寺0123"は「4つの機能」を兼ね備えた事業を展開している。「4つの機能」とは以下の通りである。

(1) 子どもたちの自由に気軽に遊べる場

第1の機能は子どもたちが遊ぶことを思う存分楽しめるということである。とりわけ乳児が自由に遊べる空間をつくり,絵本やおもちゃのコーナーを豊かにつくる。乳児に向けた遊びのプログラムや人形劇やお話し会なども行われ子どもたちが楽しめる工夫がされている。

(2) 親同士の交流・学習の場

子どもたちの遊びを通して親同士が交流できるような工夫や,親同士が交流や学習できるように一定時間子どもを預かるようにしたり,父親のための子育て講座を開いたりと,母親だけでなく父親同士の交流も行えるようなプログラムの工夫がされている。

(3) 子育ての相談に応ずる場

"吉祥寺0123"では,電話相談と面接相談によってさまざまな子育ての相談に応じている。相談は医療や心理の専門家が行い,相談内容によってはさまざまな関係機関と連携がとれるようになっている。また,親の相談だけでなく幼稚園や

保育所などの専門家の悩みにもこたえる体制をとっている。
(4) 子育てに関するさまざまな情報提供の場
　親にとっては「ここに行けば信頼できる子育ての情報がある」という揚があれば，これほど力強いものはない。"吉祥寺0123"では子育てに関するさまざまな情報をデータベース化し，親に提供している。

<引用・参考文献>
1) 川崎市立小田中保育園・小田中乳児保育園 文集手つなぎ』1969
2) プチタンファン編集部編『「読んでくれてありがとう」ここに192人のママがいる』婦人生活社, p.31-32, 1996
3) 厚生大臣主催 "これからの家庭と子育てに関する懇談会"『これからの家庭と子育てに関する懇談会報告書』1990.1
4) プチタンファン編集部編, 前掲書, p.64-66
5) プチタンファン編集部編, 前掲書, p.56-58
6) プチタンファン編集部編, 前掲書, p.100-101
7) 新沢誠治・今井和子『家庭との連携と子育て支援』ミネルヴァ書房, p34-47, 2000
   本文中の文章は上記の項を参考に, 本章執筆者が再整理を行ったものである
8) 新沢誠治・今井和子, 前掲書, p.36
9) 新沢誠治・今井和子, 前掲書, p.36
10) 新沢誠治・今井和子, 前掲書, p.37
11) カナダのトロントの子育て支援制度は非常に注目を集めている制度だ。詳しくは小出まみ『地域から生まれる支えあいの子育てふらっと子連れでDrop-in』ひとなる書房, 1999, および, 武田信子『社会で子どもを育てる子育て支援都市トロントの発想』平凡社, 2002を参考のこと。
12) 新沢誠治・今井和子, 前掲書, p.54
13) ベネッセ次世代育成研究所『これからの幼児教育を考える　2008夏』, 2008
14) 柏木恵子・森下久美子『子育て広場 武蔵野市立吉祥寺0123地域子育て支援への挑戦』ミネルヴァ書房, p.40-45, 1997
   ※なお, 本章で紹介した, 現代社会における"追いつめられた親"の状況については, 汐見稔幸『親子ストレス』平凡社新書, 2000にくわしい。ぜひ一読してほしい。

第12章 地域に対する子育て支援の理念と実際

〈学習のポイント〉
①保育所において地域の子育て支援が必要とされる背景と，それが果たす役割について理解しよう
②地域の人々の交流が子どもの育ちや子育てに不可欠なことと，これに対する保育所の支援と具体的な活動内容について理解しよう。
③幼稚園や学校，児童福祉施設など，子どもに係わる機関・施設が連携する必要性とそこにおける保育所の役割にいて理解しよう。

1．地域活動事業の理念

　かつての子育ては，子どもと父母の周囲に祖父母や親族，近隣の人々など，地域の多様な人々に囲まれて営まれていた。子育ては母親1人で担うものではなく，身近にそれを共有し，支援する人々がいたのである。それが今日，都市化や核家族化が進んだことから，このような子育てを支援してきた親族や地域との関係は希薄となっている。結果として子育ての孤立化が進み，親のみに子育ての負担が集中することとなった。このことは，我が国における企業中心・仕事優先の職場環境と相まって，「就労と子育ての両立」の困難となって働く女性の上に重くのしかかり，一方で育児不安や虐待など深刻な子育て問題の増加につながっている。

　このような子育てを巡る問題の深刻化に並行して，少子化が加速度的に進行している。2007（平成19）年の年間出生数は108万9818人で，2006（平成18）年の109万2674人より2856人減，合計特殊出生率は1.34人となった。1989（平成元）年に合計特殊出生率が1.57人となったことから生じた，いわゆる「1.57ショック」によって，社会の注目がようやく"子ども"に向けられるようになってから20年余りが経過した。この間，少子化対策として種々の施策や試みがなされてきたが，出生率は年々下がり続け，今日に至っている。この時代を「子どもを育てることに夢が持てなくなった社会」＊と指摘する人々もいる。しかし，子どもとは，本来，社会の未来であり，希望のはずである。

　1990年に国連子どもサミットがニューヨークの国連本部で開かれ，世界70カ国の元首が集まって，子どもの権利を守ることを約束した。このときの晩餐会で，当時のスウェーデンのカール首相が次のようなスピーチを行っている。

　「子どもたちは，私たち全ての未来である。子どもたちがどのように生きるか，それが人類の文明自体を決定する。子どもの権利がどのように守られるかが，私たち自身の未来を決定する。」＊＊

　また，2002（平成14）年9月に出された，少子社会を考える懇談会中間とり

＊少子化社会を考える懇談会中間とりまとめ「子どもを育てたい，育てて良かったと思える社会をつくる～いのちを愛おしむ社会へ～」，2002

＊＊「児童の権利条約アップデイト，No.17」，国際連合児童基金・ユニセフ，1990

まとめ「子どもを育てたい，育てて良かったと思える社会を作る　〜いのちを愛おしむ社会へ〜」*では，次のように記されている。

「現代は先行き不透明な時代であるといわれています。お金だけでは安心が得られない時代には，生まれ育つ『いのち』とともに生きることが，何ものにも代え難い喜びであり，子どもがいることによってはじめて得られる励ましや元気が，大きな心の支えにつながるのではないでしょうか。

『いのち』の中でも，子どもはいわば『未来からの預かりもの』です。こうした特別ないのちだからこそ，社会みんなで愛おしんでいく必要があると思われます。」

　今日の我が国において，子どもが健やかに生まれ育つことができないとすれば，それは子どものみの問題ではなく，社会のあらゆ人々が"幸せ"を感じることのできない社会であるといえよう。ここに，「子どもの問題」を地域社会全体の課題としてとらえる根拠がある。地域の中に活力や希望にあふれた「子どもがいる風景」がふつうであり，このような"子どもの存在"を核としながら，おとなもお年寄りも，誰もがのびのびと暮らせる地域社会であることが求められているのである。このように考えると，地域活動の理念とは，人と人とがつながり，「子どもも，大人も，お年寄りも，全ての地域住民が生き生きと暮らすことができる」地域社会づくりを目ざすことといえよう。

　さらに子ども自身の発達過程をみると，このようなさまざまな人々とのふれあいの中で，豊かな情緒や社会性が育まれていく。それゆえに，子どものよりよい成長のためには，地域交流が深まり，地域のさまざまな人々が子どもと関わり，子育てを支援することが求められる。逆に言えば，今日の子どもが健やかに育っていくためには，地域社会の人々のふれあいを活性化し，地域で子育てを支え合う土壌を形成して，かつての家制度に代わる新たなコミュニティを形成することが不可欠である。保育所が直接的に地域の子育て家庭を支援することにとどまらず，地域に住むあらゆる人々をつなぐ役割が求められているのは，このような理由による。

　すなわち，保育所の目的は子どもの「最善の利益」と「福祉の増進」にあるが，そこにおける地域活動の理念とは，"子ども"を核として，地域の多様な人々がここにつながり，関わることを通して，"よりよく生きる"こと，つまり今日の福祉の目的である"well-bing（人権の尊重，自己実現）"を求めることといえよう。

*注1と同様

2．地域の人々との交流の理念と実際

　地域活動とは，広義には上記の理念に基づく保育所の活動全てを含むが，狭義の意味では，入所児童とその保護者以外の地域に向けた活動を指すことが多い。
　これについて，保育所保育指針（2008年3月改定）は，第1章総則において，「保育所は，入所する子どもを保育するとともに，家庭や地域の様々な社会資源との連携を図りながら，入所する子どもの保護者に対する支援及び地域の子育て家庭に対する支援等を行う役割を担うものである。」と，地域全体を視野に入れた「地域子育て支援」を行うことと明記している。ただしこのような地域に向けた支援は，地域の実情や保育所の特性に応じて保育に支障がない範囲で行う努力義務とされている。
　保育対策等促進事業は，仕事等の社会的活動と子育て等の家庭生活との両立を容易にするとともに，子育ての負担感を緩和し，安心して子育てができるような環境整備を総合的に推進するため，一時・特定保育，地域の子育て支援等を実施して，児童の福祉の向上を図っている。つまり地域の多様な保育ニーズに積極的に対応するとともに，地域に開かれた社会資源として保育所の有する専門的機能を地域住民のために活用している。表12－1は，このような保育所における事業のうち，地域の児童や住民を対象として行っている活動を抜き出し，整理したものである＊。
　以下に，これらの活動の実際について，みていくこととする。

＊厚生省児童家庭局通知児発第102号「保育対策促進事業の個々補助について」2000.3.29（2007.06.12.雇児発第0612002号改正）

1 子育て家庭への支援

　地域活動の中で，今日，もっとも急務とされていることは，地域の子育て中の家庭との交流やその支援である。保育所保育指針は，第6章保護者に対する支援の中で，地域の保護者等に対する子育て支援を積極的に行うよう努力することと明記し，その内容について，「地域の子育ての拠点としての機能」と「一時保育」をあげている。ここでは，地域の子育ての拠点としての機能のうち，実際に行われている活動に沿って，その内容をみていくこととする。

> **保育所保育指針　第6章　保護者に対する支援**
> 3　地域における子育て支援
> （1）保育所は，〈児童福祉法第48条の3〉の規定に基づき，その行う保育に支障がない限りにおいて，地域の実情や当該保育所の体制等を踏まえ，次に掲げるような地域の保護者等に対する子育て支援を積極的に行うよう努めること。

ア　地域の子育ての拠点としての機能
　　　（ア）子育て家庭への保育所機能の開放（施設及び設備の開放，体験保育等）
　　　（イ）子育て等に関する相談や援助の実施
　　　（ウ）子育て家庭の交流の場の提供及び交流の促進
　　　（エ）地域の子育て支援に関する情報の提供
　　イ　一時保育
(2) 市町村の支援を得て，地域の関係機関，団体等との積極的な連携及び協力を図るとともに，子育て支援に関わる地域の人材の積極的な活用を図るよう努めること。
(3) 地域の要保護児童への対応など，地域の子どもをめぐる諸課題に対し，要保護児童対策地域協議会など関係機関等と連携，協力して取り組むよう努めること。

〈児童福祉法第48条の3〉
　保育所は，当該保育所が主として利用される地域の住民に対してその行う保育に関し，情報の提供を行い，並びにその行う保育に支障がない限りにおいて，乳児，幼児等の保育に関する相談に応じ，及び助言を行うよう努めなければならない。
　2　保育所に勤務する保育士は，乳児，幼児等の保育に関する相談に応じ，及び助言を行うために必要な知識及び技能の修得，維持及び向上に努めなければならない。

（1）直接的な子育て支援活動

　保育所には，保育士を初めとして，看護師や栄養士など多様な子育ての専門家がそろっていることから，このような子育ての専門的知識と技術を，地域の子育て家庭に提供していくことは，重要な役割である。また，地域の中に子ども集団や異年齢の関わりが乏しくなっている現在，保育所には0歳から就学前までの幅広い"子ども集団"があるということは，重要な社会資源である。地域で孤立し母子のみで日常生活を過ごしていた場合も，保育所に来ることによって，多様な子どもやおとなと出会うことができる。知識に偏り体験に乏しい今日の若い親の世代には，このように，直接的に子どもと関わり，また保育士を初めとする専門職の子育ての実際にふれることができるのは，大きなメリットといえよう。
　具体的には，園庭開放や子育てひろば事業，保育体験事業，各種の研修や講座などの活動が展開されている。中でもひろば事業のような地域の子育て中の親子の遊びと交流の場は，気軽に参加でき，家庭ではできないような遊びや活動ができること，親子それぞれの仲間が得られることなどから，人気が高い。また下記で述べるような保育体験活動は，子どもと直接かかわることが少ない今日の親や中高校生にとって，貴重な体験学習の場となっている。
　このような活動を行う際には，保育園の通常の保育に差し障りがないよう配慮することが必要だが，一方でそれは入所している子どもにとってもプラスとなる要素を含んでいる。入所している子どもは生活時間の大半を園内で過ごしている

表12-1　保育所における地域に向けた活動

事　業	趣　旨
一時保育事業	児童福祉法(昭和22年法律第164号)第24条の規定による保育の実施の対象とならない就学前児童であって，保護者の傷病・入院，災害・事故，育児等に伴う心理的・肉体的負担の解消等により緊急・一時的に保育が必要となる児童を保育所で保育する事業
特定保育事業	市町村が定めた事由により，児童の保護者のいずれもが，一定程度（1ヵ月当たりおおむね64時間以上）の日時について当該児童を保育できないと認められ，かつ，同居の親族その他の者が当該児童を保育することができないと認められる就学前児童について，保護者からの申し込みにより，必要な日時について保育所で保育する事業
保育所体験特別事業	ベビーホテル利用者など，ふだん，認可保育所を利用していない親子や適切な保育を必要としている親子等に保育所を開放し，定期的な保育所体験や保育所入所児童との交流，及びベテラン保育士や医師等からのアドバイスを通じて，親子の育ちを支援する事業
児童ふれあい交流促進事業	児童の親子でのふれあい，さまざまな人との出会い，地域の仲間作りを促進し，子育て家庭の支援や児童の健全な育成を図るもの
地域子育て支援拠点事業	地域において，子育て親子の交流等を促進する子育て支援拠点の設置を推進することにより，地域の子育て支援機能の充実を図り，子育ての不安感等を緩和し，子どもの健やかな育ちを促進する事業 ①ひろば型 常設のひろばを開設し，子育て家庭の親とその子ども（おおむね3歳未満の児童及び保護者）（以下「子育て親子」という。）が気軽に集い，うち解けた雰囲気の中で語り合い，相互に交流を図る場を提供するもの ②センター型 地域の子育て支援情報の収集・提供に努め，子育て全般に関する専門的な支援を行う拠点として機能するとともに，既存のネットワークや子育て支援活動を行う団体等と連携しながら，地域に出向いた地域支援活動を展開するもの ③地域の需要に応じた保育サービスの積極的実施・普及促進 ④地域の保育資源の情報提供等 ⑤家庭的保育を行う者への支援

出典）「保育対策等促進事業の実施について」を基に作成
　　　（厚生省児童家庭局通知児発第247号「特別保育事業の実施について」，2000.3.29，
　　　厚生省児童家庭局通知，雇児発第0511001号「特別保育事業の実施について」の
　　　一部改正について，2005.05.11.）

こと，さらに近年は低年齢児からの入所が増えていることから，子どもたちの人間関係は，ともすると狭いものになってしまう。だが地域活動を行うことによって，入所している子どもと職員という限られた人間関係だけではなく，広く地域の親子と関わりを持つことができ，子どもの豊かな成長に寄与するものとなりえよう。

　このような子育て支援の活動における今後の課題は，これまであまり子育てを担ってこなかった，あるいはできなかった父親が，子育てに主体的に参加できるよう支援することであろう。

（2）子育て家庭に対する相談援助

　保育所には保育士をはじめとするさまざまな専門職がいることや，子どもや子育て等に関する知識・技術・経験をもっていることから，保護者の相談に応じることが求められている。保育所での相談援助の基本は，保護者の話しを傾聴し，ありのままを受容することにあり，保護者自身の自己決定を支援することが重要である。また，個人情報の取扱いには特に注意が必要である。ただし，虐待の通告や要保護児童対策地域協議会との連携や協力に関わる活動においては，この限りではなく，子どもの安全を守るために情報の提供や交換がなされなければならないことが補遺に定められている。

　また，保育所での相談援助は，相談室で向き合って行う面接相談もあるが，むしろ上記に記したような保育や交流活動など，日常の場面で自然に行われることが特徴である。したがって，保育所の範囲と限界を理解し，必要に応じて専門機関につなげていくことが，その役割である。

（3）地域社会資源の育成・コーディネート

　保育所が直接的に支援を行うだけではなく，ニーズやサービスを仲介したり，地域社会資源を育成することも，保育所の役割となってきている。今日，子育て中の母親同士の交流の場となる子育てサークルや，子育てが一段落した世代による子育て支援活動など，地域住民自身によるさまざまな交流や支援の動きがみられるようになってきた。このような芽生えをさらに活性化させるためには，保育所のように地域に身近で，かつ子育てについての専門性を蓄積した専門施設が，これらの子育て中の親子同士や，あるいは支援を必要としている人と支援を行う人との間をつなぎ，調整を図っていくことが求められる。

　具体的には，自主サークルの支援・育成，ファミリーサポート事業等の仲介，などの活動が展開されている。また，マイ保育園制度とよばれる新しい試みもみられる。これは，妊娠時から3歳までの子どもを持つ全ての子育て家庭が，身近な保育園に登録することで，出産前に授乳や沐浴等の育児体験をしたり，出産後の親は一時保育利用券の交付や保育士，看護師等の専門家による育児相談といっ

た支援を利用できるものであり，サービス利用に際して，制度に登録した保育園が保護者の希望に応じてコーディネートを行う。

（4）広報・情報提供

さらにはまた，地域におけるこのような各種の子育て支援サービスが利用者に十分知られるようにしたり，目の前の親子が必要としている情報を提供するなど，利用者とサービスとの"つなぎ"の役割を果たすことも，保育所の役割となっている。

具体的には，機関誌・広報誌の作成・配布や，情報コーナーを設けて掲示したり，あるいは電話・FAX・メールなどによる問い合わせや相談に応じるなどの活動がみられる。

2 異年齢児交流事業

保育所を退所した児童を保育所に招き，社会性を養う観点から交流事業を行う，あるいは保育所入所児童と地域の児童とが地域的行事，ハイキング等の共同活動を通じて，異年齢児との交流を行なっている。

地域での異年齢の子ども集団がなくなっている現在，卒園児や地域の小学生等との異年齢交流事業とは重要な意義を持つ。子どもが，心身ともに健やかに育ち，豊かな人間性，他人に対する思いやり，主体的に判断する能力などの「生きる力」をはぐくむことができるようにすることが，子どもの健やかに育つ権利を保障する上でも重要なことである。そのためには，子ども時代からのさまざまな年齢の子どもたちや異なる個性を持つ人々とふれあう体験を持つことなどの体験活動の機会を子どもに提供することが必要とされる。幅広いふれあう機会を与えることは，子どもたちが自ら考え，主体的に「生きる力」を学びとっていくという意味で大切なことである。

3 中・高校生などの保育体験学習

子どもを育てることには，大きな喜びがあるが，一方で苦労がともなうことも事実である。しかしすでに少子社会に生まれ育った若い世代には，低年齢の子どもたちとふれあう機会や，「いのち」の大切さを知る機会が希薄になっている。その結果として，子どもとの接し方がわからない親や，しつけや子育てに自信のない親も増えている。

子どもの頃から赤ちゃんや年下の子どもとふれあうことで，子育ての苦労と喜びとを体験的に学ぶことが必要とされているといえよう。しかし今日の社会では，地域や学校がこのような機会を意図的に設けないかぎり，中・高校生が赤ちゃんとふれあう機会は乏しい。

このようなことから，中高校生を学校の授業の一環やボランティアとして受け入れ，乳幼児とふれあいをもったり子育ての体験が得られるように支援する保育所も増えてきている。

4 世代間交流事業

　地域に昼間，暮らしているのは，お年寄りと乳幼児である。かつて，祖父母や叔父，叔母が同居する大家族の中では，祖父母らが子どもの子守を引き受けるなど，世代の異なる者同士のふれあいがごく自然に日常生活の中にあった。しかし核家族化が進むに連れて，祖父母と日常的な関わりを持つ子どもたちは減少している。一方でお年寄りの側も，子どもたちとふれあう時間が少なくなっている。少子高齢化社会が進む中で，このような世代間の隔絶は，子どもたちには多様な世代と関わりやさしさや思いやりを学ぶ機会を奪い，お年寄りにとっては，かわいらしく活気にあふれた子どもたちとふれあうことの喜びを奪っている。このため，今日，この両者の間を意図的に結びつける必要が生じているといえよう。保育所は，地域の子どもたちが昼間，生活している施設であり，子どもとその保護者のみならず，地域の人々のふれあいをすすめる役割を担っている。実際に，老人福祉施設・介護保険施設等への訪問，あるいはこれら施設や地域のお年寄りを招待し，劇，季節行事，手作り玩具製作等を通じて世代間のふれあい活動を行なったり，あるいは，郷土の踊り，音楽，手作り玩具，焼物，伝承遊び等について地域のお年寄りから指導を受けるなどの，保育所と地域のお年寄りとの交流活動が行われている。

　具体的にふれあい活動の内容をみると，敬老の日やお誕生日会など，行事の折りの訪問・招待が多くなっている。さらに日常の生活において自然な形でふれあうことを大切にしているところもある。

　核家族化が進む中で，日常的にお年寄りと関わる機会が少ないことから，初めは「怖い」と泣き出したり，お年寄りを別の世界の人と感じ，溶け込むまでに時間がかかったりする子どももみられるようである。しかし，保育者が誘いかけたり，一緒に遊びに加わったりしてきっかけや仲介役を果たすことで，関わりが拡がっていくと，初めはとまどっていた子どもも，自然にお年寄りと関わることができるようになっていく。

　このような活動は，お年寄りにとっては生きがいともなり，子どもたちを自分の孫のようにかわいがる姿がみられる。このようなお年寄りの子どもに対する優しい気持ちや愛情が，子どもの心の安定に果たしている力は大きい。親や保育者とは異なる人々からかわいがられ，愛情を注がれることで，子どもは充足感や情緒的な深みを得たり，あるいはいたわりや思いやりの心が芽生えてく

る。年齢を超えて，人と人とがふれあえる機会があることは，子どもの成長に豊かさをもたらすといえよう。

　かつてはお年寄りや近所のおじさん，おばさん，年齢の異なる子ども集団など，多様な地域の人間関係の中で，子どもたちはやさしさ，思いやり，心の安定などを培われていた。今日，それらの人間関係が失われることによってさまざまな情緒や社会性の発達が疎外され，それが"切れやすい"子どもの発達につながっている側面もみられる。しかし，地域社会においてお年寄りや年齢の異なる子ども，地域の在宅の親子など，多様な地域の人々との関係を深めることによって，子どもの豊かな発達が保障できるであろう。子どもは本来，地域の人々にかわいがられ，ふれあうことによって，育っていくものであり，またそのような子どもの存在が，地域を潤していく。今日の保育所には，地域のセンターとして，このような地域活動を活性化していく役割が求められているといえよう。

3．幼稚園との連携

　就学前の子どもを対象とする地域の類似した施設として，幼稚園がある。保育所と幼稚園はそれぞれ異なるニーズがある中で，児童福祉施設と学校という制度の明白な違いがあるが，しかし子どもたちは小学校に入学後は机を並べ合うこととなる。家庭の就労状況等の違いによって子どもたちが分断されずに，地域においてすべての子どもの健全育成を図るという観点から，地域の保育所と幼稚園との間では交流や連携が進められている。たとえば，ある地域では，隣接する保育所と幼稚園とが午前中の保育を合同で行い，保育所の保育士と幼稚園の幼稚園教諭とが一緒に保育にあたっている。これによって，活動の幅が広がるともに，子ども同士の人間関係も豊かになる様子がみられる。

　特に過疎化の進む地域では，このような連携は重要である。少ない地域の子どもを保育所と幼稚園に分離した場合，子どもの発達に必要な集団も確保できないという深刻な問題が起きてくる。このため，過疎化の進む市町村の中では，幼稚園と保育所を一体化する試みもみられるようになってきている。一方で，保育所入所待機児童の多い都市部においても，社会資源の有効活用から，幼稚園や学校の空き教室の活用などがみられる。

　厚生省と文部省も，1998（平成10）年に「幼稚園と保育所の施設の共用化等に関する指針」＊を合同で通知し，その後も資格の相互取得の促進や，地域の実情に応じた弾力的な設置・運営が可能となるような施策を講じている。また保育所と幼稚園の連携について事例集を掲載したり合同で研修を行うなど，保育所と

＊文部省・厚生省合同通知「幼稚園と保育所の施設の共用化等に関する指針について」，1998.3.10.

幼稚園の連携を促進している。さらに中央教育審議会幼児教育部会と社会保障審議会児童部会の合同の検討会議において、「就学前の教育・保育を一体として捉えた一貫した総合施設」のあり方について検討が進められ、2004（平成16）年には、最終的な審議のまとめとして「就学前の教育・保育を一体として捉えた一貫した総合施設について」が出された。これをもとに2006（平成18）年6月に「就学前の子どもに関する教育、保育等の総合的な提供の推進に関する法律」が成立し、10月から認定こども園がスタートした。これは都道府県知事が認定するもので、就学前の子どもに幼児教育・保育を提供し、地域における子育て支援を行う機能を持つ。

このような動きを受けて、各地方自治体では保育所と幼稚園の交流、合同保育、一体化などの試みが急速に進展している。

次は、ある過疎地における幼保一体化園の事例である。

> **過疎地における幼保一体化の取り組み**
>
> 　町の人口が約5,000人という過疎地のA町では、1970年代に町立の幼稚園と保育所を同一建物に移転し、保育所と幼稚園を一体的に運営する園をスタートさせた。
>
> 　現在、保育所の開所時間は7：30から18：30までであり、基本保育時間は幼稚園・保育所ともに8：00から15：30までとなっている。3歳児以上は園のバスによる送迎を行っているが、これを利用している子どもが大半を占めており、バスが園を出る15：30に帰る子ども達が過半数を超えている。このようなバスでの送迎があるため、広範囲から子ども達が集まってくるが、5歳児の在園児数は、保育園児と幼稚園児とをあわせて約40人であり、5歳児の活動に必要な集団規模を幼保一体園であることで確保しているといえよう。
>
> 　給食は、保育園児も幼稚園児も同じものを食べている。幼稚園児と保育園児とはそれぞれごとに別クラスとなっているが、相互に自由に行き来しており、子ども達の中には保育園・幼稚園の違いは感じられない。
>
> 　この園では、幼稚園教諭免許と保育士資格の両方を取得した者を「教諭保育士」として採用している。所属は年度によって「幼稚園」「保育所」に分かれるが、勤務条件は同一である。

今後、少子化の進行にともなって、このような試みはますます求められてこよう。

4．関係機関・施設との交流・連携

今日の子どもと家庭をめぐるニーズは、深刻化、複雑化の度合いを深めている。

これに対応するためには，①地域で早期に問題を発見して対応すること，②関係機関・施設が連携してその家庭を見守る体制を作ること，③子どもがすくすくと育つことができるような地域活動や仕組みを強化して，問題が顕在化したり深刻化しないよう予防的取り組みを行うこと，などが必要とされている。

　この際に保育所は，地域における子どもと家庭福祉の拠点となり，目の前の子どものこと，つまり保育所に入所している子どもや保育所にやってくる親子に加えて，地域社会全体の子どもに目を向けることが求められている。このような取り組みによって，地域に潜在化して「自ら援助を求めることができない子どもや親」に手を伸ばして，支援していくことも可能となる。今日，深刻な虐待にみられるように，最も援助を必要としている問題はむしろ表面化しにくく，地域で孤立して，なんら援助を受けていないという場合が少なくない。このような子どもと親とを社会的に支援していくためには，保育所が，援助を求めてやってくる親と子どもを待っているだけではなく，地域に情報網を張り巡らせ，関係機関や施設との交流や連携を深めて，子育て支援のネットワークを作り，支援を必要としている子どもと家庭をみいだして，対応していくことが望まれる。

　もともと，保育所は，地域に放置されていた問題を抱える子どもと家庭を援助することから始められた事業であり，このような地域ニーズをキャッチし対応するための機能が備わっている。それは，①身近で気軽に出入りできる場であり，日常的で継続的な関わりが持てること，②０歳から就学前までの幅広い年齢の子ども集団が生活を営んでいること，③保育士を初めとする子どもの専門家がそろっていること，④地域の関係機関や施設，人々と密接な関わりを持つことなどである。さらにすでにみてきたように，今日では，一時保育や園庭開放など，地域の親子にとって身近で，利用しやすいサービスが整備されてきている。このような保育所のもつ機能を自覚し，地域の子どもと家庭のサインに敏感になることが，地域の家庭を支援する第一歩であろう。そして親との間で子どもへの思いを共有したり，子育ての楽しさを共感しあうこと，あるいは子育ての悩みやつらさに耳を傾けて受容することによって，親の持っている力を引き出していくことが望まれる。さらに保育士が親が子育てをする上でのモデルとなったり，具体的アドバイスや見通しを示すことによって，親の育児力を向上させていくことができよう。

　一方で親子関係や地域の親同士の関係の橋渡しをする場合もある。さらに，気になる親子をみつけた場合には，関係機関・施設に確認をしたりこれらと連携することによって，問題を浮かび上がらせ，有効な支援を行っていくことが可能となる。このような地域ネットワークは，「問題の発見」だけではなく，深刻な問題に対応する上でも必要とされる。今日，虐待の問題は特別な問題ではなく，どこの保育所でも抱える問題となってきているが，特に深刻な場合には，保育所だ

けでこれに対応することは困難であり，地域の関係機関や施設が連携して家庭の問題に対応していくことが必要となってくる。つまり，深刻な問題に対応する上でも，潜在化した問題を発見するためにも，多様な関連機関・施設，社会資源が連携して地域にセイフティ・ネットを張り巡らせることが求められているといえよう。

次の事例は，都市部におけるこのようなネットワークの試みである。

東京都における子ども家庭支援センターを中心とするネットワーク*

東京都は独自施策として各区市町村に「子ども家庭支援センター」を創設し，ここを子どもに関わる機関・施設の連携の要として，地域ネットワークを形成しつつある。

子ども家庭支援センターの目的は，「個人や家族の力，親族，近隣の人々，友人などの協力のみでは解決困難な生活課題を抱える家族を対象に，家族１人ひとりの福祉と人権の擁護に向け，個々の機関や職員，ボランティアが，関係機関との連携のもとに，専門的援助技術や社会資源を活用しつつ，家族を構成する個々人の自己実現と生活設計を見通し，家族構成員，とりわけ子どもが健全に育つ場としての家庭がその機能を十分に発揮できるよう援助していく」というファミリーソーシャルワークの実現にある。地域ネットワークを活用してこのような家庭全体への支援を展開していくためには，ケースマネジメントの手法を取り入れた援助方法が確立されねばならず，そのキーコーディネーターの役割を果たす機関が子ども家庭支援センターである。

子ども家庭支援センターの具体的な機能として，①総合相談，②在宅サービスの提供，③関係機関・施設の連携，④地域組織化活動，の４つが挙げられる。

①総合相談窓口

子ども家庭支援センターは地域に身近で気軽に相談できる子ども家庭問題の総合相談窓口となっており，育児相談から虐待というような深刻な相談まで，広く地域の子ども自身や子育てをする親たちの悩みを受けとめる場となっている。そこでは利用者から受けたそれぞれの相談に対応し，必要に応じてサービスを紹介して手続きをしたり，他の専門機関につなげて，解決を図っている。

②子ども家庭在宅サービスの提供

センターでは，子ども家庭在宅サービスとして，（a）ショートステイ，（b）トワイライトステイ，（c）一時保育事業等，を提供し，問題の予防や解決を図っている。これらのサービスはセンターが直接行うよりも，保育所や児童養護施設，乳児院，母子生活支援施設など，地域の児童福祉施設が実施し，その紹介や手続きをセンターが行っている場合が多い。ショートステイとは１週間程度の短期間，子どもを宿泊で預かる保育サービス，トワイライトステイとは，夜10時程度までの保育である。一時保育は地域の子どもの一時的な保育のことであり，保育所を中心として実施されている。

③関係機関・施設の連携

センターが単独で地域の子どもと家庭のすべての問題に対応し，解決していくこ

*東京都児童福祉審議会意見具申「一人親家庭の自立生活を支援する総合的な施策のあり方について──ファミリーソーシャルワークを展開できるシステムづくりを目指して──」，1999

とは難しく，関係機関・施設との連携が必要となる。連携に際して，子ども家庭支援センターは，地域における子ども家庭支援の中核として，ネットワーク会議の招集，連絡，調整などを行い，コーディネート役を果たしている。ただし，地域やケースの状況によって，市町村保健センターや児童相談所などがコーディネートを務める場合もある。

④地域組織化活動

地域組織化活動とは，主として下記の5つの活動を指す。

- ・地域の啓発活動
- ・福祉ニーズの調査研究
- ・地域グループの組織化
- ・ボランティアの養成・支援
- ・その他地域活動への関与

これらは地域の問題を早期発見・対応するために不可欠であると同時に，地域の健全育成を促進し，問題の発生や深刻化を予防するという点からも，期待される活動である。

　子ども家庭支援センターが地域ネットワークの中でコーディネート役を果たすのに対して，保育所は子どもや親と直接的・日常的に関わることが多いことから，キーパーソンとしての役割を果たす場合が多い。さらに，一時保育などの具体的なサービスは，保育所が担っている地域が大半を占めている。つまり，保育所は，親子と直接的に関わったり，サービスを提供することを通して，親の立場に立ってこれを支えたり，あるいは家庭の見守りを行っている。さらに子どもの情緒の安定や発達を直接的に援助していく役割を担うこととなる。

　このような地域にあるサービスや社会資源が有機的に結びつき，ネットワークを構築するためには，日頃から顔見知りで，お互いをよく知っているという関係が望まれる。このためにも保育所では，日常的な地域活動が求められているといえよう。

5．連携の課題・今後の展望

　少子化に加え，核家族化，近隣との交流の希薄化などにより家庭や地域での養育力が低下してきている。子どもや家庭を取り巻くさまざまな問題については，家庭・地域と保育所を初めとする子どもに関わる機関や施設，学校，行政などが相互に連携・協力し，社会全体で子育て・子育ち支援をしていくことが重要である。子どもたちが健やかに育つためには，各機関・施設が連携し対応していくことが重要であり，次のような点が課題となっている。

①地域関係機関・施設の連携強化

　特に幼稚園と保育所の連携や複合施設も視野に入れた子育て支援の環境整備

②保育所保育士と幼稚園教諭の合同研修や具体的な連携

③家庭の教育力・養育力の向上を図るための支援

④地域の社会資源の開拓と連携

　ボランティアや子育てサポーターなどの育成・連携

＜引用・参考文献＞

1）少子化社会を考える懇談会中間とりまとめ「子どもを育てたい，育てて良かったと思える社会をつくる　〜いのちを愛おしむ社会へ〜」2002

2）「児童の権利条約アップデイト，No.17」国際連合児童基金（ユニセフ），1990

3）1）と同様

4）厚生省児童家庭局通知247号「特別保育事業の実施について」2000.3.29，厚生省児童家庭局通知247号「特別保育事業の実施について」の一部改正について，2002.3.29.

5）文部省・厚生省合同通知「幼稚園と保育所の施設の共用化等に関する指針について」1998.3.10.

6）東京都児童福祉審議会意見具申「一人親家庭の自立生活を支援する総合的な施策のあり方について　―ファミリーソーシャルワークを展開できるシステムづくりを目指して―」1999

第13章 職員の資質向上

〈学習のポイント〉　①保育者に求められる専門性とはどんなことか理解しよう。
②組織の一員としての保育者の役割について理解しよう。
③保育者の専門性や組織の質を高めるためにどんなことが必要なのか理解しよう。

1．職員の資質向上が求められる背景

❶ はじめに～保育者論と組織論

　日本では，保育の質を担保する仕組みのひとつとして，国が「幼稚園教育要領」や「保育所保育指針」を設けている。両者とも最も新しいものは，根拠法令に基づいて保育内容の基準を所管大臣が2008（平成20）年3月に告示したものだが，前者は「教育課程その他の保育内容の基準」（学校教育法施行規則第38条）を，後者は「保育の内容及びこれに関連する運営に関する事項」（保育所保育指針第1章）を定めている。その中身をみると，保育の内容だけではなく，組織としての社会的役割や「保育の過程」全体にわたる運営の側面が重視されるようになってきていることがわかる。保育の質を支えるのは保育者の資質や専門性だが，それと同時に組織としての専門性も保育の質を左右する。そこで，この章では保育・教育ネオシリーズ9『保育者論』で論じられる内容との重複をさけ，主に施設の組織性や運営面に焦点を当てる。職員の資質向上のために組織として何が必要なのか，また保育者と組織の関係のなかで，職員の資質がどのように向上するのかを考えたい。

❷ 職員の資質向上が求められるようになってきた制度的背景

（1）長い年月をかけて高められてきた保育者の資質

　幼稚園や保育所，認定こども園では園長（施設長）をはじめ幼稚園教諭や保育士のほか，看護師や栄養士，調理員，用務員等，さまざまな職種の職員*が働いている。また，それらの園はそれぞれ地域の人や組織とも多様な関係をもっている。このように保育は，多種多様な人々の専門性が発揮されながら営まれる実践である。そのなかでも，中心的な役割を担うのは，いうまでもなく幼稚園教諭および保育士である。

　ところで，人が育ち育てられるという長い人類の歴史のなかで，社会的制度としての保育という営みが成立したのは，つい最近のことである。家族史の研究に

*この章では職員とは施設で働くすべての職員をさし，保育者とは幼稚園教諭および保育士をさす。

よると，家族や地域社会での子育ては，長くて多様な歴史をたどってきた文化的な営みである。その子育てや親子関係は，それぞれの時代と地域社会のなかで独特の文化を形成しながら継承されてきた。人の発達をこのような文化的営みとしてみると，乳幼児期にどんな活動に取り組むことが期待されているかは文化コミュニティ間で大きく異なっているという*。そうした文化的営みのなかに，意図的で計画的に行う社会的な保育が中世から近代にかけて登場し，今日のような社会制度としての保育が成立してきた（第2章参照）。したがって，社会制度的な保育が成立していくなかで，職業としての保育者も成立してきたのである。また同時に，その保育者に求められる資質も，その時代の社会状況などによって変わってきた**・***。たしかに現在の幼稚園と保育所，認定こども園についていえば，歴史的な成り立ちや法的な根拠，あるいは保育時間や対象児童の年齢が異なるなど，その役割や位置づけ，施設としての機能にも違いがある。しかし，子どもを保育する専門職としての保育者には，家庭や地域で子どもを育てることとは違った，ある共通の資質や専門性が期待されているのである。

そして，その資質や専門性は実際に組織で働くことを通じて高まっていくものであり****，そのような仕組みや環境（研修など）を用意する組織の在り方が今後の課題となっている。

（2）保育者の資質向上が期待されるようになってきた制度的変化

保育者の資質向上をめぐる最近の制度的変化をみてみよう。2002（平成14）年に文科省の中央教育審議会（中教審）は「今後の教員免許の在り方について」を答申し，幼稚園教諭は2008年度から10年ごとの免許更新制の対象となる（2007年6月改正の教職員免許法）。それによると「教員として必要な資質能力が保持されるよう，定期的に最新の知識技能を身につけることで，教員が自信と誇りを持って教壇に立ち，社会の尊敬と信頼を得ることを目指す」ことが目的となっており，免許取得後10年が経つ前の2年間に，大学などが開設する30時間の免許状更新講習を受講することになった。

2005（平成17）年には中教審が「子どもを取り巻く環境の変化を踏まえた今後の幼児教育の在り方について」をまとめ，それを受けて文科省が2006（平成18）年に「幼児教育振興アクションプログラム」（2006～2010年度までの5年間）を策定した。これは国公私立の幼稚園，認定こども園における教育の条件整備を中心とした文科省の計画と，地方公共団体において取り組むことが望まれる施策を示した総合的な行動計画である。このなかにも具体的な取り組みとして「教員の資質及び専門性の向上」や「幼児教育を地域で支える基盤等の強化」など7項目*****が記載されており，幼稚園教諭を2～3割増やし，また幼稚園が自己評価や外部評価を推進しやすい行政体制を構築することなどを目指している。

*バーバラ・ロゴフ『文化的営みとしての発達 個人 世代 コミュニティ』新曜社，p.2

**松平信久「保育者は何を期待されてきたか」『発達』83，ミネルヴァ書房，p.2

***森上史朗「保育のいとなみと保育者の歴史」『保育者論の探求』ミネルヴァ書房，p.159

****石井哲夫「今，求められている保育士像」『保育の友』全国社会福祉協議会，p.11，2008

*****そのほかに「幼稚園・保育所の連携と認定こども園制度の活用の促進」「希望するすべての幼児に対する充実した幼児教育の提供」「発達や学びの連続性を踏まえた幼児教育の充実」「家庭や地域社会の教育力の再生・向上」がある。

一方，保育所をはじめとした児童福祉施設をめぐる保育制度の変化も著しい。児童福祉法は1997（平成9）年に大きな改正がなされた。それによって保育所はそれまでの措置制度から利用者が保育所を選択できる契約方式に転換され，基本的には全国どこでも好きな保育所を選択できるようになった。同時に，育児不安や子育ての孤立化などの問題から，保育所は保育に関する相談に応じ，助言を行うという努力義務が課せられ，保育所が入所している児童の保護者に限らず，地域の子育て支援の役割と機能を担う組織であることが法制度上，明確に位置づけられた。さらに2001（平成13）年の児童福祉法改正によって保育士の資格規定が法律で定められ，保育士が法定資格となった。

そして2008年3月の保育所保育指針告示とあわせ，「保育所における質の向上のためのアクションプログラム」（2008～2012年度までの5年間）が公表された。これは告示化された保育所保育指針に基づく各種の取り組みを支援するため，厚生労働省と地方公共団体が取り組むことが望まれる施策をまとめたもので，自己評価ガイドラインなど「保育実践の改善・向上」に関する4項目，看護師等の専門的職員の確保など「子どもの健康及び安全の確保」に関する5項目，施設長の役割の強化や保育士資格見直しなど「保育士等の資質・専門性の向上」に関する3項目，第三者評価ガイドライン改定など「保育を支える基盤の強化」に関する4項目からなる。

さらに「就学前の子どもに関する教育・保育等の総合的な提供の推進に関する法律」が2006年6月に制定され，同年10月から「認定こども園」がスタートした。幼稚園と保育所のそれぞれの特徴を活かし両者の役割を果たすことができる総合的な施設としての仕組みづくりが始まっている。認定こども園で働く保育者には幼稚園教諭の免許と保育士資格の両方を取得しておくことが期待されており，保育者養成機関もそれへの対応を進めている。

こうした保育制度の変化の背景には，家庭や地域の養育機能の低下や，保育ニーズの多様化がある。幼稚園，保育所，認定こども園は，保育の専門的な組織として社会的に重要な役割と機能を果たすことが望まれており，保育の質の向上のために，そこで働く保育者の資質向上もこれまで以上の期待が寄せられるようになってきているのである。

3 今日の保育者に求められる専門性の法的・制度的規定

今日の保育者の専門性はどのように考えられ，何が期待されているのか，保育所保育指針で保育士の専門性に関して詳しい規定がみられることを踏まえながら，専門性を成立させている要素を順番に確認してみたい。

（1）保育士の業務

保育士の業務について2003（平成15）年に改正された児童福祉法は次のように規定している。

「この法律で，保育士とは，第18条の18第1項の登録を受け，保育士の名称を用いて，専門的知識及び技術をもって，児童の保育及び児童の保護者に対する保育に関する指導を行うことを業とする者をいう」（児童福祉法 第18条の4）。

児童福祉法という法律によって保育士の業務は定められている。ここに保育士の専門性には2つあることがわかる。その1つは「児童の保育」であり，もう1つは「保護者に対する保育に関する指導」（以下，保育指導と略す）である。つまり保育士は子どもの保育のみならず，保護者に対する支援である保育指導も本来の業務になっている。保育指導とは，「子どもの保育の専門性を有する保育士が，その専門的知識や技術を背景にしながら，保護者が支援を求めている子育ての問題や課題に対して，保護者の気持ちを受け止めつつ，安定した親子関係や養育力の向上をめざして行う子どもの養育（保育）に関する相談，助言，行動見本の提示その他の援助業務の総体」とされている＊。

＊厚生労働省『保育所保育指針解説書』フレーベル館，p.179

（2）保育士の専門性の規定

2008年3月に告示された保育所保育指針は，保育士の専門性を次のように規定している。

「保育所における保育士は，児童福祉法第18条の4の規定を踏まえ，保育所の役割及び機能が適切に発揮されるように，倫理観に裏づけられた専門的知識，技術及び判断をもって，子どもを保育するとともに，子どもの保護者に対する保育に関する指導を行うものである」（保育所保育指針 第1章総則 2 保育所の役割（4）

前述のように保育士は，子どもの保育と保護者への保育指導を行うが，それは「倫理観に裏づけられた専門的知識，技術及び判断」という専門性をもって行うのだとされた。これは告示化された保育所保育指針が，児童福祉法による厚生労働省省令である児童福祉施設最低基準第35条に基づいており，保育士の専門性が法規上はじめて規定されたことを意味する。

（3）保育者としての人間性

では，人間性とはなんであろうか。人間性を法規上さだめることはできないが，保育所保育指針は，職員の資質向上のために留意しなければならない事項として，保育士を含むすべての保育所職員に求められる専門性と人間性について次のようにいう。

「子どもの最善の利益を考慮し，人権に配慮した保育を行うためには，職員一人一人の倫理観，人間性並びに保育所職員としての職務及び責任の理解と自覚が

基盤となること」(保育所保育指針 第7章 職員の資質向上 1職員の資質向上に関する基本的事項（1））

　この規定は前述の（2）専門性の規定とあわせて理解する必要がある。つまり専門性の基盤として，保育所職員としての職務や責任の理解と自覚と同時に，人間性や倫理観が不可欠だということである。

　この部分の解説書（p.200）では，「子どもの最善の利益を考慮して保育を行うためには，職員の人間観，子ども観などの総体的なものとして現れる人間性」が専門性の基盤をなすとしている。保育者は「その言動が子どもあるいは保護者に大きな影響を与える存在であることから，特に高い倫理性が求められる」のである。また，その人間性や倫理観は，「時間や場所，対象を限定して発揮されるものではなく，日頃の保育における言動のすべてを通して表出するもの」であるだけに，「自らの考え方や生き方と深く関係しており，主体的に向上させようとする意思がなければ高まりません」と，その自覚と自己研鑽が強調されている。

　鯨岡峻は保育には3つの専門性があり，そのいずれもが保育者の人間性が豊かに働いてこそ真の意味で実現されるという。3つの専門性とは保育の「これから」を計画・立案していく側面，保育の「いま，ここ」における両義的対応の側面，そして保育を「ふりかえり」反省＝省察する側面のことであり，そのいずれもが「保育者の人間性に端を発し，またそこに流れ込む」ものであり，「3つの専門性が人間性に包含されている」という＊。

＊鯨岡峻「保育者の専門性とはなにか」『発達83』ミネルヴァ書房，p.53, 2000

（4）保育者の倫理観

　倫理観についてはどうであろうか。保育士に期待されている人間性や倫理観を保育士団体として自らまとめた倫理綱領がある。全国保育士会は，保育士資格が法定化されたさい，次のような全国保育士会倫理綱領（表13－1）を定めた。

表13－1「全国保育士会倫理綱領」
　すべての子どもは，豊かな愛情のなかで心身ともに健やかに育てられ，自ら伸びていく無限の可能性を持っています。
　私たちは，子どもが現在（いま）を幸せに生活し，未来（あす）を生きる力を育てる保育の仕事に誇りと責任をもって，自らの人間性と専門性の向上に努め，一人ひとりの子どもを心から尊重し，次のことを行います。
　私たちは，子どもの育ちを支えます。
　私たちは，保護者の子育てを支えます。
　私たちは，子どもと子育てにやさしい社会をつくります。
（子どもの最善の利益の尊重）
1　私たちは，一人ひとりの子どもの最善の利益を第一に考え，保育を通してその

福祉を積極的に増進するよう努めます。
(子どもの発達保障)
2　私たちは，養護と教育が一体となった保育を通して，一人ひとりの子どもが心身ともに健康，安全で情緒の安定した生活ができる環境を用意し，生きる喜びと力を育むことを基本として，その健やかな育ちを支えます。
(保護者との協力)
3　私たちは，子どもと保護者のおかれた状況や意向を受けとめ，保護者とより良い協力関係を築きながら，子どもの育ちや子育てを支えます。
(プライバシーの保護)
4　私たちは，一人ひとりのプライバシーを保護するため，保育を通して知り得た個人の情報や秘密を守ります。
(チームワークと自己評価)
5　私たちは，職場におけるチームワークや，関係する他の専門機関との連携を大切にします。
　また，自らの行う保育について，常に子どもの視点に立って自己評価を行い，保育の質の向上を図ります。
(利用者の代弁)
6　私たちは，日々の保育や子育て支援の活動を通して子どものニーズを受けとめ，子どもの立場に立ってそれを代弁します。
　また，子育てをしているすべての保護者のニーズを受けとめ，それを代弁していくことも重要な役割と考え，行動します。
(地域の子育て支援)
7　私たちは，地域の人々や関係機関とともに子育てを支援し，そのネットワークにより，地域で子どもを育てる環境づくりに努めます。
(専門職としての責務)
8　私たちは，研修や自己研鑽を通して，常に自らの人間性と専門性の向上に努め，専門職としての責務を果たします。

(5) 保育者の専門的知識・技術

　以上のように保育士の専門性が定義されたが，その具体的な内容はいったいどんなものであろうか。保育所保育指針解説書（p.19〜20）によると，専門的知識・技術は次の6つに整理されている。
①子どもの発達に関する専門的知識を基に子どもの育ちを見通し，その成長・発達を援助する技術
②子どもの発達過程や意欲を踏まえ，子ども自らが生活していく力を細かに助ける生活援助の知識・技術
③保育所内外の空間や物的環境，様々な遊具や素材，自然環境や人的環境を生かし，保育の環境を構成していく技術
④子どもの経験や興味・関心を踏まえ，様々な遊びを豊かに展開していくための

知識・技術
⑤子ども同士の関わりや子どもと保護者の関わりなどを見守り、その気持ちに寄り添いながら適宜必要な援助をしていく関係構築の知識・技術
⑥保護者等への相談・助言に関する知識・技術

　この整理は、保護者への援助技術である保育指導（ソーシャルワーク）の専門性を体系化する研究の中から導かれてきたものである。保育士による保育指導は、保育士がもつ子どもへの保育技術を背景にしている。橋本・柏女は、1999（平成11）年改訂保育所保育指針第2章3「子どもの生活と発達の援助」のなかに、以下の5つを保育技術＊として見出している。①発達援助の技術、②関係構築の技術、③生活援助の技術、④環境構成の技術、⑤遊びを展開する技術である。

（6）保育者の専門的判断

　保育所保育指針は保育士の専門性の規定の中に、「専門的判断」を盛り込んでいることに注目したい。対人援助職である保育は、子どもの様子を見て理解したり、保護者の意向を汲み取ったり、さまざまな関わりや状況のなかで、高度な理解と判断が求められる仕事である。

　たとえば、保育の過程に即して考えてみても、さまざまな場面で専門的な判断を求められることがわかる。子どもの姿ややりとりからどんな意味を読み取るのか（乳幼児理解）、そこから何が必要な援助内容なのかを予想し（指導計画）、環境としてどう準備し実践するのか（保育の実践）、そしてまた新たに生起した状況のなかで子どもの姿ややりとりから何を読みとり、自らの行為をどう振り返るのか（省察・評価）。こうした一連の保育の過程の循環のなかで、保育者はさまざまな判断を繰り返している。1つひとつの判断が保育の質を左右していく。ここに保育を思考し判断する専門性の重要性がある。生活や遊びの充実のために、保育者がどんな援助を選択するのか、その判断に影響を与える要因については第4章を参照されたい。

　また子どもの保育のみならず、保護者に対する保育指導でも人間性や倫理観に裏づけられた専門的知識・技術を背景とした適切な判断が求められる場面が多い。

　このように、保育士の専門性のなかに「判断」が盛り込まれたことは、保育士養成校の全国的な組織である社団法人全国保育士養成協議会が打ち出している保育士の「専門家像」と一致する。つまり同協議会の専門委員会は、これからの保育士像として「反省的実践家としての保育士」を目指すとしており、その具体的な姿として「保育行為をふりかえること」「成長し続けること」「組織としての一員としての自覚をもつこと」をあげている＊＊。

＊日本子ども家庭学会「保育指導業務体系化の試み―保育所における保育指導を中心として―」（橋本真紀・柏女霊峰）、2007

＊＊「保育士養成システムのパラダイム転換Ⅲ 成長し続けるために養成校でおさえておきたいこと―」『保育士養成資料集第48号』2008

(7) 子育て支援における専門性

　今日その重要性を増している子育て支援は，保育所保育指針で1章を新たに設けてその留意事項が整理されている。児童の保育をケアワークと呼ぶなら，子育て支援はソーシャルワークと呼ぶことができる。ソーシャルワークの原理には，保護者の受容，自己決定の尊重，プライバシーの保護及び秘密保持が含まれる（解説書p.184）。

　子育て支援における専門性については，保育指針解説書では，子育て支援の原則を4つ紹介している。それは「保護者支援の原則」「地域子育て支援の原則」「入所児童の保護者との連携の原則」「特別の支援を必要とする家庭及び児童の優先入所の原則」である。このうち，「保護者支援の原則」が保育士の専門性に直接関係する。保育士の業務には，児童の保育だけではなく保育指導（保護者に対する保育に関する指導）も含まれているということが「保護者支援の原則」である。これは前述の専門的知識・技術の⑥保護者等への相談・助言に関する知識・技術と重なってくるものである。

　なお，他の3つの専門性は，保育所や市町村に期待される原則ではあるが，保育者はその趣旨をよく理解しておく必要がある。

(8) 保育者の役割としての専門性

　次に保育者の専門性を幼稚園教育要領から読み取ってみたい。幼稚園教育要領は指導計画の作成に当たっての留意事項として，9つの「一般的な留意事項」を挙げているが，そのなかに教師の役割として次のように書いてある。

　「幼児の主体的な活動を促すためには，教師が多様なかかわりをもつことが重要であることを踏まえ，教師は，理解者，共同作業者などさまざまな役割を果たし，幼児の発達に必要な豊かな体験が得られるよう，活動の場面に応じて，適切な援助を行うようにすること」

　この留意事項は1998（平成10）年の幼稚園教育要領と同じである。その解説書*には，理解者の役割，共同作業者，幼児と共鳴する者としての役割，あこがれを形成するモデルとしての役割，遊びの援助者としての役割，精神的に安定するためのよりどころとなる役割などを挙げてある。

　また，2002（平成14）年に文部科学省の「幼稚園教員の資質向上に関する調査研究協力者会議」（座長・無藤隆）は，『幼稚園教員の資質向上について—自ら学ぶ幼稚園教員のために—』（表13-2）を報告している。それによると，幼稚園教員として必要な資質を「幼児教育に対する情熱と使命感に立脚した，知識や技術，能力の総体」としてとらえ，次のように述べている。

　「幼稚園教員は，幼児一人一人の内面を理解し，信頼関係を築きつつ，集団生

*「5 教師の役割」文部省『幼稚園教育要領解説』フレーベル館, p.167, 1999

活の中で発達に必要な経験を幼児自らが獲得していくことができるように環境を構成し，活動の場面に応じた適切な指導を行う力をもつことが重要である。また，家庭との連携を十分に図り，家庭と地域社会との連続性を保ちつつ教育を展開する力なども求められている。その際，幼稚園教育が，小学校以降の生活や学習の基盤の育成につながることに配慮し，幼児期にふさわしい生活を通して，創造的な思考や主体的な生活態度などの基礎を培うことに留意する必要がある。言うまでもなく，これらの教育活動に携わるにあたっては，豊かな人間性を基礎に，使命感や情熱が求められる」。

表13－2『幼稚園教員の資質向上について―自ら学ぶ幼稚園教員のために―』

　幼稚園教員の資質を向上させるための手がかりとして，この報告書は重要と考えられる専門性を8項目示している。そのうち個人の専門性に関わるものだけを紹介する。

①幼児理解・総合的に指導する力

　幼児は，自発的な活動である遊びを通じて，心身全体を働かせ，様々なことを経験しつつ，理解力，言語表現能力，運動能力，思考力，社会性，道徳性などの多様な能力や性質について，相互に関連させながら総合的な発達を遂げるものである。このような幼児の発達段階や発達過程を，その内面から理解し，生活の中で幼児が示す発見の喜びや達成感を共感をもって受け入れる，といった幼児理解が，基本として重要である。そして，幼児の総合的な発達を促すため，主体性を引き出しつつ，遊びを通じて総合的に指導する力が，専門性として求められており，幼児期の特性に応じて指導する力として重要である。

②具体的に保育を構想する力，実践力

　幼児理解に基づき総合的に指導する力を発揮するためには，一人一人の発達段階と個別の状況に応じて，計画的に，多様な生活体験，自然体験の機会や異年齢交流，交流保育など，具体的に保育を構想し，実践する力が必要である。これは，教員自身の豊かな体験を背景として展開されることが多く，教員及び教員志望者は，生活体験や自然体験，社会奉仕体験など，自らの豊かな体験を積極的に積むことが望まれる。

③得意分野の育成

　幼稚園教員は，①，②で述べたように具体的に保育を想定し総合的な指導を展開していくにあたり，それぞれの得意分野を有していることが求められる。それは例えば，体を動かすことを通じての指導であったり，あるいは読み聞かせなどの言語・表現活動の分野，障害のある幼児の指導であったりするかもしれない。この得意分野とは，知識や技術に立脚した活動や内容にとどまらず，幼児の興味を引き出し，幼児の充実感を味わうことができるような，幼児が豊かな活動につながるものである。そして，個別の得意分野を通じて幼児一人一人が豊かな感性をもっていることを認識する機会となるので，教員にとって得意分野の育成は，幼児を理解し，総合的に指導する力を高めることにも通じると考えられる。

④特別な教育的配慮を要する幼児に対応する力

　3歳児や満3歳に達し幼稚園に入園した時点で幼児は，家庭での経験の差や個人差が大きい時期であり，初めての集団生活の場において，発達の側面から一人一人への対応がとりわけ必要となる。障害のある幼児については，障害の種類や程度等の対応に関して必要な専門的知識や技能を習得する必要がある。外国籍の幼児については，文化や言葉の相違を理解した上で，子どもとその保護者とともに生活していくという姿勢が必要である。

⑤人権に対する理解

　幼児が集団生活を初めて経験する場としての幼稚園において，教員は，いかなる差別や偏見もゆるさないという，人権についての正確な理解に基づき，幼児が，互いを尊重し，社会の基本的なルールの存在に気付き，それに従った行動ができるような素地を身に付けるように指導する力が求められている。今後，国際化や高齢化が進み，男女共同参画社会など，多様な構成員から成る社会がますます形成されていくと考えられるが，これから成長していく幼児にとっても重要な観点である。

(9) 保育者の専門性の全体像

　以上，専門性を構成する要素を法規上の規定などからみてきたが，今日の保育者に期待されている専門性の全体像をまとめて表現すると，次のようになるだろう。

　保育者にはまず豊かな人間性が前提となる。そのうえに専門職の倫理観が重視され，それに裏づけられた専門的知識や専門的技術および専門的判断が必要である。つまり人間性・倫理観と専門的知識・技術・判断との関係は，前者が土台となって後者がその上に成立する関係，あるいは相互に補い合う関係にある。深い子ども観や人間観をもった人間性，倫理観が基盤となって，そのうえで知識や技術，判断が活きるのである。いいかえると，人間性や倫理観による裏づけのない専門的技術や判断は頼りないものでしかなく，また逆に，専門的な知識・技術・判断を伴わない人間性だけでは，高度な専門性は発揮されないのである。

　このことについて森上史朗は「技術と人間性は相互に支え合う関係にあり，深い子ども理解（その背後に深い人間理解が必要ですが）に支えられない専門的技術などは存在せず，また，専門的技術を抜きにした人間性だけではそれは保育の専門性とはならないということです。したがって，人間的にどんなにすぐれていても，保育の専門性を学ぶということも必要とされているのです」＊という。

＊森上史朗「保育者の専門性・保育者の成長を問う」『発達』83ミネルヴァ書房，p.70

2．組織の中の専門性

■1 1人ひとりの職員の主体性が活きる組織

　保育という営みは，いろいろな人々との協力のもとで展開されている。したがって施設の組織性や協働性ということを考えないわけにはいかない。保育者同士の協働，保育者と保護者との協働，園と関係機関との協働など，保育者にはさまざまな他者と上手に協力したり連携したりする力が求められ，それを豊かにする組織としての専門性の向上が必要となっている。また，そうした組織の中で，保育者個人の資質も向上していくのである。

　たとえば，文科省の「教職員の資質向上に関する検討委員会」が2002（平成14）年7月にまとめた最終報告「教職員全般の資質向上方策について」によると，その「はじめに」のところで「教職員の資質能力は，共通の目標に向かって，それぞれの個性を生かしながら，協力しあい，日々の教育活動を進める中で，相互に啓発され，磨かれ，高められる。すべての教職員がやりがいをもって，意欲的に教育活動に取り組んでいる学校は，子どもたちにとっても魅力ある学校であり，子どもたちが生き生きと活動する学校である」と述べている。また保育所保育指針は「第7章 職員の資質向上」で「保育所は，質の高い保育を展開するために，絶えず，一人一人の職員についての資質向上及び職員全体の専門性の向上を図るよう努めなければならない」と定めている。

　そもそも，保育には1人だけではできないことが，たくさんある。複数の子どもがいれば複数の保育者が必要となる。いうまでもなく，複数の子どもを1人で保育はできない。子どもの数に応じた必要な保育者の数は，児童福祉施設最低基準など法的な基準によって定められている。また長時間保育になれば複数の保育者がシフト勤務を組む必要も出てくる。複数の保育者がチームを組んで保育をすることで，保育は成立しているのである。

　しかし，その組織性や協働性は，子どもの最善の利益が保障され，子どもの生活や遊びなどの経験がより豊かになるようなものでなければならない。また，個々の保育者の主体性が尊重されるものでもなければならない。子どもにとっても，保育者にとっても，よりプラスとなるような組織の在り方が期待されているのである。

　たとえば，子どもにとっては保育者が増えることで信頼を寄せて関わる人的環境が豊かになったり，子どもへの伝え方や言葉かけ，援助方法などに保育者の持ち味や個性が反映したりもするだろう。関わる保育者が変われば表出される子どもの姿や態度も異なる。また，子どもを理解するときにも，子どもが環境にどのように関わり働きかけているか，あるいは子ども同士でどのように遊び活動して

いるかなどについて，複数の保育者が語り合うことで多面的な見方ができる。特に目に見えない子どもの心の動きや心情などについては語り合うことで，保育者同士の相互理解も深まる。また指導計画を作成するときも，環境構成の工夫や配慮について複数の意見が持ち寄られることで専門的知恵が活かされるだろう。さらに子どもの育ちや自らの実践を振り返るときも，1人で行うよりも複数の保育者と話し合うほうが省察の質は高まるだろう。

　このように，組織は個々の職員の専門性を活かし合う組織でなければならない。つまり協働性が高まることで，保育の質が高まるようなものでなければならず，組織が優先され個人の主体性が疎外され活かされないようなものであってはならない。個人が組織の歯車になるのではなく，個々の職員の主体性が尊重されることと，組織が活性化することが，子どもの育ちをよりよく援助することにつながるようなあり方が求められている。職員1人ひとりが大切にしていること，関心を持ち追究していること，工夫を凝らして取り組んでいることなど，保育観や保育の方法やスタイルを尊重し合い，お互いにそのよさを認め合いながら組織としての協働性を高めていくのである。

2 組織の一員としての専門性

　保育所保育指針では職員の資質向上に関する基本的事項の2つ目として「保育所全体の保育の質の向上を図るため，職員一人一人が，保育実践や研修などを通じて保育の専門性を高めるとともに，保育実践や保育の内容に関する職員の共通理解を図り，協働性*を高めていくこと」（第7章職員の資質向上）を挙げている。

　職員が保育内容や職務内容について共通理解を深め，お互いの信頼関係が強まり，自らの保育実践や自己評価，研修や自己研鑽への意欲が高まり，組織として高い保育意欲を保持した職員集団が，組織としての保育の質を高めていくことになる。

　その部分の解説書では「これまで，保育所における研修では，特に一人一人の職員の専門性の向上を図ることに重点が置かれてきました。しかし，保育所の機能や役割が増す中で，組織の一員としての成長もこれまで以上に求められています。保育所がその責務を十分に果たすために，職員がお互いに協働し，職員全体の一員としての役割をしっかりと担っていくことが期待されている」とし，明確に組織の一員としての専門性を求めている。

　たとえば職務内容についての共通理解を図ることも不可欠である。自分の園がどのような保育理念や方針をもち，なぜそのような保育目標を掲げているのか，そのためにどんな保育を行うのか理解しておきたい。特に保育の内容の根幹であ

＊保育所保育指針で「協働性」という言葉が使われたのは2008年3月告示のものが初めてである。

る保育課程の編成にはできるだけ主体的に関わり，それに基づいて保育者が作成する指導計画に積極的に取り組めるだけの理解が求められる。

また，保育の内容に関わる運営上の役割分担，たとえば担任配置をはじめ，行事や研修担当といった園の職務分掌など，保育を進めていく上で欠かせない職務内容について，お互いの理解を深めておくことが必要である。

このためには，まず保育は協力し合って初めて達成できるものだ，ということを実感する体験を職員が共有できるとよいだろう。保育者は保育をしているとき，自分の実践の全体を見渡すことはできない。ましてや他の保育者や職員がどのような役割を果たしているのかということになると，案外，理解しないままであることもある。したがって積極的に自らの実践を俯瞰的に眺める機会をもつ必要がある。保育の全体をビデオに撮ったり，お互いの持ち場を入れ替えて体験しあったり，それらの経験を踏まえて話し合ったりする機会を設けるなどして，いかに他の保育者との協働によって保育が成立しているのかを実感する機会を設けるのである。

このように，職員が組織の構成員であるということ（メンバーシップ）を自覚することは組織としての専門性を高めるための第一歩である。

3 パートナーシップ―職員間の信頼関係が基盤に

保育所保育指針では職員の資質向上に関する基本的事項の3つ目として「職員同士の信頼関係とともに，職員と子ども及び職員と保護者との信頼関係を形成していく中で，常に自己研鑽に努め，喜びや意欲を持って保育にあたること」を挙げている。これは，1人ひとりの職員が自覚すべきことであるが，職員間に形成したい同僚性*が期待されている。つまり，職員が保育への喜びや意欲をもてるには，職員同士の信頼関係が基盤になり，その上に発揮される職員同士の協働性が保育の質を高め，子どもの育ちへの喜びを保護者と共有するなかで保護者とのパートナーシップが構築されていく流れが述べられている。

＊同僚性（collegiality）

では，まずどうすれば職員同士の信頼関係が構築されるのであろうか。職員が自己の専門性を発揮して保育ができるようにするには，職員同士が自己のありようを他者にひらき，他者を尊重し信頼しようとする態度を大切にすることである。まず，自分の力量で欠けていると思える部分や足りないと思えるところを覆い隠すのではなく，むしろそれを開示して，そのうえで必要な助力を仰ぐような姿勢が好ましい。

つまり他者の保育のよさを発見し認め合い，そこから学び合う姿勢を大切にしたい。お互いの保育のよさについて認識し，そのよさを学び合うことを通じて築かれる信頼関係が，保育の協働性の基盤となる。それとは逆に，たとえばリーダ

一的な立場の職員が組織としての目標を達成したいがために，個々の保育者の不得手な側面ばかりを気にかけたり，あるいは欠点ばかりを改善させようとしたりすると，職員間に開かれた関係を作りにくくする。人は審判的な視線にさらされ続けると防衛的な態度に陥り，自己を他者に開くことができなくなってしまう。また仕事への効力感や積極性を損なう危険性もふえてしまうであろう。

　このようにお互いを受け入れることができる人間関係の構築は，意識しなければできない。こうして職員同士の同僚性が構築されていくと，保育実践の質が変わり，子どもの育ちや保育へのよさを汲み取る評価観へと変わる。そして保護者とともに子どもの育ちを喜び合うことができるようになっていく。そこで，解説書でもこの循環の大切さを取り上げ「自らの保育や職員同士での協働によって，子どもが安心感や達成感を味わいながら保育所での生活を過ごし，成長していく姿を目にすること，またそれを通じて得られる喜びや充実感を保護者と共有することによって，それぞれの間の信頼関係が築かれていきます」とあるのである。このように人間関係の質が変わることで思考の質が変わり，それが意欲を含めた行動の質を変え，そして結果の質を変えることにつながる。このような好循環を作り出すためには，まず職員同士の信頼関係づくりが基盤となるのである＊。

＊「成功の循環」高間邦男『学習する組織』光文社新書，p.169

4 「保育の内容に関連する運営に関する事項」の理解

　幼稚園や保育所，あるいは認定こども園などで働く1人ひとりの職員が協働し合って組織として社会的役割を果たすとき，園名をもつひとつの組織体として「組織としての保育力」が問われることになる＊＊。

＊＊「組織としての保育力」大場幸夫・網野武博・増田まゆみ『保育所保育指針解説 保育を創る8つのキーワード』フレーベル館，p.185，2008

　保育の質が組織力として問われていることは，2008年改定保育所保育指針の構成にもあらわれている。そこで，職員は保育の内容だけではなく「関連する運営に関する事項」をよく理解する必要がある。

　保育所保育指針はその冒頭で定めている内容を述べている。「この指針は，児童福祉施設最低基準（1948〈昭和23〉年厚生省令第63号）第35条の規定に基づき，保育所における保育の内容に関する事項およびこれに関連する運営に関する事項を定めるものである」。つまり，保育所保育指針は保育の内容を定めただけではなく，それに関連する運営事項も定めたものである。それは章立てとしても明確にされており，第1章総則は全体にかかる総論であり，第2章と第3章が主に「保育の内容に関連する事項」であり，そして第4章から第7章までが「保育の内容に関連する運営に関する事項」となっている。

　その解説書によると「これは，保育所においては，保育実践を組織的に評価すること，子どもの健康や安全の維持向上を図るための体制をつくること，子育て支援に積極的に取り組むこと，保育に携わる者の資質向上を図ることなど，運営

面に関する取組が保育の内容とは切り離せない関係にあることから，こうした構造を明らかにしつつ全体として規定することにした」と説明されている。

たとえば，第1章総則では，各保育所に創意工夫を図り，保育所の機能と質の向上に努める努力義務を課しているが，保育所の社会的責任としては，子どもの人権の尊重と並んで，地域社会との交流と説明責任，個人情報の保護と苦情解決を具体的に挙げている。

第4章保育の計画及び評価では，保育所保育の全体像を表す保育課程を全職員がかかわりながら編成し，それに基づく指導計画等の作成，実践，省察，評価，改善という保育の過程の循環の重要性を明らかにしている。この保育の過程を通して職員1人ひとりが自己評価を行い，それに基づく保育所全体としての自己評価をすることと，その結果の公表が努力義務となった。この保育所としての自己評価は，組織として取り組むものであり，職員相互の話し合いや保護者，地域住民等との対話やつながりの中で，組織としての質を高めていくことが望まれている。さらに，子どもの就学に向けて小学校との連携や交流を行い，子どもの育ちを支える資料（保育所児童保育要録）を送付することになった。

第5章健康及び安全では，子どもの健康と安全の確保が生命の保持と健やかな生活の基本であることがうたわれ，施設長の責任のもとに実施体制等の整備に努めることが規定された。ここでも全職員の共通理解や計画的な取り組み，保護者や関係機関との日常的な連携や周知などが強調されている。

第6章保護者に対する支援では，組織的な取り組みを前提とするものがほとんどであり，入所している子どもの保護者に対する支援，地域における子育て支援について，保育所保育の特性を生かし職員間の連携を図りながら積極的に取り組むことが期待されている。

第7章職員の資質向上では，質の高い保育を展開するために，1人ひとりの職員の資質向上と保育所全体の質の向上を目指して，施設長がその環境と体制を構築し，体系的，計画的な研修を実施することが努力義務になっている。また職員も1人ひとりが課題をもって主体的に学び，保育所の活性化を図っていくことが求められている。

このように職員1人ひとりが保育所を組織として捉え「保育の内容に関連する運営事項」を理解し，そのために職員が果たす役割を意識することが大切である。そして運営に関する事項の充実を通じて，保育所が社会の中の専門的組織として，今後どのような仕組みを作るのか，またどのような創意工夫を発揮することができるか，大きな期待が寄せられているといえよう。

3．職員の資質や組織の専門性を高め合う仕組み

1「保育の質」と「職員の資質・専門性」との関係

　保育の質とは何か。この問いに明確に答えることのできる定義はまだない。ただし，保育の質を左右する要因の中心に，職員の資質や専門性があることは当然である。では，他の要因には，どんなものが考えられるだろうか。

　一般に，保育には「構造的要因」と「機能的要因」があるとされている。構造的要因とは，保育の場を取り巻く地域環境をはじめ，保育室の広さや空間，設備や遊具，保育材料等の物的環境，子ども何人に保育者何人といった人的配置など，子どもの経験の質に影響を与える制度や社会システムによって制約されるものをさす。機能的要因とは，その保育の場が組織として果たす機能のことで，組織としての運営体制の在り方，つまり施設長のリーダーシップや職員の協働体制，研修の仕組みや評価システムなどを意味する。

　このようにとらえると，職員の資質能力には，保育の特性から必要となる専門性と，組織人として必要な組織性の2つの側面があるとする見方もできる。たとえば，全国社会福祉協議会が開発した「福祉職員生涯研修課程」＊は，そのように捉えており，組織性を「組織内における個々の職員の立場に応じた役割や機能等，組織活動を円滑に進めるための知識や技術」としている。

＊「福祉職員生涯研修課程」全国社会福祉協議会, p.2, 2006

　一方，視点を変えて，保育を地域社会の中で人的にも組織的にも「協働する営み」としてみると，子どもと保護者の関係，子どもと保育者の関係，保育所と家庭の関係，地域の小学校や専門機関との関係，あるいは保育者養成校や研究者との関係などの間の「協働」も，保育の質に影響を与える大切な要因であるといえよう。

　このように，保育の質を問うことは，保育の制度，保育実践の構造，保育実践の理念や哲学，保育に関わる人や組織の関係，あるいはそれら要因同士の関係までもが問われることになる。したがって，この節では要因を絞り込み，機能的要因のうち研修体系のあり方と施設長のマネジメントを取り上げる。

2 保育者の研修についての法的規定

　保育に携わる職員には高度な専門性が求められている。成長し続ける専門家であるためには，保育者の生涯研修を成立させる仕組みが必要である。そこで法規上の規定を確認しておきたい。

　まず教育基本法はどうだろうか。第9条は，教員とはどうなければならないかを定めている。「法律に定める学校の教員は，自己の崇高な使命を深く自覚し，絶えず研究と修養に励み，その職責の遂行に努めなければならない」（教育基本

法第9条)。ここで注目したいのは「絶えず研究と修養に励み」という表現である。研究と修養は自ら主体的に,能動的に行うものであると述べている。研究や修養は本来的には受動的に受けるものではなく自ら主体的に行うものだということを明確にしている。

同じ表現は,教育公務員の任免,給与,分限,懲戒,服務及び研修等について規定した教育公務員特例法にもみられる。その第21条には「教育公務員は,その職責を遂行するために,絶えず研究と修養に努めなければならない」とある。しかし,いずれの法律も同条の第二項で,それぞれ次のように研修を受ける権利を定めている。「2 前項の教員についてはその使命と職責の重要性にかんがみ,その身分は尊重され,待遇の適正が期されるとともに,養成と研修の充実が図られなければならない」(教育基本法 第9条),「2 教育公務員の任命権者は,教育公務員の研修について,それに要する施設,研修を奨励するための方途その他研修に関する計画を樹立し,その実施に努めなければならない」(教育公務員特例法 第21条)。

つまり,教育基本法では,教員の仕事が社会的に大きな期待を背負った崇高な使命であることの自覚をまず教員に促し,絶えず研究と修養に励むことを求めている一方,その使命と職責が重要であることから,行政責任者に対しては,その身分を尊重して待遇の適正が図られようにするとともに,養成と研修の充実を求めているのである。また教育公務員については,その任命権者に対して,研修方法や計画の立案を含めた実施の努力義務を課しているのである。

同様の法的枠組みは,児童福祉施設にもみられる。児童福祉施設最低基準は,その第7条で施設長を含めた職員の質の向上を次のように規定している。「児童福祉施設の職員は,法に定めるそれぞれの施設の目的を達成するために必要な知識及び技術の修得,維持及び向上に努めなければならない。 2 児童福祉施設は,職員に対し,その資質の向上のための研修の機会を確保しなければならない」(第7条の2)。

では,このような法的枠組から何がいえるのであろうか。2007(平成19)年2月に報告されている「効果的な研修システムの開発を目的とした保育所における職場内研修に関する調査研究」(こども未来財団)によると,保育職員の研修についても,教育公務員の研修と同様の考え方があるとして次の3点挙げている。
①保育職員には,その職務に関わる研修を受ける権利と研修を行う義務がある。
②保育職員には,任命権者の設定した研修のみならず,主体的自発的な研修,及び多様な形態の研修が求められている。
③研修は,専門的分野の研究と人間的な修養の意味を併せ持つ包括的な概念である。保育専門分野の知識や技能の獲得を前提とした,現実的課題の分析と解決

（研究）と，それらの成果と相まって保育諸活動を豊かにする，人格性や人間性に係わる内面的要素及び一般教養的な知識や技能・態度に係る資質の習得（修養）である。

ところで，保育職員の研修について現在，大きな課題となっているのは，公務員職員と民間職員との間に横たわっている「研修を受ける機会」の格差である。教育公務員特例法の第22条は，次のように研修を受ける機会を保障している。

「教育公務員には，研修を受ける機会が与えられなければならない。
　2　教員は，授業に支障のない限り，本属長の承認を受けて，勤務場所を離れて研修を行うことができる。
　3　教育公務員は，任免権者の定めるところにより，現職のままで，長期にわたる研修を受けることができる。」（教育公務員特例法 第22条）

ところが民間職員の保育者には，このような制度上の保障がなされていない。すべての保育職員に同等の機会がなければならない。同じ子どもの保育に携わる限り，職員の資質向上のために必要な条件は同じはずだからである。保育所保育指針は「第7章 職員の資質向上」で，次のように専門性を高める研修を求めている。「職員は，子どもの保育及び保護者に対する保育に関する指導が適切に行われるように，自己評価に基づく課題等を踏まえ，保育所内外の研修等を通じて，必要な知識及び技術の修得，維持及び向上に努めなければならない」。

そこで，厚生労働省は2008年度から保育士等の資質や専門性の向上のために「保育所内外の研修の充実，施設長の役割強化，保育士資格・養成の在り方の見直し」に着手することになった*。

＊「保育所における資の向上のためのアクションプログラム」（2008年3月），前出

3 施設長の責務

保育所保育指針は初めて施設長の責務を「第7章 職員の資質向上」で規定した。保育所は専門性を有する職員によって保育が行われることから，職員の資質向上のための環境を確保し，その質を高めることは施設長の役割の1つとされた。もちろん施設長の責務は本来，多岐にわたるが，職員の資質向上に関わる範囲に限定して，次の3点を掲げている。1つ目は施設長自らの専門性の向上，2つ目は自己評価と連動した組織的な体制づくり，そして3つ目は研修の計画的な実施と職員の自己研鑽への援助である。

「施設長は，保育の質及び職員の資質の向上のため，次の事項に留意するとともに，必要な環境の確保に努めなければならない。
（1）施設長は，保育所の役割や社会的責任を遂行するために，法令等を遵守し，保育所を取り巻く社会情勢などを踏まえ，その専門性等の向上に努めること。

（2）第4章（保育の計画及び自己評価）の2の（1）（保育士等の自己評価）及び（2）（保育所の自己評価）等を踏まえ，職員が保育所の課題について共通理解を深め，協力して改善に努めることができる体制を作ること。
（3）職員及び保育所の課題を踏まえた保育所内外の研修を体系的，計画的に実施するとともに，職員の自己研鑽に対する援助や助言に努めること」
（保育所保育指針 第7章 職員の資質向上）

4 自己評価と連動した組織作り

（1）評価結果から研修内容を考える

　職員が自らの職務を振り返り，ねらい通りに達成できたかどうかを評価することは大切な行為である（第8章参照）。評価すると自らの施設のよさや特徴がはっきりしてくる。また，よりよくするための課題もみえてくる。その課題を解決する方法はさまざまだが，職員の研修が必要となるものも多い。そこで評価と研修を連動させた仕組みづくり＊が組織として必要である。評価した結果から研修内容を考えるのである。この点について，保育所保育指針では自己評価と連動した組織的な体制を施設長に作るように求めている。

＊厚労省は保育現場で自己評価が円滑に実施できるように「自己評価に関するガイドライン」を作成中で2008年度中に公表される予定。

（2）組織としての研修の基本姿勢

　研修には目的に応じてさまざまな方法や形態があるが，大切なことは各施設で研修に対する基本的な考え方を確立していくことである。保育所は第三者評価事業が2003年度から行われているが，その評価基準にも「職員の質の向上に向けた体制が確立されている」か，という項目があり，具体的には最初に「職員の教育・研修に関する基本姿勢が明示されている」ことを求めている。たとえば，各施設が望ましい研修像を持つことは大切である。保育所保育指針解説書では，4つのポイントを例示している。①職員の意欲が向上し主体性が尊重されること，②一人一人の学びの深まりにつながっていること，③職員間の連携が密であること，④日々の実践に活きるものであること，の4つである。

（3）望まれている専門性がわかる研修体系と個人履歴

　職員が自らの専門性と高めたいという意欲をもつためにも，期待されていることがわかる研修体系が必要である。第三者評価基準にも「個別の職員に対して組織としての教育・研修計画が策定され計画に基づいて具体的な取組が行われている」という項目がある。研修体系があると，職員にとって自分がめざす目標がわかりやすくなり，また学ぶことへの励みになったり，職員同士でお互いに学び合う土壌づくりにもなったりするだろう。

　この研修体系と対をなすものが，個別の研修履歴である。これは自分がこれまで何をどう学んできたのか，また今後何を学ぼうとしているのかがわかるような

ものが好ましい。また研修を振り返りながら，何を発見したり，学んだり，役立ったりしたのかを記述しておくことが自分自身の関心を自己認識する大切な省察の機会になる。

　こうして，職員1人ひとりが園としての研修体系を参照することで，自らの学びの位置や身につけた専門性を確認できるようになる。したがって，園の研修体系は，職員の生涯学習となるように多様な研修内容が導かれるようなものが望まれ，また個々の研修履歴から，定期的に研修体系そのものを見直し，改善することも大切である。

（4）研修の自己評価サイクル

　研修の結果と効果を振り返ることは，研修の体制を自己評価することでもある。研修を通じて職員はどう成長しているか，研修の効果が実践にどう活かされているのか，職員の学ぶ意欲が高まっているか，などの観点で研修を振り返りながら，自らの園の研修のよいところと課題を見出して改善していくことが大切である。ここにも「保育の過程」と同様に，研修の基本的姿勢に基づく研修計画，研修の計画的実施，振り返りと評価，研修課題の抽出，次の研修計画，というループ状の「研修の過程」がある。第三者評価にも「定期的に個別の教育・研修計画の評価・見直しを行っている」ことが評価項目にある。その際，職員が学び深めていく研修テーマは，保育実践の自己評価結果と連動したものになる。

5 学び続ける保育者と職場の活性化

　保育者が成長する舞台は，まぎれもなく保育の現場にほかならない。

　保育実践において，どんなところに保育者が手ごたえを感じているのかは，1人ひとりによって異なるだろう。しかし，保育者の学びにおいて大切なのは，人間の発達に関する見方や考え方が日々新しくなっていくなかで，自らの保育のありようを問うことである。いいかえると「ほんとうはどうなんだろう」という保育への深いまなざしをもって，自らの発達観や保育観を見直していく謙虚な学びの姿勢である。この学びの姿勢は保育者個人だけに求められるものではなく，組織としても必要な学びの基本的姿勢でもある。保育者が学び続けるように，組織も学習しながら成熟していくものなのである。

　しかし，保育の質は施設だけで高まるものではない。地域社会の中で多様な人や組織と連携を図りながら，保育という営みの質を高め合っている。職員の資質向上のためには専門性の高い組織との連携が効果的である。なかでも現場と保育者の養成校との連携は，今後ますます必要となっていくだろう。

　こうした組織同士が連携しながら，本当に問われなければならない保育課題とは何か，これを問い続ける姿勢を忘れないようにしたい。それが学び続ける保育

者と組織を活性化させるための基本的な姿勢であろう。

＜参考文献＞
全日本私立幼稚園連合会「保育者としての資質向上研修俯瞰図」
全国保育士会「保育士の研修体系〜保育士の階層別に求められる専門性〜」
全国社会福祉協議会「福祉職員生涯研修課程」

索引 *Index*

A. ポルトマン　34
D. エラスムス　15
E. S. モース　3
E. ピーボディ　20
F. A. フレーベル　5, 16, 18, 20, 22, 23, 31
ICD　146
J. A. コメニウス　15, 16
J. F. オーベルラン　17
J. H. ペスタロッチ　16, 17
J. J. ルソー　5, 6, 16
J. デューイ　5, 20
L. S. ヴィゴツキー　32
L. ドゥモース　1, 2, 3
M. ルター　17
P. アリエス　2
R. オーエン　18
S. ウィルダースピン　18
SIDS　78, 146, 147, 148
well-bing　204

―― あ 行 ――

愛着　34
赤沢鍾美　24
アカデミア　15
預かり保育　26
アセスメント　120
遊び観　60, 61
アタッチメント　34
アトピー　145
アナフィラキシー　144
阿部進　6

アレルギー　144, 145, 152
アレルゲン　145, 146
安全管理　152, 153
安全教育　153
生きる力　209
育児　101, 102, 198
育児サークル支援　179
育児ストレス　188
育児相談　179, 199, 214
育児不安　146, 201, 203, 219
意見表明権　8, 34
一時保育　167, 179, 213
一時保育事業　214
一斉保育　109, 110, 111
1.57ショック　203
異年齢交流事業　209
異年齢保育　178
異物混入　152
意欲　73, 75, 96, 117, 126
うつぶせ寝　147, 148
運営適正化委員会　133
栄養士　206, 217
駅型保育　167, 197, 180
エミール　16
園外保育　153
エンゼルプラン　163, 165, 176, 198
園長　124, 126, 131, 217
延長保育　167, 172, 173, 175
園庭　129, 130
園庭開放　206, 213
園内研修　125
オープン保育　109
親子登園　198. 199

親支援　184
恩物　20, 22, 23

―― か 行 ――

介護保険施設　210
貝原益軒　21
外部研修　135, 123, 130, 218
カウンセラー　194
カウンセリング　194
カウンセリングマインド　194
賀川豊彦　9
核家族　189
核家族化　161, 180, 203, 210, 215
学習到達　119
学制　22
価値観　121
学校　211
学校教育法　26, 104, 106, 142
家庭的保育　201
環境　42, 62, 74, 76
環境構成　83, 125, 129, 135, 228
看護師　206, 217, 219
勧奨接種　143
間接的援助　129
危機対策マニュアル　153
機能的要因　232
期別指導計画　86
基本的人権　7, 11
虐待　9, 10, 191, 199, 203, 208, 213, 214
教育　29, 73, 87, 101, 104, 126
教育課程　86, 101
教育基本法　26, 232

238

教育公務員特例法　233, 234
教育的側面　115, 117
共感　195
教師　102, 104, 184, 196, 224
幼児教育振興アクションプログラム　218
記録・評価　120
緊急保育対策5カ年事業　163
草の根的運動　169
苦情受付担当者　133
苦情解決制度　119, 123, 133
苦情解決責任者　133
クラス保育　110
倉橋惣三　5, 23, 110
グループ保育　109, 110
ケアワーク　224
計画作成　120
契約方式　219
ケースマネージメント　214
結核予防法　143
月間指導計画　86, 87, 89, 95, 97, 128
研究保育　135
健康　42, 62, 74, 75
健康診断　142, 154
健常児　167, 169, 171
検便　154
語彙爆発　70
誤飲　152
公共サービス　143
合計特殊出生率　158, 203
混合保育　167
厚生労働省　25, 173
厚生労働省省令　220
構造的要因　232
公的機関　192
合同保育　109, 110
交流保育　110
コーナー保育　113, 114
国際疾病分類　146
国際連盟　7
国民生活白書　161
国連子どもサミット　203
国連総会　8

子殺し的様態　1
孤児院　17
個人情報　208
子捨て的様態　2
子育て　101, 102, 158, 161, 189, 191, 197, 198, 203, 219
子育てサークル　201, 208
子育て支援　134, 167, 199, 224, 231
子育て支援センター　201
子育てひろば事業　206
国家資格　123
ごっこ遊び　47, 66, 95, 99
言葉　42, 62, 74, 76
言葉によらないメッセージ　196
子ども・子育て応援プラン　177, 198
子ども家庭支援センター　214
子ども観　60, 61, 63, 121, 221, 226
子ども集団　206
子どもと家族を応援する日本　166
子どもの権利条約　8, 13
子どもの権利宣言　7, 8
子どもの発見　6
個別接種　143
個別保育　109, 110
コミュニティ　204
子守り　189
子守学校　24
5領域　62, 75, 115
混合保育　110
コンサルテーション　132

―― さ 行 ――

佐藤信淵　21
産業革命　18
飼育モデル　31
自己決定　224
自己研鑽　228, 229, 234, 235
自己研修　135
自己発揮　36
自己評価　41, 119, 126, 130, 131, 135, 218, 228, 231, 234, 235, 236
自己評価ガイドライン　219

自己抑制　36
次世代育成支援対策推進法　164
施設長　217, 232, 233, 234, 235
児童虐待　149, 150
児童虐待防止法　149
指導計画　40, 81, 82, 86, 89, 91, 94, 95, 96, 98, 99, 103, 128, 129, 171, 175, 223, 224, 228, 229, 231
児童憲章　7, 8
児童権利宣言　8
児童厚生施設　12
児童相談所　13, 149, 150, 192, 199
児童手当法　12
児童の権利に関する条約　30
児童の最善の利益　13
児童福祉施設　26, 30, 211, 214, 219, 233
児童福祉施設最低基準　126, 131, 132, 142, 172, 173, 220, 227, 230, 233
児童福祉審議会　12
児童福祉法　12, 26, 29, 164, 179, 219, 220
児童扶養手当法　12
児童養護施設　12, 214
社会化モデル　33
社会現象　161
社会資源　206, 208, 211, 214
社会的責任　131, 134, 231, 234
社会的微笑　69
社会化的様態　2
社会福祉法　123, 131, 133
社会保障　161
社会保障審議会児童部会　212
週案　86, 87, 89, 96, 97, 98, 128
自由保育　109, 110
主任　124, 126
主任保育士　136
ジュネーブ宣言　7
受容　195, 224
生涯学習　236
生涯研修　232
障害児　167, 169, 170, 171
障害児加配保育士　170

障害児保育　167, 169, 170, 171
障害児保育環境改善事業　170
消極教育　16
省察・評価　223
少子化　37, 157, 158, 161, 203, 215
少子化社会　165
少子化社会対策基本法　165, 167
少子化社会対策大綱　165
少子化対策　166, 198, 203
少子化対策推進関係閣僚会議　163, 164
少子化対策推進基本方針　163
少子化対策プラスワン　164
象徴機能　70
少年法　13
情報公開　123
情報提供　123
ショートステイ　214
食育　91, 141
食育基本法　141
植物モデル　31, 33
助産施設　12
助力的様態　2
新エンゼルプラン　163, 165, 167, 177, 198, 201
親権　12
心情　73, 75, 96, 117, 126, 228
侵入的様態　2
スーパーバイザー　124
ストリートチルドレン　9
性格形成学院　18
生活習慣　79, 95
製作モデル　31, 32, 33
生存権　9, 11, 74
セイフティ・ネット　214
生理的欲求　74
世界児童憲章　7
世界人権宣言　7
世界図絵　16
世代間伝達　190
絶対評価　119
設定保育　109, 110
全国の児童相談所　9

全国保育士会倫理綱領　221
早期治療　170
早期発見　170
送迎保育　179
総合相談窓口　214
相互成長モデル　32, 33
相互理解　103, 109, 171, 228
相対評価　119
相談　150
相談援助　208
ソーシャルワーク　223, 224
措置制度　219

―― た 行 ――

第1次反抗期　70
第三者評価制度　123
第三者評価　41, 119, 120, 130, 131, 132, 219, 236
第三者評価事業　235
第三者評価推進機構　131
体調不良児　178
態度　73, 75, 96, 117, 126
対立感情共存的様態　2
託児施設　24
託児所　26, 101
託児保育規定　25
他者評価　119
縦割り保育　109, 110
短期指導計画　86
短期的指導計画　86, 89
担当保育士　126
地域子育て支援　205
地域子育て支援センター事業　199
地域支援　184
地域ニーズ　213
チェックリスト　124, 130
知的障害児施設　12
地方裁量型　28
中央教育審議会　218
中央教育審議会幼児教育部会　212
長期指導計画　86
長期的指導計画　86

調査・診断　150
直接的援助　128
通告　150
津守真　44
チーム保育　110, 117
デイリープログラム　86, 61, 98
伝承遊び　59
伝染病　143, 154
東京女子師範学校附属幼稚園　22, 29
統合保育　109, 110, 113, 167, 169
動物モデル　31
動物モデル的　33
同僚性　229, 230
特別児童扶養手当等の支給に関する法律　12
特別保育　157, 161, 166, 167, 180
特別保育事業　169, 170, 179, 201
特別保育事業実施要項　167
都市化　37, 203
都道府県社会福祉協議会　133
取り出し評価　126
努力義務　130, 219, 231, 233
トワイライトステイ　214

―― な 行 ――

内部研修　135
内容　73, 82, 83, 86, 99, 117, 125, 128, 141
喃語　69
新潟静修学校　24
二重保育　172
日案　86, 87, 91, 98, 128
日射病　152
日本国憲法　7, 11
乳児院　12, 214
乳幼児健康支援一時預かり事業　176
乳幼児突然死症候群　78, 146
乳幼児理解　103, 223
任意接種　143
認可外保育施設　179
認可保育所　28
認可幼稚園　28

人間観　226
人間関係　42, 62, 74, 75, 194, 195, 208, 230
認定こども園　26, 28, 212, 217, 218, 219, 230
熱中症　152
ネットワーク　214, 215
ねらい　72, 73, 82, 83, 86, 87, 89, 99, 105, 109, 117, 125, 128, 141
年間指導計画　83, 86, 87, 89, 95, 96, 128
野口幽香　25

―― は 行 ――

パートナーシップ　229
配慮事項　77, 78, 86
発達過程　77, 82, 86, 87, 95, 96, 104, 105, 114, 175, 204, 222
発達観　63
母親学校　15, 16
バリアフリー　129
反省的実践家　223
ヒヤリハット　130
表現　42, 62, 74, 77
病後児　177
病後児デイサービスモデル事業　176
病後児保育　167, 175, 176, 178
病児・病後児保育　177
ファミリーサポート事業　208
ファミリーソーシャルワーク　214
フィードバック　125
福祉サービスにおける第三者評価事業　131
福祉職員生涯研修課程　232
プライバシー　224
平行遊び　71
ベビーシッター　201
ベビーホテル　172, 179
保育カウンセリング12の原理　194
保育課程　81, 82, 83, 86, 128, 129, 132, 229, 231
保育観　60, 61, 121, 134, 228, 236

保育看護　178
保育カンファレンス　95, 124, 135, 198
保育記録　126
保育計画　77, 82, 101
保育サービス　123, 165
保育士　35, 37, 38, 39, 40, 48, 49, 52, 65, 72, 73, 75, 77, 82, 102, 106, 114, 119, 121, 122, 126, 128, 130, 134, 150, 178, 184, 196, 199, 206, 208, 211, 217, 219, 220, 223, 224, 234
保育士資格　123, 212
保育室　129
保育実践　228, 230, 236
保育指導　224
保育所　12, 25, 26, 29, 30, 35, 36, 37, 38, 39, 41, 51, 82, 91, 101, 102, 103, 106, 119, 130, 134, 142, 152, 170, 171, 173, 179, 184, 185, 188, 191, 194, 198, 201, 204, 206, 208, 210, 211, 213, 214, 217, 218, 219, 224, 228, 230, 231, 235
保育所型　28
保育所児童指導要録　124, 126, 231
保育所における質の向上のためのアクションプログラム　219
保育所入所待機児童　211
保育所分園　179
保育所保育指針　13, 26, 29, 30, 35, 41, 51, 65, 68, 72, 77, 81, 86, 87, 89, 96, 104, 105, 106, 109, 115, 117, 119, 121, 122, 123, 126, 128, 130, 132, 134, 135, 141, 170, 175, 184, 198, 205, 217, 219, 220, 223, 224, 227, 228, 229, 230, 234, 235
保育所保育指針解説書　62, 82, 114, 119, 128, 129, 222, 235
保育体験事業　206
保育対策等促進事業　177, 205
保育内容　41
保育ニーズ　219
保育日誌　124, 126
保育の過程　120, 128, 217, 223, 231, 236
保育の計画　81, 82, 122, 128, 130, 134, 142

保育の形態　109, 110, 111
保育の実践　120, 223
保育の方向性　103
保育目標　228
保育理念　228
保健師　192, 193
保健所　192, 199
母国語学校　15
母子及び寡婦福祉法　12
母子生活支援施設　12, 214
母子分離　146
母子保健法　12
ボトムアップ型　125
ポリオ　143
本能的微笑　69

―― ま 行 ――

松野クララ　22
マニュアル　130
間引き　4
無着成恭　5
免許更新制　218
メンバーシップ　229
森島峰　25
文部科学省　25
文部省　22

―― や 行 ――

山上憶良　4
山びこ学校　5
幼稚園教員の資質向上に関する調査研究協力者会議　224
養育　102
養護　29, 42, 73, 87, 98, 101, 104, 106, 115, 126, 142
養護的側面　115, 116, 117
幼児保護所　17
幼稚園　25, 26, 29, 31, 86, 101, 102, 103, 184, 185, 188, 191, 194, 198, 199, 201, 211, 217, 218, 230

幼稚園型　28
幼稚園規則　22
幼稚園教育要領　13, 26, 41, 75, 86, 104, 105, 115, 184, 198, 217, 224
幼稚園教諭　199 211 217 218 219
幼稚園教諭免許　212
幼稚園における学校評価ガイドライン　119
幼稚園幼児指導要録　126
幼稚園令　26
要保護児童対策地域協議会　208
幼保連携型　28
横割り保育　109, 110
幼稚園と保育所の施設の共用化等に関する指針　26
予防接種　143
予防接種法　143

―― ら　行 ――

ライフスタイル　158
ラテン語学校　15
リーダーシップ　232
リスクマネジメント　124, 130
留意事項　123, 128, 130, 224
領域　41, 74
老人福祉施設　210

保育・教育ネオシリーズ [2]
保育原理
新しい保育の基礎

2003年4月15日　第一版第1刷発行
2009年4月15日　第三版第1刷発行
2011年4月1日　第三版第2刷発行

編著者　柴崎正行
著　者　塩野谷斉・小櫃智子
　　　　金澤妙子・横山洋子
　　　　伊藤美佳・田口鉄久
　　　　神田伸生・石井章仁
　　　　金谷京子・北川公美子
　　　　吉葉研司・金子恵美
　　　　倉掛秀人
制作協力　清原一隆（KIYO DESIGN）
　　　　　越海辰夫（越海編集デザイン）
発行者　宇野文博
発行所　株式会社　同文書院
　　　　〒112-0002
　　　　東京都文京区小石川5-24-3
　　　　TEL (03)3812-7777
　　　　FAX (03)3812-7792
　　　　振替　00100-4-1316
印刷・製本　中央精版印刷株式会社

© Masayuki Shibazaki et al, 2003
Printed in Japan　ISBN978-4-8103-1290-4
●乱丁・落丁本はお取り替えいたします